安庆师范大学人文学院
高峰培育学科建设丛书

语言学卷

语路探幽

鲍红 张莹 编

敬敷求是集

汪孔丰 金松林 主编

复旦大学出版社

总　序

"雨打振风塔，风动扬子江。红楼育学子，百年话沧桑。"这几句饱含深情的歌词，出自安庆师范大学的校歌。歌中的"红楼"，如今已是全国文物重点保护单位，它是学校的标志性建筑，也是全校师生共同的精神家园。这座由红砖砌成的两层高楼，是民国时期安徽大学的主教学楼，建成于1935年，迄今已伫立近百年。在漫长的岁月中，她见证着安徽现代高等教育的启航与远行，见证着民国时期姚永朴、刘文典、吕思勉、刘大杰、周予同、苏雪林等大批知名学者在此弘文励教的身影，也见证着人文学院披荆斩棘、笃实前行的学科建设历程。

目前在红楼办公的人文学院，是一所既新又老的学院。说其新，是因为她到2020年才成立，由原来的文学院和人文与社会学院合并组建而成，共设有汉语言文学、历史学、汉语国际教育、秘书学等四个专业；说其老，是因为原有的两个学院办学历史都比较悠久，学术积淀也比较深厚。如果从学校1977年恢复本科招生算起的话，原文学院的中国语言文学学科、原人文与社会学院的中国史学科迄今都有四十余年的人才培养历史。特别是进入21世纪以来，这两个学科的发展都取得了飞跃性的进步。2006年，中国古代文学学科获批硕士学位授权点，是学校首批四个硕士学位授权点之一。2008年，文艺学学科入选安徽省重点学科。2011年，中国语言文学学科获批一级学科硕士学位授权点。2018年，中国史学科获批一级学科硕士学位授权点。2019年，中国语言文学学科成为学校博士点学位授予立项建设学科，中国史学科则是博士点立项建设学科的重要支撑学科。2022年，学院又担负起建设安徽省高峰培育学科"戏曲与曲艺"学科的重任。可以说，这一连串的成就和突破，是全院师生长期群策群力、不懈拼搏进取的结果。

经过数十年的持续建设，以及几代人的艰苦奋斗，人文学院目前已形成了桐城派研究、黄梅戏与戏曲文化研究、明清诗学研究、皖江区域历史文化研究等四个较为鲜明的学科特色方向，涌现了大量的高水平科研成果，同时也获得了良好的社会声誉。

为了更好地总结和展示新世纪以来学院的学科建设成果，同时也是为了进一步强化学院博士点立项学科及安徽省高峰培育学科的建设，经学院党政领导班子研究，我们决定出版一套学科建设丛书。这套丛书根据学院学科建设实际情况，侧重收录近二十年来学院教师发表过的高水平论文，因受篇幅限制，总共遴选出134篇论文，挂一漏万，在所难免。丛书分七册，其中五册是展现中文、历史两个学科的建设成就，它们依次是：《谈文论道：文艺理论卷》（方锡球、王谦编）、《文海探骊：中国古代文学卷》（梅向东、徐文翔编）、《菱湖撷英：中国现当代文学卷》（陈宗俊、冯慧敏编）、《语路探幽：语言学卷》（鲍红、张莹编）、《史海拾萃：历史学卷》（金仁义、沈志富编）；还有两册是展现我们学科的特色优势，它们是《栖居桐城：桐城派卷》（叶当前、宋豪飞编）、《曲苑拈梅：黄梅戏与古代戏曲卷》（汪超、方盛汉编）。

这套丛书最终定名为《敬敷求是集》，也是大有深意。安庆师范大学的前身可追溯至清代的敬敷书院，后又合并过求是学堂，在长期办学过程中，形成了"敬敷、世范、勤学、笃行"之校训。这里的"敬敷"二字，出自《尚书》，意为"恭敬地布施教化"。我们希望这套丛书的出版，既能反映出学院教师敬敷育人的精神风范，又能展现出他们作为学者实事求是的治学态度。

对于我们来说，这套丛书的出版，既是一次总结，也是一种传承，更是一次启航和一份期待。最后，还是用校歌里的歌词来表达我们的办学心声："日照振风塔，霞染扬子江。红楼哺英才，代代耕耘忙。"

汪孔丰

癸卯年秋作于红楼

目 录

(按作者姓氏笔画排序)

001 **总序**

───────────────────── 语言研究 ───

003 江结宝　权势关系中弱势角色的礼貌语言特点初探

012 江结宝　话语隐性意图的理解规则

025 江结宝　论修辞"立诚原则"的分歧和坚守

044 张　莹　徐　杰　弱势特征的激活与"代词/名词+时间处所词"结构

062 张　莹　量词插入与汉英数量表述

078 陈祝琴　岳秀文　汉语方言量词"兜"的来源与形成

098 季　艳　"席上生风"、"室内生春"释义商榷

105 岳秀文　从《敦煌变文集》"V+(X)+了"中的"V"看"了$_1$""了$_2$"的产生

116 鲍　红　安徽安庆方言同音字汇

137 鲍　红　安徽安庆方言"着"的虚词用法

───────────────────── 文字研究 ───

147 刘敬林　《词语札记两题》辨正

151 刘敬林　《说文》"法"与其古文"佱"及"乏"之形义关系辨

157 刘敬林　《本草纲目》"醅"字音义

159 李　明　《〈食疗本草〉译注》商补

168　李　明　"～应"、"伊～"等并非附加式双音词

181　张　丽　储小昷　《万篆楼藏契》契约标题校读札记

203　陈世庆　《开母阙铭》"济洪"考

213　陈世庆　上古汉语中的"肉"、"内"讹混现象研究

230　陈世庆　安大简《仲尼曰》简背文字书写者考辨

245　储小昷　《石仓契约》字词考校八则

257　**后记**

语言研究

权势关系中弱势角色的礼貌语言特点初探

江结宝

一

陈松岑先生认为,礼貌语言有狭义和广义两种理解,狭义的"单指各种交际场合中……表达礼仪的特殊词语";广义的"指一切合于礼貌的使用语言的行为以及使用的结果","说得通俗一点……就是说话有礼貌"[①]。本文依据陈先生的看法,对礼貌语言取广义的理解。

礼貌语言是人的社会性、文明性的体现,是人们的言语习俗和言语交际的伦理道德准则和规范在言语活动中的体现。礼貌语言发生于言语交际之中。在交际中,话语主体的角色不同,将导致其礼貌语言特点的不同。限于篇幅,本文仅探讨权势关系中弱势角色礼貌语言的特点。

"权势关系是指交谈一方比对方处于更优越的地位,从而具有较大的权势。形成这种地位与权势的差别,可以是辈分的高低,年龄的长幼,财富的多少,学识的深浅,体力的强弱等等。比如父母和子女之间,长辈和晚辈之间,老师和学生之间,雇主和佣仆之间,上级和下属之间都是权势关系。"[②]除了这里所及诸因素之外,地位、身份、职业、修养、品格、相貌、甚至生存的自然环境(如城市和乡村)、地区经济发展状况等等的差异,都可以形成权势关系。

在这种关系中,处于优势地位的为强势角色,相对应的为弱势角色。

---

① 陈松岑:《礼貌语言》,商务印书馆1989年版,第4页。
② 陈松岑:《礼貌语言》,第6页。

二

根据我们初步考察和归纳,弱势角色礼貌语言大致有如下一些特点:

其一,态度谦恭,"礼语"频繁。例如:

  王利发:哎哟!秦二爷,您怎么这么闲在,会想起下馆子来了?也没带个底下人?

  秦仲义:来看看,看看你这年轻小伙子会做生意不会!

  王利发:咦,一边做一边学吧……在街面上混饭吃,人缘儿顶要紧。我按着我父亲遗留下的老办法,多说好话,多请安,讨人人的喜欢,就不会出大岔子!您坐下,我给您沏碗小叶茶去!

  秦仲义:我不喝!也不坐着!

  王利发:坐一坐!有您在我这儿坐坐,我脸上有光!

  秦仲义:也好吧!(坐),可是,用不着奉承我!

  王利发:李三,沏一碗高的来!二爷,府上都好!您的事情都顺心吧!

  秦仲义:不怎么太好!

  王利发:您怕什么呢?那么多的买卖,您的小手指头都比我的腰还粗!

  ……

  秦仲义:小王,这儿的房租是不是得往上提那么一提呢?当年你爸爸给我的那点租钱,还不够我喝茶用的呢!

  王利发:二爷,您说得对,太对了!可是,这点小事用不着您分心……

  秦仲义:你这小子,比你爸爸还滑!哼,等着吧,早晚我把房子收回去!

  王利发:您甭吓唬着我玩,我知道你多么照应我,心疼我,绝不会叫我挑着大茶壶,到街上卖热茶去!(老舍《茶馆》)

秦仲义是房主,年尊辈长,要提高房租;王利发是房客,年纪轻轻,不想房租提得太高。可见,王利发明显处于交际的下风。秦一进门,他便热情上前,一声"哎哟",惊喜之情溢于言表;一声"秦二爷",招呼尊敬得体;接着请坐,执意劝坐;接着献茶,献上"高茶";接着问安,殷勤备至。涉及提高房租的棘手话题,他不讨价,不叫苦,却连称"说得对,太对了";秦仲义发出威胁,他却举重若轻,说是"吓唬着我玩","你多么照应我,心疼我"。王利发礼貌语言的坚韧和执着,既因社会文明的熏陶,更因生活之所迫。生活在社会底层的劳动民众,礼貌语言原是他们的一种生活武器,"礼语"频繁则是一种生活策略。

说到"礼语"频繁,文学艺术中"店小二"的形象给我们的印象尤为深刻,他们对所有的顾客都恭恭敬敬,嘴甜音长,笑容可掬。所以如此,因为店小二处于权势关系的弱势之弱势:顾客是店主的上帝,店小二又是店主的雇工,这双重的弱势背景致使店小二的"礼语"过于频繁。

其二,"积极礼貌"和"消极礼貌"兼用,"礼语"不免夸张。

"交际活动的任何一方,可以用'尊他'的方式表示礼貌,也可用'自谦'的方式表示礼貌。'尊他'是在交际过程中抬高对方的身份,是积极礼貌;'自谦'是在交际过程中降低自己的身份,是消极礼貌。"[1]弱势角色常常大量使用积极礼貌:在称谓语上,他们多用敬称;在第二人称代词上,一般用"您"而不用"你"。另一方面,弱势角色较少享受敬称,所以,对于礼貌容易满足,老舍笔下的骆驼祥子就是这样的。因为有人叫了他一声"大个子",他就激动得乐于跟人去冒险,结果丢了新车,还险些丢了性命。

弱势角色积极礼貌的使用,用意在抬高对方,因此他们的礼貌语言常常表现出夸张色彩。如上例王利发的话,"有您在我这儿坐坐,我脸上有光","您的小手指头都比我的腰还粗"。有人认为,"一般给面子并不会是恰如其分的,通常总是夸大的"[2]。所以适当地夸张,符合礼貌语言的特性,但是过

---

[1] 田海龙:《汉语中的消极礼貌策略及文化内涵》,《河海大学学报》2001年第3期。
[2] 曲卫国、陈流芳:《论传统的中国礼貌原则》,《学术月刊》1999年第7期。

分夸张,则有吹捧、谄谀之嫌,是不可取的。

弱势角色也常用消极礼貌,一是使用谦称,例如臣、妾、草民、小人、小可等,这多见于古代;二是用自贬的言辞来抬高对方。如:

> (朱大高说)"兄弟,你比我聪明,明白人还需要浑人点拨吗?……在这样的房子里住到了今天,冲你这个忍劲儿你就比我出息大多了。我是服你的,哥哥甘心情愿给你打小旗、跑龙套……"(王蒙《蜘蛛》)

朱大高见祝英哲很快要当公司襄理,趁早与之接近,言辞中贬抑自己,取悦对方。

其三,对直接权势比间接权势礼貌更周全。

弱势角色对于权势者的礼貌语言,因关系不同而不同:关系越直接,礼貌越认真(亲信有时可能例外);关系越间接,礼貌越马虎,甚至忽视礼貌。

中国学者的著述中,"先生"的用法很有趣。"多数著者对在世或去世不久的汉语前辈著者不直称大名,而在名字后加上'先生'"。但是"外国的老学者多不被称为先生……死去多年的学者(比如清代以前的学者)显然更老,却享受不到敬老的礼节款待"[①]。发现这种现象的郑也夫认为,这是"人为地制造不平等"。这的确是不平等,但是没办法,弱势角色对于权势一方,本来就是更加重视直接关系的,而外国的、已逝多年的人物关系已经很间接,或者根本就没有什么关系,所以直呼其名无需忌讳。

在现实生活中,下级称呼顶头上司,即使在背后,也会使用尊称,而对于间接上司,就未必那么认真。有句俗话,"不怕县官,就怕现管",恐怕可以对这种现象作个解释。蒋子龙小说《燕赵悲歌》中,高干谢德怎么也看不惯那位同住一间病房的乡下大队书记,于是教训起他来,结果

---

① 郑也夫著:《礼语·咒词·官腔·黑话——语言社会学丛谈》,光明日报出版社1993年版。

遭到那位大队书记辛辣的嘲弄和反驳。[①]谢德固然不知趣、不量力，但如果是顶头上司公社领导教训那位大队书记，他还会当面顶撞吗？绝对不会。

其四，明知对方有错，也不当面直接纠正。

有篇微型小说，讲一位处长每每把"面面相觑"的"觑"读成"虚"，手下人谁也不敢或不愿帮他纠正。后来处长退休了，在告别会上，要大家给他提意见，大家没什么可说，他却一再要求，话语中说到"面面相觑"而又读错了音。这时一个科长红着脸指出他的错误，并说这字其实读错了好多年。处长感叹不已，说他今天最高兴，因为从今以后大家再也不必和他拘礼了。这是小说，却是现实生活的真实写照。因为人们相信，当面指出权势人物的错误，是极不礼貌的。

如果万不得已，非说不见，人们也只是旁敲侧击，委婉讽谏。在这方面，古代大臣劝谏君王是最典型的，例子不胜枚举。"邹忌讽齐王纳谏""晏子讽谏救烛邹"等都是人们熟知的。这并不奇怪，因为我们的祖宗就有规定。《礼记·曲礼下》说："为人臣之礼，不显谏。三谏不听则逃之。"即使在今天，在一些重要场合，如果提意见、提建议，人们用得最多的是转折句，先肯定一番，再用"但是"一转，才进入正题。可见遗风尚存。

万不得已，非说不可时，弱势角色另一个特点是喜欢援引圣人或伟人的言论或行事。古人动不动就子曰诗云，动不动就三皇五帝或祖宗家法怎样怎样；今人多引革命导师言论，或端出上级指示。总之，弱势角色或求助圣贤，或借助权威，寻求对象不同，用意一样，都是想借助更高的权势弥补自己的低微来镇住对方。

其五，不争话语控制权，言语行为接受种种制约。

话语控制权，包括安排、维护和调整话语秩序，选择或转换话题以及形成话语中心等。

---

① 陈汝东著：《社会心理修辞学导论》，北京大学出版社1999年版。

在严肃场合,弱势角色的发言接受他人的安排,不随意说话或插话;不指名让某某发言;一般也不主动选择或转换话题,有时甚至发言的基本观点也依据某种要求。这是社会公认的言语习俗,如果擅自背离,则被视为不分上下,不知轻重,是严重的失礼行为。

话语表达方式也应谨慎选择,特别是要慎用"玩笑方式"。有人说"玩笑话语"表面上欠礼貌,实质上是善意的,因而不违反礼貌原则。其实这要区别看待,强势角色享有"玩笑权",而弱势角色却少有这种权利。据说:"在一次全国性的学术大会上,一位德高望重的老专家由大会安排第一个发言,他在开场白中说:'今天到会的有不少年轻有为的学者,我呢,是个老猴,先在这儿耍两下,待会儿,就该轮到你们小猴正式上来耍了。'"[1]这位老学者的话语的确幽默风趣,能活跃气氛。但是,如果某个年轻学者也这样开起玩笑来,那是极不礼貌的。

严肃场合如此,随便场合,如宿舍里、公园里、餐桌上的聊天等,也是如此。一位导师带着一群研究生共进晚餐,餐桌上导师是中心人物,导师的话题是中心话题,学生的言语行为应该围绕着这个中心。即使有人离开了中心话题,那也只是暂时的,只能窃窃私语。如果撇开导师,抢夺话语中心,那是失礼的。

其六,涉及人格尊严或重大利益,尤其是国家和民族利益,会一反常态,抗颜反击。

以沉默回应粗暴无理,也是弱势角色礼貌语言的特点之一。巴金《家》中,正月初九,高府五爷克定因约请的龙灯迟迟未到,大发雷霆,多次怒骂老仆人高忠,说他办事不力。其实,舞龙人受伤了,高忠也没办法。然而,高忠面对主人无理怒斥,却"不敢顶撞一句",因为他要保住饭碗。弱势角色的沉默,并不表明他们无以辩说,而是要维护强势角色的面子和权威,表示礼貌和尊重,当然,有时也是为了保护自己的某种利益。但是,沉默常常有一

---

[1] 郑也夫著:《礼语·咒词·官腔·黑话——语言社会学丛谈》,第122页。

个界度,那就是权势者所粗暴侵犯的,只能是弱势角色日常的个人的非根本性的利益,对于面子的伤害,也是有限度的。如果严重伤害人格尊严,如果损害重大利益,尤其是涉及国家和民族利益,那么弱势角色也会一反常态,抗颜反击。如:

> 有个在日本公司工作的中国人,一天早上刚上班,一向喜欢找他岔子的某部部长对他说:"我昨天看了小说《大地之子》,你们中国人真是劣等民族!"这位中国人一听就火了,说:"我原来很尊重你,以为你很有水平,没想到你看了一本小说就会得出这样的结论。你们日本人二战时在中国、在东南亚干了那么多坏事,可以不可以说你们日本民族就是一个野蛮的民族呢?"那位上司没想到这位中国下属会这么迅速地回击他,恼羞成怒,冲过去抡拳就打,这位中国人当然也不示弱,后来被周围的人拉开才算完事。①

真正的中国人都有强烈的爱国热情和民族自尊心,无论在哪里,无论是谁,诋毁中国、侮辱中华民族都是不能容忍的,尽管中国人很有忍耐性。

弱势角色礼貌语言特点是与强势角色相对待的,以上特点是在考察、分析和概括强势角色礼貌语言特点的同时提炼和概括出来的。

三

弱势角色礼貌语言特点的形成,大致受制于如下几个因素:

其一,受传统的"礼"之规范的影响。先看《礼记》上两段话:

> 孔子曰:"丘闻之,民之所由生,礼为大。非礼无以节事天地之神

---

① 陆庆和著:《汉语交际与中国文化》,苏州大学出版社1995年版。

也;非礼无以辨君臣、上下、长幼之位也;非礼无以别男女、父子、兄弟之亲、昏姻、疏数之交也。"(《哀公问》)

礼仪立,则贵贱等矣。(《乐记》)

由此可知,传统的"礼"的本质是要确立和协调尊卑贵贱的关系,这也是传统的"礼"之规范的本质要求。传统的"礼"的范围很广,礼貌和礼貌语言包含其中,当然要受这种规范要求的制约。弱势角色态度恭敬,"礼语"频繁,言语谨敬而庄重,不争话语控制权等,正是为了体现和维护尊卑贵贱关系。现代社会,虽然提倡人人平等,但尊卑之别仍然客观存在,年龄长幼、辈分高低、资历深浅等等之分,人们还很重视;而由于"官本位"意识的影响,官民关系、上下级关系之别往往还更为突出。

其二,受现实功利的影响。强势角色不仅占据礼貌道德规范的心理优势,往往同时掌握着现实利益的权力,这就使得弱势角色常常处于有求于对方的被动之中。常言道:穷人矮三辈,求人低三分。既然有求于人,怎敢不恭敬小心、礼貌有加?所求越大越多越急,就越失去自我。礼貌语言的频繁和虚夸,不能说没有功利的作祟。正因为现实利益的影响,有时,强势角色双方,会突然间倒转过来。《阿Q正传》中,阿Q喝醉了酒,自以为是革命党,飘飘然喊叫起来、得意起来。赵太爷也怕他真的是革命党,平生第一次对他称起"老Q"来,而过去,他却不准阿Q姓赵,贱称阿Q"浑小子"。如果阿Q真是革命党,在革命到来之际,阿Q与赵太爷的权势关系真的会倒转过来,所以赵太爷尊称阿Q并不奇怪。

其三,受个人道德修养与个性的影响。礼貌是后天教育的结晶,一个缺乏文明教育、道德修养较差的人是很少讲礼貌的。这种人,如果是强势角色,他就会骄横粗暴,满口秽语,小说中,封建社会的兵痞和警察大都是这种嘴脸。即使处于弱势角色,这种人也做不到礼貌周全,《红楼梦》中的赵姨娘和芳官的干娘就是这样的典型。个性的影响也很大。例如巴金《家》中,性格软弱、缺乏自信的觉新,言语谨敬,"礼语"十分频繁;觉慧性格坚定,自信心强,他认定的道理,即使面对长辈,出言吐语也当仁不让。老舍《骆驼祥子》中的祥子,先前为人老实憨厚,不善言语,礼貌语言非常欠缺;后来,他变得玩世不恭、狡猾伶俐,礼貌语言也发生了变化。

(本文原载《语言文字应用》2005年第4期)

话语隐性意图的理解规则

江结宝

引　言

斯帕伯(Sperber)和威尔逊(Wilson)说:"语用学要解决的一个核心问题是面对可做多重理解的话语听话人如何通过语言信息最终得以确定其含义……语用学者的任务则是解释听话人理解话语的过程。"[①]

话语含义首先要分为话语的字面意义和话语中暗含的说话人的真实意图,而真实意图又要进一步分为显性意图和隐性意图。话语的字面意义,指语言符号受语法规则支配而在非具体语境状态下显示出来的意义;话语的显性意图,指在一定的语境中正常人按照常规习惯理解就能并不费劲地把握住的意义,相当于一般所说的"规约性"会话含义;隐性意图,指必须抓住语境的某些关键要素,找准话语明示刺激点,通过努力或反复尝试才能找到的意义。

本文以斯帕伯(Sperber)和威尔逊(Wilson)的关联理论作为基本依据,在个别规则的讨论中,部分地参照列文森(Levinson)的新格赖斯会话含义理论。

关联理论[②]认为:

话语总是与语境(包括听话人)存在着必然的关联性。正常情况下,说话人说话时总会尽可能地提供有效明示(即话语刺激),使自己的话语产生最大的语境效果,尽可能地使人容易理解。

---

① 转引自唐燕玲:《两种语用学理论之比较》,《常德师范学院学报》2002年第4期。
② 限于篇幅,本文对关联理论只扼要介绍,详细阐述请参阅有关语用学专著和相关论文。

交际双方必然具有一些共有共识的因素,这些因素包括:共同的语言知识,相同的社会和文化背景以及在这种背景下熏陶而成的相同的社会文化心理特质,共同的言语习惯,共同的思维方式,等等。在一些专业化或个性化的言语交际中,共有共识因素还将包括:共同的专业知识相似的特有经历,共同关注的正在进行的事件等。正是这些共有共识因素促成了交际双方对话语意义和意图的理解。

关联是相对的,关联程度有强弱松紧之分。最大关联时,字面意义等同话语意图;强关联产生规约性会话含义,就是显性意图;弱关联和不关联则产生特殊含义,即非规约性会话含义,也就是我们所说的隐性意图。正常情况下,说话人会尽可能地提供足够和适当的明示实现最大关联或强关联。弱关联或不关联现象的出现,导因来自说话人某些考虑,如为了礼貌,为了避害,为了避讳,为了适合某种场合需要,为了照顾社会心理和语言习惯等等。由于说话人的这些考虑 使得话语经常产生隐性意图。

关联理论也存在不足之处,"尽管关联理论从广义上阐述了语言推理过程的内在机制,但却忽略了语境效果,即关联性和直显性(ostensive)的具体确定"[①]。就是说,关联理论没有指出话语理解特别是隐性意图理解的具体可供操作的规则。

话语隐性意图的理解是话语理解的难点和重点,以关联理论为指导,考察言语实践,我们初步探索出如下一些规则,供读者参考。

一、把握话语风格

不同的语体(包括不同层面的语体)均表现出不同的话语风格,时代甚至某些个人也有独特话语风格。话语风格指的是话语表达上某些突出的特征,例如,法律话语和外交话语,前者更讲究严谨、理性和形式逻辑等;后者

---

① 邱天河:《格赖斯会话含义理论的发展概述》,《山东外语教学》1998年第4期。

更讲究委婉、礼貌和感情效应等。理解话语隐性意图,首先要把握话语的不同风格。众所周知,隐喻和象征是文学话语风格最具代表性的特征,要理解文学话语的隐性意图,就必须拨开隐喻象征的雾障,如:

  天上很黑。不时有一两个星刺入了银河,或划进黑暗中,带着发红或发白的光尾,轻飘的或硬挺的,直坠或横扫着,有时也点动着,颤抖着,给天上一些光热的动荡,给黑暗一些闪烁的爆裂。……地上飞着寻求情侣的秋萤,也作着星样的游戏。

(老舍《骆驼祥子》六)

  这一段"星星游戏"的描写,隐性意图就是表现祥子和虎妞的第一次苟合偷情。但这样的理解,首先必须认识到文学的话语风格,揭开其隐喻象征的面纱。再如:

  连弟在日记中写道:"我虽然出身于剥削阶级家庭,但是我要向那些革命先辈们学习,背叛自己的阶级。为了共产主义理想早日实现,别人流一滴汗,我要流十滴汗。别人流一滴血,我要流十滴血。别人走一步路,我要走十步路。只要是革命事业的需要,就是赴汤蹈火我也在所不惜。"

(蓝洁《风雨人生路》六)

这段誓言,出自一个中学生之口。在"文革"初期那个"火热的时代"政治性、阶级性和极"左"是其话语特征,据此特征理解,这是发自肺腑的誓言,其隐性意图就是向团组织表达对党对革命的忠诚。但是,如果把这段话语放到今天来审视,其隐性意图定会大变,可能性最大的应是对于某些现象的嘲弄和讽刺。因此,时代话语风格也影响着隐性意图的理解。

  个人话语也有突出特征,如有的浮夸轻狂,有的谨慎含蓄,有的教条僵化,是所谓"打一个喷嚏也散发着《人民日报》社论的气息"(王蒙语)。理解话语的隐性意图,同样要甄别个人话语的特殊风格。

日常话语以自然、平实和理性为风格的基本特征，但也不排除委婉、隐喻或暗示等手段的运用，实践中要引起注意。对于日常话语隐性意图的追寻，更应引起我们的重视，因为这同我们的生活和人生关系最密切。本文讨论的规则也偏重于日常话语。

二、预测话语方向

预测是理解话语的重要策略，句法层面尚且存在着预测，如"这人的老实……"，此语未完听者已有预测：下半句将有所评述，或者说"众所周知"，或者说"只是表面的"等。话语意图的理解，更需要预测，这是语用层面的预测。语用预测，主要依据话语经验、话语常识，结合语境尤其是情景、场合等要素来进行。例如，若去拜访一位朋友，人们会预测到见面时朋友表示欢迎的寒暄类话语；在婚宴上，看到证婚人站到话筒旁开始致辞，人们便会预测到他将对新人致以祝贺和祝福。

语用预测具有指示隐性意图的功能，如果一番话语违背了我们的预测，这话语就应该有某种隐性意图，即违背预测是隐性意图的征兆、航标或说"狐狸尾巴"。例如，电影剧本《本命年》中，李慧泉带着礼物去看望多年未曾看望的方大妈，走进大妈家中，他们第一句对话是：

李慧泉："我来看看您……大爷好吗？"
方大妈："你有什么事？"

(《谢飞集》)

方大妈这样的话语，显然违背了常人也包括李慧泉的预测，因此她的话语一定有隐性意图。其实，李慧泉劳改释放刚刚回家，他想拜访一下方大妈，重拾往日的友情。方大妈对他却存有偏见和怀疑，对李慧泉的到来不欢迎、不愉快。话语的隐性意图是："你来我家干什么？我们不想见到你。"再如：

当年徐志摩和陆小曼各自离婚后,两厢情愿地结成了夫妻。徐志摩的老师梁启超先生作为证婚人在结婚典礼上致辞,他说:"你们都是离过婚的,都是用情不专,以后要痛自悔悟……祝你们这次是最后的一次结婚!……"①这哪里是新婚致辞,简直是骂人,这大大出乎所有人的预测,当然有隐性意图。事实上,梁启超像当时社会上大多数人士一样,反对徐陆结合,他认为陆小曼"不道德之极",怕她将来可能伤及他最心爱的学生,所以,按他自己的说法,他这样致辞,是要警告陆小曼,保护徐志摩。

通常,听话人的预测是无意识的,我们这里强调,为了更好地理解话语的隐性意图,听话人应明确预测的功能,强化预测意识,将被动无意识预测改为主动有意识预测。通过预测检验话语,提高隐性意图的"破译率"。

三、辨识话语标记

会话含义"列文森三原则"(1987)之一的"方式原则"指出,说话人不当也不会无故使用冗长或有标记的表达形式,如果"用了一个冗长的或有标记的表达形式,就会有与用无标记表达形式不同的意思"②。这就是说,话语标记是理解话语隐性意图的路标,寻找这种标记,是听话人的追求,更是研究者的任务。那么什么是这种话语标记?笼统地讲并不难,凡是"非正常表达形式",都是这种标记。但是实践中准确把握并不容易,首先,"正常表达形式",很难有统一的认识,至于"非正常表达形式"的规范而公认的项目恐怕谁也难以列出。其次,有句法层面标记,有语用层面标记,而后者更难捕捉。不过,我们可以不求一步到位,到话语实践中摸索探寻,最后在反复实践和研究中求得逐步统一,并臻于完善。基于这样的认识,我们特作如下探索。为叙述更为清晰,我们将话语标记分为两类:话语形式标记和话语语义标记。

---

① 刘心皇著:《徐志摩与陆小曼》,花城出版社1987年版,第111页。
② 邱天河:《格赖斯会话含义理论的发展概述》,《山东外语教学》1998年第4期。

1. 话语形式标记

(1) 突转话题。突然避开尚未结束的话题而转向另外毫不相干的话题。如:

> 香二嫂:"我这墩儿……就是总好玩儿……"
> 姑　娘:"俺陪他玩儿啊！俺会下跳棋,下军棋,光麻将……"
> 香二嫂:"输赢呢?"
> 姑　娘:"总赢！有一次,俺一夜就赢了63块！……"
> 香二嫂(一丝冰冷的东西在眼里闪过……):"我油坊还有点急事,你先回吧,晚上跟他爹商量。"
>
> (《香魂女》)

香二嫂为她儿子相亲,同"姑娘"一番对话,觉得很不满意,于是突转话题,意思是说:算了吧,咱们免谈了。

(2) 话语中断。一句话或一段话未结束就突然停止。如:

> (赵科长说:)"方才已跟各位代表谈过,各位同学提出的条件兄弟接受了,明天一定向督座转达。督座自有解决的办法……各位还是趁早回去罢。在这里站久了也难免有意外的事……"
>
> (巴金《家》八)

一伙士兵无理取闹,破坏学生演出,砸烂剧场,还打伤许多学生。部分学生集合到督军署请愿。督军不接见,秘书长也不露面,见学生坚持不散,只得派来一个科长,说了上述一番话。科长最后一句话没说完就突然中断,其隐性意图是威胁学生,"有意外的事"则暗含着可能动武。

(3) 转换语码。语码指不同的语言及其变体,语言变体包括地域方言、社会方言,还包括语言的不同文体形式或语体形式。

2005年5月,台湾亲民党主席宋楚瑜访问大陆到湖南老家祭祀祖坟时,说话改用当地方言,说"我带着堂客回来了",不仅是乡音,还用了"乡词",其用意良善,就是要拉近与乡亲的距离,表达对故土的眷恋。还有一个例子也很有意思:非洲卢希亚族有一对姐弟,弟弟是个小店老板,姐姐来到弟弟小店买东西时,两人用本族卢希亚语相互问候,接着,弟弟改用非本族斯瓦希利语,而姐姐坚持用本族语。弟弟转换语码,用意是即使姐姐来买东西也要按常规付钱;而姐姐坚持用本族语,意在告诉弟弟她是一个特殊顾客,应该有所照顾。[①]

(4) 转折语句。转折语句包括转折复句、转折句群以及转折段落。转折连词是其外在形式,也可以不用这些形式。

转折语句,可以将真实意图掩盖于虚假浮夸的言词中,可以声东击西,委婉含蓄。如:"这件皮衣配上你的皮肤的确很合适,但是,样式却有点过时。"当妻子意欲购买那件价钱昂贵的皮衣时,丈夫嫌贵,不好明讲,就说了这个转折句。又如:老师对明明父母说:"明明学习成绩很好,不过,不够活泼,很少参加各种活动,集体观念和助人意识需进一步加强。"当明明父母问明明能否评上"三好学生"时,老师说了这番话,隐性意图是:明明不能评上"三好学生"。

形式的标记还可以列出一些,如,说话结结巴巴,话语断断续续;说话绕来绕去,语句拖沓冗长;不简单肯定或否定,而用双重否定或多重否定;使用"是……的"或"连……也"等强调格式等,限于篇幅,不一一赘述。

2. 话语语义标记

(1) 语义不对称。对于意义同等重要的相关问题或相关方面,要求或强调明显出现偏颇;或者话语意思公然自相矛盾。如:

我院拟录取贵省考生岳红,……故特致函征求贵省意见,若不同意

---

① 李宇明主编:《理论语言学教程》,华中师范大学出版社1997年版。

录取,请来函通知我们。若未见回复,我们将继续实施原计划,请多做解释和善后工作。

(《启程》)

这是中央戏剧学院给四川省招生办主任发去的一封信函。当时岳红的录取遇到一点障碍,学院想录取,又怕给省招办增添麻烦,所以去了这封信函。信中对对方的回复要求明显不对称——有异议回函,无异议则不回函。学院方还估计到省招办"工作很忙 此事若没有特别重大影响,他们恐怕不大可能专门来函表态"。可见,隐性意图就是:我们同意录取,你们也同意吧。

(2) 明事故说。对明摆着的事实和理所当然的道理却故意提及或加以强调。如:

(田文的父亲对连弟说:)"我这次来要把田文带走……以后如果有什么事,你还可以跟田文通信。以前你对田文的照顾,田文都对我说了,我和他妈非常感谢你。今后如果回北京探家的话,还可以到我家去玩。"

(蓝洁《风雨人生路》二十三)

田文与连弟下放在一起,相互爱慕,恋爱了很久。田文招工要走,他父亲说了这段话,其中,作为恋人关系本来就是理所当然的事情,父亲却故意强调(如通信、到我家去玩),说明有隐性意图,那就是:你和田文的恋爱关系已经结束了。

(3) 老调乍变。有些话,说了几乎白说,没人当回事,但是如果不说,意图就深了,猜测就来了。这方面,最典型的要算讣告文字。其中,政治、工作、处世等表现,大多是"老一套"的溢美之词。对于这些"评价",认真当回事的并不多,但如果某人讣告中突然少了那个"老一套",就必然有隐性意图：或者单位当政者对死者不满，或者死者被发现有了问题，至少也是办事人的粗心大意。各种"解释"难以穷举，而老调乍变的意味深长却是肯定的。

(4) 避重就轻。回避关注的焦点，大谈次要的话题或者远离事实，幽默一把。如：

> 甲：这位同学因为那点小事在事隔两年后受到如此严重的处分，请问处分的依据是什么？当时为什么没有给予处分？
>
> 乙：学校有"学生管理条例"。你看，这么大热的天，我这么大的年龄了，还为着他的工作到处求人，昨天我才回家，准备明天再去××单位看看……
>
> 甲：好了，我们不是来感谢你的，是想讨个说法！
>
> ……

这是笔者亲历的一件事。某校对一位学生处分不当，当我带着学生上门讨说法时，一位主要负责人却想糊弄过去，他的话语，转移视线，回避焦点，其隐性意图是说："我们做得并不错，你们只有感谢我的份儿。"后来，凭着据理力争，校方取消了原来的处分。

远离事实，幽默一把，是外交上常见的答话技巧，论者谈得较多，姑不举例。

语义的标记还可以举出许多，如，明知故问，无话找话，故意施骂，小题大做，故弄玄虚言，辞虚夸等。应该强调，对于语义标记，要以"常理""常识""经验"以及上文谈到的语用预测的结果为基础才能作出判断，如王蒙《九星灿烂闹桃花》中"柳尕爸说：'我跟您算是跟定啦！我这一辈子就信两样东西，一个是毛泽东思想，一个是张小冀思想！'"张小冀是某俱乐部主任。根据常识，有谁的思想可与毛泽东思想并齐？这样的话，无疑是有隐性意图的言辞虚夸现象。

四、追寻语境的关键要素

理解话语,理解隐性意图,依赖语境是基本常识。但是语境概念几乎无所不包,要求把握语境而不指明怎样把握的提法几乎就是空谈。关联理论提出了认知环境和认知语境两个不同概念,认为认知语境只是认知环境在交际过程中交际双方"互相显映的一部分"[1]。这样便缩小了语境的范围。但这里仍存在两个问题,一是认知语境仍然包罗甚多,就话语理解而言,说话人的时间、地点、场合、话题,说话人的身份、地位、风格、教养、文化社会背景等,都在其列;二是所谓"互相显映"的说法仍然不能指导具体操作。为了提高语境利用的可操作性,我们提出一条规则,就是在语境诸多要素中,听话人要去努力追寻对理解隐性意图起到决定性作用的关键要素。中央戏剧学院张仁里教授(2004:176)说到自己一次亲历的事情:20世纪80年代,尚在读大二的丛珊已经两次被借出参加拍片,学院金山院长和张教授都认为学生不该过多地借出拍片,怕影响课程的学习。

> 一个星期五,金山院长又在走廊上看到我,有些抱歉似的和我商量:一部电视剧想借丛珊参加拍摄,剧本、导演都非常出色,如果不借,实在可惜!如果借呢,他本人又不主张学生长期缺课去拍片子。所以,外借与否请教学小组斟酌一下,然后把决定告诉他。

作为教学小组组长的张教授以为,院长是"希望借助教学组的名义婉拒这次商借事项" 所以教学组作出了"不同意再借"的决定。此后仅过两天金院长便去世了!又过了些时候,张教授得知金院长那次其实是希望他们能同意借出丛珊的。为此,张教授深感不安和内疚,他说:"金院长的去世

---

[1] 何兆熊主编:《新编语用学概要》,上海外语教育出版社2000年版,第189页。

与这件事的发生靠得太近,我不知道是否因为我没有理解他的原意而使他感到为难。并加剧了病情的发展。若真是如此。那将是令人非常遗憾的事情。"

张教授的遗憾,是对院长话语隐性意图的理解失误所致。要正确理解院长的话,要害是要抓住语境的关键要素。此例中,金院长的权力和一贯处事风格是关键要素。首先,看权力,一般说来,一个学生是否借出,院长是有决定权的。如果愿意借出,任何一位院长也会征求一下下级意见,那是出于礼貌;如果不愿借,他完全可以挡住。至于说怕得罪对方,让下级做挡箭牌,其实起不了作用,因为谁都知道,借出一名学生拍片这点小事,院长可以作主,即使下级有些看法,院长也能说服。其次,看一贯的处事风格,如果民主,院长征询意见是出于礼貌;如果专断,他就不会同下级商量,他会干脆指示下级怎么去做。这样分析,金院长的商量,不是为了"婉拒"他人。

再看两个例子:

其一,蓝洁的《风雨人生路》中,女知青连弟将去内蒙古插队。临行,一向很关心她的梅芬阿姨哽咽着对她只说了一句话:"自己在外面可千万要珍重,可别走错了路。"

其二,巴金《家》中,城中打仗,高家惊恐万状,觉新叫两个弟弟带着家中女眷躲到花园去,并说:"那儿还可以躲一下,而且到了没有办法的时候,那儿有湖,你嫂嫂知道怎样保护她的身子。"

这两句话都有隐性意图,理解的语境关键要素主要是两点,即中国传统文化对于女性贞洁的要求和话语对象的性别。中国传统文化认为,就女性而言,贞洁比生命更重要,失去贞洁将无颜立足于世;这两句话语的对象都是女性。因此,梅芬的话是告诫连弟一定要好好保护贞洁;觉新的话是暗示妻子如果不幸落到乱兵之手,宁可投湖淹死也要保住贞洁。如果换一个文化背景,或者换成男性对象,同样的话语,其隐性意图就完全是另样的理解,而应抓的语境关键要素也要变化。

以上分析可见,语境要素虽然很多,对于话语理解起到决定性作用的要素相对有限,抓住语境关键要素,从而深入分析,是理解话语含义非常必要而有效的途径。语境关键要素的追寻,有时并不难,有时恐怕要多次努力甚至反复琢磨、尝试才能确定。

五、捕捉非语言信息

非语言信息指伴随话语发生的说话人的语调气息和表情体态所表达出来的信息。语调气息十分复杂,包括高低抑扬、快慢疾徐、长短明暗、强弱轻重、顿挫断连;表情体态也非常丰富,包括眼神、手势、面部表情、身体动作等。据研究,言语交际中,非语言手段表达出来的信息要比语言符号信息高出很多倍,并且真实性和准确性更强,这对理解话语的隐性意图更加重要。

因此捕捉非语言信息,无疑成了把握隐性意图不可缺少的途径。例如,甲到乙家闲聊 一个小时过去了。甲说"我回去了",乙说"急什么,再聊聊吧",但这时乙已经站了起来。这站起的动作,解释了乙话语的隐性意图:好吧,你走吧。

书面语远没有口语生动精妙,但精微细致的非语言手段的描写和标点符号,能一定程度上弥补其不足。如:

> (觉慧)脸上的表情变化得很快,这表现出来他的内心的斗争是怎样的激烈。他皱紧眉头,然后微微地张开口加重语气地自语道:"我是青年。"他又愤愤地说:"我是青年!"过后他又怀疑似地慢声说:"我是青年?"又领悟似的说:"我是青年。"最后又用坚决的声音说:"我是青年,不错,我是青年!"
>
> (巴金《家》二十八)

这段书面语细致地描绘了觉慧在听到"我是青年"这句话时的声调气息,揭示出这句简单而又厚重的话语在觉慧内心引起的复杂多变的感受:感悟、自信、怀疑、愤慨、激昂、坚定等。将这些信息传达给读者,作者靠的就是对于人物的声调气息的描绘。

以上是我们对于理解话语隐性意图规则的初步探讨,讨论时各规则不得不分开阐述,实际使用中,这些规则无疑应该统筹考虑,综合运用。

(本文原载《语言文字应用》2006年第3期)

论修辞"立诚原则"的分歧和坚守

江结宝

《周易·文言》有言,"修辞立其诚",修辞的"立诚原则"由此演变而来。它要求修辞必须立足于真诚、真实,做到态度诚实,情感真挚,合作积极;言辞符合事实,符合事理,或者符合表达者的真实认识。

一、关于"立诚原则"的分歧意见

修辞有多种原则,唯"立诚原则"在中国源远流长,是中国传统修辞学唯一明确标榜并一贯坚持的原则。进入当代,修辞学界出现严重分歧,对此原则褒贬相反,观点对立。参与讨论者甚众,如王希杰、陈光磊、陈汝东、王晓娜、高万云、曹德和、周强、霍四通等。这里录几段代表性言论:

陈光磊说:

> "修辞"的产生竟跟"立诚"同现,两者结下了不解之缘。这里的"诚",涵盖了立言修辞的内容的真实和立言修辞态度的忠信;也就是要求修辞必须出于真诚。这样,"修辞立其诚"也就成为中国古往今来永放光彩的一个命题。①

王希杰说:

---

① 陈光磊:《先秦修辞思想导论》,《修辞论稿》,北京语言大学出版社2001年版,第199页。

> "修辞立其诚"的原则正是中国传统文化的特色。也是中国传统修辞学的特色。从《周易》以来,"修辞立其诚"的原则就得到了高度的重视。……我们认为,重新强调"修辞立其诚"就是修辞学的生命,修辞学的社会价值全就在这个"诚"字之上,真正的修辞学应当建立在"修辞立其诚"的基础之上。……而在"诚"字的基地上来构建中国现代修辞学的理论大厦,就是中国21世纪修辞学的真正的目标。中国现代修辞学就应当是以"诚"字为特色的修辞学。[①]

高万云说:

> 我们认为,"修辞立其诚"不能作为修辞的总原则,主要有以下三个方面的原因:
> (一)不可能。这是说,几乎无人能做到"修辞立其诚"……(二)不可靠。……道德之"立诚"与修辞没有必然联系……尤其是许多时候,立诚降低了修辞效果,所以我们说这一"原则"是不可靠的。(三)不可行。这主要指"诚"的多义性与模糊性造成的歧解与误判。[②]

周强以古希腊亚里士多德的"修辞人格"(ethos)观点为依据,认为修辞不仅不当立诚,反而要"立伪"。他说:

> ……对"非诚"或"不诚"的隐藏或隐晦正是修辞发生效用的一个基本条件。……修辞者真实情感和态度的自然流露在很多情况下无助甚至有碍于修辞目标的实现,将不利于实现修辞目标的真情实意掩盖起来,使修辞者的表达看起来像是"诚"的真实流露,恰恰是修辞产生

---

① 王希杰:《略论"修辞立其诚"》,《苏州教育学院学报》2000年第3期。
② 高万云、鹿晓燕:《关于修辞学理论与方法的再思考》,《福建师范大学学报》2007年第7期。

效用的一个基本条件。①

坚持"立诚"和放弃"立诚"形成两派,两派立论的依据可简单梳理如下:

立诚派认为:

1. 立诚是中国修辞学的悠久而优秀的传统,是中国文化的特色。(王希杰、陈光磊)

2. 修辞具有崇高目的和认知作用,要追求真理,维护真理;反之,则陷入诡辩,营造虚伪。(王晓娜②、王希杰)

3. 放弃立诚,致使修辞学声誉狼藉,地位下降。(王晓娜、王希杰)

4. 不言立诚将片面强调修辞的技巧性,使修辞形式与内容相分离。(王希杰)

5. 修辞是一种道德观念映照下的言语交际行为,"立诚"是一切交际活动所必须具备的先决条件。(陈汝东③、王希杰)

6. "诚"是天道,是万物万事的先天秩序,是大自然的规律;也是人格理想,是内心修养的准则,是内心修养的最高境界。……在任何一个时代,修辞都必然涉及道德问题、价值问题。(王晓娜)

7. 西方亦有立诚说。如:

> 通过从哲学的角度对当时流行的言说艺术进行审视和批判,柏拉图提出了"求真务实"这一原则,要求言说者在交流中摒弃一切虚、假、浮、诡,以追求、表达和传播真知为己任。④

---

① 周强:《从西方修辞的视角看"修辞"与"诚"的关系》,《外国语言文学》2010年第2期。
② 王晓娜:《修辞立其诚与两种修辞观》,《辽宁师范大学学报》2002年第3期。
③ 陈汝东著:《社会心理修辞学导论》,北京大学出版社1999年版,第106页。
④ 刘亚猛著:《西方修辞学史》,外语教学与研究出版社2008年版,第21页。

古罗马修辞学家昆提利安将修辞界定为"善言的科学"。"他坚持认为修辞受到伦理道德的制约,并将道德准则看成是修辞的一个内在构成成分。……明确要求修辞者不仅应该考虑怎样说才有利于说服,更应该想到怎么说才符合义理。"①

弃诚派认为:

1. 修辞是工具性的,与社会道德和社会价值无关。(高万云、周强)

2. 修辞的目的是为了说服对象,立诚不是实现目的的必要条件;有时,立诚会降低修辞效果;有时不仅是不要立诚,而是需要"立伪"。(周强、高万云)

3. 即使需要立诚,也无需出自内心,只需在修辞过程中装出"诚"的样子,以赢得对象的好感。(周强)

4. 立诚缺乏事实依据,缺乏操作性。(高万云)

5. 立诚属于文化语境要素,无需独立作为原则立项,即使立项,只能约束伦理修辞学。(曹德和②)

6. 西方也有弃诚说。如:

亚里士多德强调修辞人格,但是他认为修辞人格不是指言说者惯常的品格,仅指言说过程中体现的临时人格表象,他说:"[对言说者的信任]必须源于言说,而不是源于言说之前业已存在的有关言说者人格的看法。"③

意大利政治家、修辞家马基雅维利1513年出版的《王公》(也译为《君主论》)认为,修辞者如王公们无需真正具备慈悲、忠诚、仁义、信实等品质,但是一定要"显得"拥有这些美德,因为"人们对你的了解是基于你看上去是个什么样的人"④。

---

① 刘亚猛著:《西方修辞学史》,第122、125页。
② 曹德和:《如何看待关于修辞原则的不同表述——兼谈建立修辞原则时需要注意的问题》,《福建师范大学学报》2007年第2期。
③ 刘亚猛著:《西方修辞学史》,第56页。
④ 刘亚猛著:《西方修辞学史》,第206页。

二、"立诚原则"核心问题的分析

修辞"立诚原则",涉及这样一些核心问题:修辞的性质是什么,与道德有没有关系?立诚对于修辞效果的影响是怎样的,该如何看待?立诚有无"事实依据",有无可行性?立诚是绝对的,还是辩证的?这些问题分析透彻了,两派分歧的实质也就看清楚了,我们应取的态度也可确立了。下面,就这些问题展开讨论。

1. 修辞的性质是什么,与道德有没有关系?

或说修辞是工具性的,或说修辞具有社会性。如果是工具,"用它害人与用它助人是使用者的问题"①,与社会道德和历史规律的评价无关;如果具有社会性,当然与社会道德紧密相关,陈汝东就说过:"修辞行为是一种言语道德行为。……修辞研究不能脱离人的社会因素,不能把修辞行为置于纯粹的语言手段的选择调适的真空视角下。"②工具性和社会性都有根据。众所周知,"'修辞'一词有三个含义:第一,指运用语言的方法、技巧和规律;第二,指说话和写作中积极调整语言的行为,即修辞活动;第三,指……修辞学或修辞著作。"③将修辞作第一种解释,即指运用语言的方法、技巧和规律,那么修辞是工具性的,这个工具一视同仁地为社会全体成员服务,无论贤愚善恶,无论贵贱贫富,至于使用目的的善恶,使用效果的好坏,与这个工具无关,的确像高万云说的,那是使用者的事情。从这个角度出发,工具性修辞无须给予社会道德的评判,作为道德评价的立诚原则也就失去了存在的必要性,看作修辞的总原则更是无以成立。将修辞作第二种理解,即指调整语言的行为,使用语言的修辞活动,那么修辞便具有社会性。修辞作为一种行为,一种活动,它包括修辞主体、修辞目的、修辞对象、修辞语境、修

---

① 高万云、鹿晓燕:《关于修辞学理论与方法的再思考》,《福建师范大学学报》2007年第7期。
② 陈汝东著:《社会心理修辞学导论》,第107页。
③ 黄伯荣、廖序东主编:《现代汉语(增订四版)》下册,高等教育出版社2007年版,第160页。

辞手段(用这个术语涵盖方法技巧规律等)、修辞效果乃至修辞评价等等要素。修辞主体是人,修辞对象是人,而人正是社会关系的总和,充分体现社会性;修辞目的、修辞语境、修辞效果和修辞评价关涉社会状况、社会意识、社会观念、社会道德,同样充分体现社会性。也可以说得更简单一些,修辞行为、修辞活动,是人的社会行为、社会活动,具有社会性天经地义。从言语行为理论看,修辞活动就是使用语言的言语行为,"而言语行为既是一个个人行为,同时也是一个社会行为。……应当从社会心理、文化价值等方面去寻求言语行为的本质和分类。"[1]从这个角度出发,社会性修辞与社会道德息息相关,作为道德评价的立诚原则被强调因而成为必然,被视为修辞的总原则也是成立的。

由此可见,对于立诚原则的分歧,源于对于"修辞"理解的差异,那么哪一种理解更合理?我们的看法,第二种理解,即修辞是一种行为、一种活动的理解更为合理。首先,工具性修辞源自社会性修辞,并服务于社会性修辞,因为方法技巧规律等来源于修辞活动,总结方法技巧规律是为了指导修辞活动,服务于修辞活动。因此,理解修辞概念,应该优先取上述第二种解释。其次,人们日常对于修辞的理解,最先映入脑际的是修辞活动;学者们研究修辞,设立的研究对象优先考虑的也是修辞活动。最后,也是更重要的,修辞原则的讨论,是就修辞活动而言的,只有活动才有原则的遵循问题,不仅立诚原则如此,其他原则,例如得体原则——似乎没有谁表示怀疑,提出取消——离开修辞活动,将无以存在,无须存在;如果把修辞理解为方法、技巧和规律,那么这种修辞无须遵循什么原则,而且原则本身就应该包含在规律之中,因为对于原则的遵循便是方法,便是规律。基于这样的认识和分析,我们主张修辞与社会道德关系紧密,修辞应该立诚,立诚应该作为修辞原则。

---

[1] 顾日国:《John Searle 的言语行为理论:评判与借鉴》,严辰松、高航编:《语用学》,上海外语教育出版社2005年版,第275页。

2. 立诚对于修辞效果的影响是怎样的,该如何看待?

立诚派认为,立诚对于修辞效果具有十分积极的价值,甚至是修辞效果得以实现的前提和保障。弃诚派认为,立诚与修辞无关,对于修辞效果无所谓积极价值,相反,有时还会损害修辞效果。"如果不分场合不看对象凡言必诚,那人类也不复为人类,尤其是许多时候,立诚降低了修辞效果,所以我们说这一'原则'是不可靠的。"[①]"修辞者真实情感和态度的自然流露在很多情况下无助甚至有碍于修辞目标的实现。"[②]

我们同意立诚派观点,下面将详细论证。不过,弃诚派的说法也有合理成分,如果"凡言必诚",将立诚原则绝对化,有时的确会产生不良效果,但是弃诚派以偏概全,以特殊否定一般,从而否定立诚原则,那是不妥当的——这个问题下文将专门讨论。

(1) 立诚是修辞的前提,是实现修辞效果的前提

诚,《辞源》解释为"真诚、真实"。真诚,要求态度诚实,情感真挚,合作主动;真实,要求言辞符合事实,符合事理,或者符合表达者的真实认识。试想,修辞参与各方(或双方)如果根本缺乏合作的真诚,那么修辞便无法开展,修辞就根本不存在;如果修辞主体都信口雌黄,背离事实,违背事理,口是心非,那么修辞便无法进行,修辞就没有效果。由此可见,保证修辞的开展、进行并取得效果,立诚不可或缺,所以立诚是修辞的前提,当然也是获取修辞效果的前提。

(2) 立诚赢得信任,强化效果

古语云:精诚所至,金石为开。是说至诚至真的言行,能够感天动地,再难的事情也能办到,再顽固的头脑也会动摇,就像金属石头也会开裂一样。

汉代刘向说:

> 人君苟能至诚动于内,万民必应而感移。尧舜之诚,感于万国,动

---

① 高万云、鹿晓燕:《关于修辞学理论与方法的再思考》,《福建师范大学学报》2007年第7期。
② 周强:《从西方修辞的视角看"修辞"与"诚"的关系》,《外国语言文学》2010年第2期。

于天地,故荒外从风,凤麟翔舞,下及微物,咸得其所。①

古罗马帝国时期圣奥古斯丁说:

> 如果面对一个选择,言说者必须坚信"没有任何表达方式能胜过真诚的描述",从而坚持用言说的内容实质而不是动听的言辞来取悦受众。②

诚信之人,品德高尚之人,具有强烈的语言责任心,出言吐语讲理据,重然诺,赢得普遍尊重和信赖,修辞效果明显强于一般。请看《水浒全传》一例:

> 当日筵宴上,宋江把救了刘知寨恭人的事,备细对花荣说了一遍。花荣听罢,皱了双眉说道:"兄长没来由,救那妇人做甚么?正好教灭这厮的口!"……花荣道:"兄长不知……近日除将这个穷酸饿醋来做个正知寨,这厮(按:指知寨刘高)又是文官,又没本事,自从到任,只把乡间些少上户诈骗,乱行法度,无所不为。小弟是个武官副知寨,每每被这厮怄气,恨不得杀了这滥污贼禽兽。兄长却如何救了这厮的妇人?打紧这婆娘极不贤,只是调拨他丈夫行不仁的事,残害良民,贪图贿赂,正好叫那贱人受些玷辱。兄长错救了这等不才的人。"宋江听了,便劝道:"贤弟差矣!自古道:'冤仇可解不可结。'他和你是同僚官,虽有些过失,你可隐恶而扬善。贤弟休如此浅见。"花荣道:"兄长见得极明。来日公廨内见刘知寨时,与他说过救了他老小之事。"③

花荣听说宋江在清风寨救了刘知寨的老婆,虽没怪责,却深表遗憾,说宋江

---

① 〔汉〕刘向撰:《新序·杂事四》,中华书局1997年版。
② 刘亚猛著:《西方修辞学史》,第163页。
③ 〔元末明初〕施耐庵、罗贯中著:《水浒全传》,上海人民出版社1975年版,第402—403页。

救错了人。花荣痛恨刘知寨,"恨不得杀了这滥污贼禽兽"!尽管如此,接下来,宋江劝解花荣,要他尽弃前嫌,与刘知寨和睦相处。这要求与花荣的现实状况和心理基础反差巨大,正常情况下,绝难实现;换言之,宋江这番劝解的修辞效果应该接近于零。然而,奇迹发生了,花荣接受了规劝,说"兄长见得极明",宋江取得了意想不到的修辞效果。宋江的劝说,既未多方征引,严密论证;亦未声情并茂,动之以情,不过三言两语而已。宋江本人无权无势、无钱无力,因误杀阎婆惜,无处安身而投奔花荣。那么,奇迹何以发生?宋江的成功,完全缘于他高尚的人格,他凭着人格魅力赢得社会的普遍尊重,赢得花荣的无限信赖。

宋江人格魅力造就的神奇,并非花荣这一例。在清风山,王矮虎抓到清风寨寨主刘高的妻子,带到房中求欢。这个王矮虎,"诸般都肯向前,就是有这些毛病"。这是清风山大头领燕顺说的,表明王矮虎一向有此恶习,燕顺他们或许有过劝阻,恐怕都无济于事。可是,宋江认为,王矮虎的行为有辱江湖好汉声名,而刘高又与花荣同僚,便力劝王矮虎放过那妇人。最后,王矮虎虽然很不情愿,但到底还是放过了那妇人。① 本来,宋江自己也是被抓到山上,小喽啰正将他开膛剜心,燕顺得知是宋江才把他救下来的。宋江与清风山没有半点交情,充其量算个山中过客,然而他却能说服连大头领都说服不了的王矮虎,足见其人格魅力的强大。

3) 立诚赢得长期效果

言语的修辞效果,具有时间效应。要赢得长期效果,唯有立诚。泱泱中华,上下五千年,孔子被历代尊为至圣先师,万世师表,何能如此,原因很多,而主张诚信,恪守诚信是其主要原因之一。孔子认为,诚信是立身之本,说"人而无信,不知其可也?"② 诚信是交友之道,说:"友直,友谅,友多闻,益矣。"③ "直"就是正直,"谅"就是诚实。孔子学生子夏也说:"与朋友交,言

---

① 〔元末明初〕施耐庵、罗贯中著:《水浒全传》,第397—399页。
② 夏延章等译注:《四书今译·论语》,江西人民出版社1986年版,第15页。
③ 夏延章等译注:《四书今译·论语》,第172页。

而有信。"① 诚信是治国之基,如,当子贡询问怎样治国时,孔子提出三大要素:"足食,足兵,民信之矣。"② 而当子贡一再追问三者中"必不得已而去者"时,孔子将"民信之"留到了最后,因为"自古皆有死,民无信不立"③,意谓百姓的信任、拥护乃治国首要条件。诚信还是教育之纲,所谓"子以四教:文,行,忠,信"④。"'诚信',就是诚实、守信,在《论语》中主要以'信'这一概念出现。……'信'字在《论语》中共出现了38次,其中36次是作为伦理概念来使用的。《论语》共20篇,其中16篇谈到了诚信问题,可以看出孔子对'信'之重视。"⑤

李白洒脱不羁,傲视独立,诗笔飞扬,诗风豪放。中国历史上,千年万载"诗仙"唯此一人! 但是,孤傲的个性,狂飙的思绪,丝毫不影响他修辞立言的诚信,"三杯吐然诺,五岳倒为轻",李白在《侠客行》中以五岳为轻来赞美侠客然诺之重,极言诚信的重要。这是赞美侠客,也体现他的追求。有人用"童真"二字评述李白其人其诗,说:"他的诗连同他的人一样,飘逸、豪放、童真,飘逸得像仙鹤,豪放得像长江,童真得像孩提。……童真是李白诗歌得以流传不朽的生命本真。……童真成全了李白。"⑥ 我们确信这个结论,没有童真,李白便没有他的童性、童趣、童语,就失去了天才的创造力,就不能成为诗仙。但是,我们更加确信,童真是本真的、诚信的,李白其人其诗是本真的、诚信的。因而,李白之千古不朽、万世流芳,有赖其童真;进一步看,则缘自其本真、诚信。有句话说得好:"也许做个诗人比较容易,但做个真实的诗人却很难,如同我们做个真实的人一样。"⑦ 李白就是个天才而又真实的伟大诗人。推而广之,唐诗之不朽,同样缘自其本真、诚信,所以金代元好问说:"唐诗所以绝出于三百篇之后者,知本焉尔矣。何谓本? 诚是也。"⑧

---

① 夏延章等译注:《四书今译·论语》,第3页。
② 夏延章等译注:《四书今译·论语》,第120页。
③ 〔元末明初〕施耐庵、罗贯中著:《水浒全传》,第20页。
④ 〔元末明初〕施耐庵、罗贯中著:《水浒全传》,第67页。
⑤ 梁堂华:《从〈论语〉看孔子的诚信思想》,《船山学刊》2009年第4期。
⑥⑦ 康怀远:《说李白的童真》,《宝鸡文理学院学报》2000年第3期。
⑧ 〔金〕元好问:《杨叔能小亨集引》,李修生主编:《全元文》(第1册),江苏古籍出版社1997年版,第309页。

"立诚"赢得长期效果，短期却适得其反，往往亦有之，马寅初《新人口论》的发表就是这样。马寅初是我国杰出的经济学家、人口学家。解放后，担任北京大学校长、全国人大常委职务。出于经济学家的敏感和对国家经济发展的关心，马寅初通过几年的调研，1955年写出了"控制人口与科学研究"一文。经过修改和补充，1957年6月提交第一届全国人民代表大会第四次会议；7月5日《人民日报》全文发表，题为《新人口论》。其观点主要是"一个前提、五大问题、三项建议"。一个前提是中国人口增殖过快；1953年人口普查，已经超过了6亿，自然增长率达到20‰，按此率计算，15年后将达到8亿，50年后将达到16亿；如按增长率30‰计算，15年后将达到9亿多，50年后将达到26亿。五大问题是：人口增殖过快与加速资金积累、提高劳动生产率、工业原材料供给、提高人民生活、科学技术进步等之间存在矛盾和问题。三项建议：一是在1958至1963年再进行一次人口普查，以了解在5年或10年中人口增长的实际情况；二是大力进行宣传，破除子女问题上的封建传统观念，待宣传工作收到一定效果后，修改《婚姻法》，实行晚婚，结婚年龄大概为男子25岁、女子23岁；三是节育办法上，主张避孕，反对人工流产。①

　　理论研究和社会实践都证明，马寅初的"新人口论"是正确的，符合社会发展规律。马寅初提出"新人口论"，态度严谨，思想纯正，绝非哗众取宠。他表里一致，高度自信，当他的观点受到否定和批判时，他坚定地表示："20年后，政治家们会遇到棘手的问题，会感到困难，他们会想到兄弟的'新人口论'，他们会后悔的。"②马寅初具有高度的语言责任感，恪守修辞立诚原则。但是立诚并未赢得尊重和信任，相反"遭到了暴风骤雨式的批判"③。1960年马寅初被迫辞去北京大学校长职务，1963年全国人大常委的职务也被罢免，从此，他的身影和声音从人们的视野中消失了整整

---

① 田雪原：《马寅初〈新人口论〉始末》，《中国报道》2009年第11期。
② 马嘶：《20年后，他们会想到兄弟的"新人口论"的》，《领导文萃》2011年第6期。
③ 祝彦：《"单身匹马"真英雄——记马寅初》，《文史天地》2005年第9期。

20年!

党的十一届三中全会之后,1979年,马寅初得以平反,"新人口论"得以翻案和正名,教育部任命他为北京大学名誉校长,1981年中国人口学会成立选举他为名誉会长。1982年9月,中共十二大将计划生育确定为基本国策。1993年9月,首届中华人口奖特别荣誉奖授予马寅初。[①] 俗语云:路遥知马力,日久见人心。马寅初的诚信修辞虽经波折风雨,但最终赢得了长久乃至永恒的尊重和信赖。马寅初和他的"新人口论",家喻户晓,深入人心,完全因为他的诚信和执着,如果背弃诚信,迎合时势,巧言取宠,可能得势于一时,转头来必将落得个千古骂名,遗臭万年。

3. 立诚有无"事实依据",有无可行性

有人断言,修辞立诚事实上做不到,"不可行"。这种说法缺乏辩证思考,从常识、理论和事实上看都难以成立。

从常识上看,人类从五六千年的文明史中一路走来,无论经历多少曲折坎坷,总是朝着美好而前行。这其中,法律的强行保障和道德诚信的自觉,是护航的双翼,而诚信自觉的重要表现之一当然是修辞立诚。因此,人类发展前行的历史业已无声而有力地证明了修辞立诚的存在。如果人类或者一个民族,失去起码的修辞立诚防线,那么人类恐怕早已不复存在,一个民族也是如此。

从理论上讲,社会道德的形成和生效必然具备可实施的行为基础,行为诚信的道德原则的形成和提出,就意味着人们可以坚守并事实上业已坚守这一原则。修辞立诚属于行为诚信道德原则范畴。行为诚信道德原则在中华民族(也在全人类)已经存在并"生效"了几千年,说明中华民族几千年以来可以并已经坚守了这一原则。再者,道德像法律一样,都对人们的行为具有约束性,只是约束手段和强力程度的不同。法律依靠国家机器,强行约束;道德依靠舆论,强力程度较弱。既然提出约束,就意味着有人不想被约

---

① 陈宝敬:《马寅初和他的"新人口论"》,《四川统一战线》2012年第1期。

束,否则,"约束"也就不必要、不存在了。而越是有人不想受约束,越是要加强这种约束。因此出于对社会、对民族负责的需要,人们有责任有义务增益道德舆论,而不能做得相反。

从事实上看,古今中外大量存在着修辞立诚的动人故事。

故事一:文艺复兴时期,意大利天文学家、哲学家布鲁诺,顶着压力,冒着生命危险,坚持并发展哥白尼"日心说",反对"地心说",批判经院哲学和神学。后来他被宗教裁判所以"异端"罪名烧死在罗马鲜花广场。布鲁诺维护真理,修辞立诚,不惜献出宝贵生命。

故事二:《史记·季布栾列传》中有个俗语:"得黄金百,不如得季布一诺。"后来演变为成语"一诺千金"。季布原为项羽部将,后来成为西汉的将军。俗语说季布是个重然诺的君子,《史记》里他的本传倒未见他重然诺的故事,但是另有一个事实,反映季布是个修辞立诚的君子:

> 汉惠帝时,匈奴王单于写信出言不逊,侮辱吕后,吕后大为恼火,召集群臣商议此事。上将军樊哙说:"我愿带领十万人马,横扫匈奴。"众将领迎合吕后,齐声说"好"。季布说:"樊哙这个人真该斩首!当年,高皇帝率领四十万大军尚且被围困在平城,如今樊哙怎么能用十万人马就能横扫匈奴呢?这是当面撒谎!再说,秦王朝正因为对匈奴用兵,才引起陈胜等人造反。直到现在创伤还没有治好,而樊哙又当面阿谀逢迎,想要使天下动荡不安。"听了此言,殿上将领个个惊恐不已。吕后倒因此退朝,终于不再议论攻打匈奴之事。①

故事三:2003年春夏之交,非典(SARS)正在世界横行,我国也未能幸免,从南到北纷纷出现病例,来势凶猛。这种病传染迅速,死亡率高,当时尚无特效药,防治不当或出现疏忽,就有可能给一个民族或国家带来毁灭性灾

---

① 〔汉〕司马迁撰:《史记·季布栾布列传第四十》,远方出版社2002年版,第1305页。

难。4月3日,中央电视台疫情报道中,时任卫生部长的张文康表示"疫情已经得到控制",并宣布北京的SARS病例为"12例,死亡3例"。北京301医院退休军医、被返聘为医院专家组成员的蒋彦永,工作在反SARS战斗的第一线,感到宣布的情况与实际情况严重不符,于4月4日,写了一封署名信。他在信中写道:"今天我到病房,所有的医生和护士看了昨天的新闻都非常生气。所以我就给各位发此信,希望你们也能努力为人类的生命和健康负责,用新闻工作者的正直呼声,参加到这一和SARS斗争的行列中来。……我看了新闻后就打电话向309医院(现在是总后指定收治SARS的医院)咨询……309医院已经收治了60例SARS病人,到4月3日已有6人死亡。"该信以电子邮件的形式分别于4月4日和5日发给了凤凰卫视和中央四台,但没有下文。4月8日,美国《时代》周刊对蒋彦永进行了采访。蒋彦永表示,"我就跟他们把我了解的讲了讲,9号外头就传开了。"随后,中央免除了张文康和北京市委一位副书记职务,从此正视疫情,客观通报,积极防治,最终战胜疫情。有记者问起蒋彦永写信的原因,他说:"我觉得医生不说真话,死人要多,国家要吃亏。"①

总之,无论从常识上看、理论上讲,还是依据事实,修辞立诚是可行的,毋庸置疑的。

4. 立诚是绝对的还是辩证的

世界上没有绝对的东西。政策还有策略,规则还有例外,原则还有灵活性,立诚当然也不能绝对化。

仅举几例:

例一:20世纪60年代的一次记者招待会上,一位西方记者突然问当时的外交部长陈毅:"中国最近打下了美国U-2型高空侦察机。请问,用的是什么武器?是导弹吗?"一向以直言快语著称的陈毅元帅举起双手在空中做了一个"捅"的动作,接着用浓重的四川口音说道:"我们是用竹竿子把它

---

① 楼夷:《SARS西侵:蒋彦永——诚实的医生》[EB/OL].新浪>财经纵横,2003-10-20. http://finance.sina.com.cn/g/20030508/1230338214.shtml.

捅下来的嘛!"这一回答引得全场记者哄堂大笑。①——飞机绝不是捅下来的,陈毅之不诚,乃保守国家机密之需要。

例二:三国时期,孙权采纳张昭之计,虚将诸葛亮之兄诸葛瑾一家老小收监,令其入川央求诸葛亮劝说刘备归还荆州。诸葛瑾来到成都,"玄德问孔明曰:'令兄此来为何?'孔明曰:'来索荆州耳。'玄德曰:'何以答之?'孔明曰:'只须如此如此。'计会已定,孔明出郭接瑾。不到私宅,径入宾馆。参拜毕,瑾放声大哭。亮曰:'兄长有事但说。何故发哀?'瑾曰:'吾一家老小休矣!'亮曰:"莫非为不还荆州乎?……兄休忧虑,弟自有计还荆州便了。"诸葛瑾拜见刘备,呈上孙权书信,刘备大怒,申言不还荆州,并要讨伐东吴。"孔明哭拜于地,曰:'吴侯执下亮兄长老小,倘若不还,吾兄将全家被戮。兄死,亮岂能独生?望主公看亮之面,将荆州还了东吴,全亮兄弟之情!'玄德再三不肯,孔明只是哭求"②。——这里,诸葛氏兄弟之所言,皆非立诚之辞。此乃军事斗争之需要。

例三:黄梅戏《徽州女人》中,一位山村姑娘、剧中主人公"女人"15岁时出嫁了,可是"丈夫"稍前暗自逃走,"女人"从嫁出到年老,空守了一辈子。在嫁入的第10年,"丈夫"寄回一封信,说他在外乡已经娶妻生子,儿子5岁,信中还带有一张"全家福"照片。面对此情此景,村中一位"德高望重"的"老秀才"当即决断:"不能讲,不能讲。……别让伢子(按:指"女人")知道。给老大(按:指"丈夫")去封信,什么也别提,就报平安。"老秀才的意思,不要告诉"女人",她的丈夫已经娶妻生子;也不要向"丈夫"提及,十年来家中还有一个女子一直在守候着、等待着他回来。众人依从了老秀才,来了个集体撒谎。③——这是平民的不诚,目的是要维护封建礼教,同时不给"女人"徒添烦恼,在那个年代,标榜的是"烈女不嫁二夫君"!

修辞不诚现象是客观存在的。概而言之,不诚现象有两类:一类是道德

---

① 编辑部:《用竹竿捅飞机》,《小作家选刊(小学生版)》2004年第10期。
② 〔元末明初〕罗贯中:《三国演义》(第六十六回),人民文学出版社1990年版。
③ 陈薪伊、刘云程:《〈徽州女人〉第二幕"盼"》[EB/OL].中安在线>黄梅经典,2003-10-20. http://drama.an-huinews.com/system/2003/10/20/000470211.shtml.

容许或法律强制要求的不诚,另一类是人性弱点导致的不诚。

第一类如果再分析,又有若干种。其一,重大社会活动如政治、军事、外交、经济、文化等活动中要求恪守秘密,各种"保密法"是法律强制要求的集中表现,人们对叛变以及出卖经济秘密等行为的唾弃,也是此类要求的表现。其二,民众日常活动中的某些特别要求,关涉到社会禁忌、习俗规范。鲁迅先生《立论》[①]中说,一家人家把满月的男孩抱出来给大家看,"一个说:'这孩子将来要发财的。'他于是得到一番感谢。一个说:'这孩子将来要做官的。'他于是收回几句恭维。一个说:'这孩子将来是要死的。'他于是得到一顿大家合力的痛打"。鲁迅先生为遭打者叫屈,其实不然,这打得活该!他违反了习俗规范,喜庆的时刻,面对新生儿,只能祝福,不可说不吉利的话。中国历来要求为尊长者讳,俗语有"子不言母丑",在公开场合,谈到尊长者,一律不得言及丑恶,哪怕心里确有不良感受。对于重病之人,隐瞒病情,说他一定会好起来,以示鼓励和祝福,这是人之常情。其三,顾全面子的要求。人人都讲面子。俗语说,"打人莫打脸,骂人莫揭短。"人常说,瘸子面前不说短,胖子面前不提肥,面对失意之人,莫谈得意之事,这都是给人留面子。有些话虽然诚实,但损人面子,也是不妥的。所以,人们倡导,"非原则问题,以赞扬为主"。

第二类,人性弱点导致的不诚,得不到道德和法律的支持和认可。也有不同情形。其一,私欲膨胀,追求分外的个人或小集团的利益,同时损害他人乃至全社会的利益。如伪装行骗、非法行医、虚假广告、欺上瞒下等行为中虚假性陈述。其二,迫于形势,谋求自保。有句俗话,"遇到弯腰树,不得不弯腰"。20世纪70年代的"批林批孔"中,全国知识分子都参与其中,一些人不明真相,人云亦云,但很难说那是不诚修辞;一些人因为反对封建主义而牵连到对孔子的批判,如巴金老人,撰文《孔老二罪恶的一生》参与批孔,也难说他是不诚修辞;但肯定还有不少人明白批林批孔是要批"周公"

---

① 鲁迅著:《野草·立论》,人民文学出版社1979年版,第46页。

(指周恩来总理),这些人的所谓批判,就是迫于形势、谋求自保的违心行为,无疑是不诚修辞。当今,会议主持人常常要对会上的讲话尤其是领导的讲话,做个点评,这种点评,清一色褒扬之辞,其中不乏不诚修辞。所以不诚,既为着顾人面子,也怕惹人不悦,遭遇小鞋。其三,性格弱点突出,往往言不由衷。如,习惯大话无当,表现个人优越,他买了一件T恤,本来花了三百,硬要说成一千。再如,生性极其谨慎,迷信"见人只说三分话,不可全抛一片心",他做生意,实际一年挣得两百万,却声称养家糊口,保本而已。如此等等,不一而足。不过,这第三小类的不诚,往往并不直接损害他人利益。

修辞立诚是辩证的,不诚修辞是客观存在的,但是,这不能作为否定修辞立诚原则的理由和借口。

三、"立诚原则"的坚守

"立诚"与"弃诚"的争论或许还会延续,但是我们坚定地认为,修辞必须立诚,修辞需要坚守"立诚原则"。中华民族修辞立诚的优良传统,今天不仅要回归,还要发扬光大。

上述"立诚原则"核心问题的分析,清楚地表明,立诚是修辞的社会性质决定的,立诚能增强修辞效果,立诚是可行的,虽然立诚不是绝对的。

"立诚"还是社会现实的召唤。

几十年来,中国经济腾飞了,物质生活改善了。但是,毋庸讳言,全社会的修辞诚信度却大大降低了。不少官员官腔浓重,"假大空"满天飞,就连权威的统计数字,有时不免受到百姓的质疑。商业活动中,一方面是十全十美、吹上了天的溢美广告,一方面是注水肉、有毒奶、坑爹药、地沟油、冒牌家具……至于短信诈骗、网上行骗就像苍蝇一样赶不走,驱不尽。学术活动中,造假、剽窃屡禁不绝。思想教育中,缺乏诚信底气,满口陈词滥调。人际交往中,装腔作势,阿谀奉承,随处可见。就连跌到路旁被扶起的老人,也有人信口雌黄,诬栽好人,让社会寒心。社会修辞不诚的事实,大家感受颇多,这里仅举一例：笔者曾两次收到加盖"国美电器销售责任公司"公章的"刮卡兑奖彩票"，声称："在国美25周年辉煌庆典之际，北京国美总部面向全国开展有奖宣传活动，以答谢全国各界朋友对国美电器的关心与支持，活动共发放一百万份广告彩票。"刮卡一看，荣获二等奖（第一次也是二等奖），奖品为价值33万元的北京奔驰轿车一辆！彩票乃彩色印制，有活动原因、活动规则、兑奖说明、联系方式，更盖有某公证处专用章，录有两名公证员的姓名、工号以及照片。看上去很真实，但是，谁相信天上能掉下如此馅饼？打开网络一查，原来，有很多网友像我一样遭遇了同样的滑稽蒙骗之事。

今年6月，北京大学张维迎教授在凤凰卫视《世纪大讲堂》做过一个演讲，说的是社会上语言腐败问题。他说："语言腐败就是不诚实，实际上就是我们一开始讲到的说假话。……思考我们现实的情况，我就觉得语言腐败这个问题，确实到了无以复加的地步，（那）如果我们不解决这个问题的话，应该说中国改革当中的好多是非是没法搞清楚的，（那）下一步改革，我觉得也会非常的难。"[1]

面对如此社会修辞环境，我们的祖先身居天国也为他们的后人焦虑不安，而我们竟然要抛弃修辞立诚的祖训，既有辱先人，也贻患后代。道德主要依赖舆论的支撑，所有修辞学研究者，有责任、有义务倡导修辞道德，宣传修辞立诚，坚守"立诚原则"。

"立诚"更是人类生存法则的必然要求。

讨论人文社科问题，最终必须回归人性，从人类生存法则中寻找立论依据。我们讨论修辞的立诚原则，不是把修辞看作技巧和规则，而是看作一种社会活动，人们的言语活动。凡社会活动的原则要符合人性要求，利于人类的生存和发展。修辞立诚原则的坚守，主张立诚的辩证法，正是出于人性和生存法则的考虑。

尼采在谈到"真实"和"欺骗"这两个概念时指出，"掩饰"是心智出于

---

[1] 张维迎：《语言腐败在当今中国已经到了无以复加的地步》[EB/OL].凤凰卫视＞世纪大讲堂，2012-06-11. http://phtv.ifeng.com/program/sjdjt/detail-2012-06/11/15198876_0.shtml.

"维护个体生存"的需要而发展起来的一种"基本能力","真实"则是群体为了避免其成员陷入一场人与人之间的大混战而"发明"出来的一个起调节作用的概念。人们"痛恨的并非欺骗本身,而是其后果令人厌恶和痛恨的那些种类的欺骗"。同理,人们之所以追求"真实",也完全是因为它带来的那些"起着维护生命的作用、令人愉快的后果"[①]。

不诚就是"掩饰"、欺骗,不诚的发生,原来是人类个体维护生存的本能体现,所以不诚是客观存在的。不诚现象中,有的不会"令人厌恶和痛恨",社会能够接受;有的危及人类生存和发展,社会必须抵制。这就是立诚的辩证法。社会性是人类的根本特性,个体生存重要,人类生存更加重要,个体寄存于人类社会之中。为了避免人类生存秩序的混乱,防止人类在混乱中衰颓和消亡,人们必须追求"真实",言说必须追求"真诚",修辞必须强调立诚,坚守立诚原则。

(本文原载《江淮论坛》2012年第6期)

[①] 刘亚猛著:《西方修辞学史》,第282页。

弱势特征的激活与"代词/名词+时间处所词"结构

张 莹 徐 杰

最早注意到"这儿""那儿"能受修饰这一现象的是林祥楣先生。他在1958年版的《代词》一书中指出,口语中"指代处所的指示代词可以受指人的名词的修饰,如'王同志那儿'"①。但是这本书在1984年重印时,却把这部分论述文字都删去了,也许是因为他认为"这些格式的普遍性都不大,也不必当作一般的规律看待"②。林祥楣之后,只有极少数学者提到过这种现象,如吕叔湘等③,张伯江、方梅④,但尚未有人对这种现象进行过系统研究,或许大家都和林祥楣持同样的观点,认为这只是特殊现象,没有探讨的必要。但是,我们对当代作家的众多作品进行检索后发现,"这儿/那儿"前面带上所谓"修饰成分"的结构大量存在着。这引起了我们对这类结构进行细致考察的兴趣。我们希望能够通过充分的观察和描写,从而对这种结构做出充分的解释,以便抓住这种结构的本质,明确其在语言系统中的作用。为了称说方便,我们暂且把这些所谓的"修饰成分"称为"这儿""那儿"的前加成分,码化为X。

---

①② 林祥楣著:《代词》,新知识出版社1958年版,第4页。
③ 吕叔湘主编:《现代汉语八百词》,商务印书馆1980年版。
④ 张伯江、方梅著:《汉语功能语法研究》,江西教育出版社1996年版。

一、与"名词/代词+时间处所词"结构相关的语义限制

(一)"这儿/那儿"的语义功能

现代汉语中,作代词使用的"这儿/那儿"主要有三种语义功能:表示处所,表示时间,表示时态。需要指出的是这三种语义功能并非平分秋色,表示处所是其最主要的作用。

1. 表示处所

(1)这儿很凉快。①

(2)他站在那儿。

2. 表示时间

(3)从这儿开始,气氛就活跃多了。

(4)打那儿起,我们搞研究的积极性更高了。

3. 表示时态

(5)"我们这儿研究工作呢。别净把我们往坏处想。"

"是是,没说你们干别的,就知道你们是在工作。"

(6)没吃感冒通啊,也不知道怎么就那儿犯困。②

(二)能带前加成分的"这儿/那儿"的类型

"这儿/那儿"不是在任何时候都能带前加成分,只有表示处所和表示时间的"这儿/那儿"才能带前加成分。"这儿/那儿"表示时态意义时,已经虚化,在句中只能表示语法意义,所以不能再带前加成分了。

关于"这儿""那儿"的语法化过程,张伯江、方梅有详细的论述,他们指出,"这儿/那儿"一方面"从指示空间范畴转作指示时间范畴",指示时

---

① 文中的所有例句均取自当代作家毕淑敏、王朔、张炜、张贤亮等的多部作品及电视剧本。由于篇幅有限,我们对原句进行了适当的改写,如省略句中不必要的细节等。文中对所涉及的例句不再注明出处。

② 张伯江、方梅著:《汉语功能语法研究》,第182页。

间点;另一方面"由指代功能扩展到时态功能","'这儿'表示进行,'那儿'表示某种状态在时间上的持续"①。

下面我们分别讨论"X+处所词"和"X+时间词"两类结构。

二、"X+处所词"结构

(一)"X+处所词"结构中"X"的类型

表示处所的"这儿/那儿"所带的前加成分"X"有三类:指人的代词或名词(含名词性短语,下同)、指物的代词或名词、表示处所的名词。

1. "X"是指人的代词或名词

综合"X+处所词"的意义和结构特点,"X"是指人的代词或名词可归纳为如下七类:

A. 人称代词

(1)我这儿有消炎药。

(2)你是咱们这儿最勤奋的人。

(3)他不停地朝她那儿挤。

(4)我去他们那儿买煎饼。

B. 疑问代词

(5)我也不知道谁那儿有这本书。

C. 指人的一般名词

(6)她想去朋友那儿看看。

(7)我在不认识的人那儿待着不自在。

D. 专有名词

(8)她天天到阿宝这儿蹭饭吃。

(9)我刚从林一那儿回来。

---

① 张伯江、方梅著:《汉语功能语法研究》,第181—183页。

E. 表示亲属关系的名词

（10）我跑表哥这儿约稿来了。

（11）他到我奶奶那儿去了。

F. 表示身份职务的名词

（12）别让你妈老往徐经理这儿打电话。

（13）他到书记那儿反映情况。

G. 指人的"的"字短语

（14）这个女的这儿的衣服卖得很便宜。

（15）你是不是常在那个男的那儿住？

2."X"是指物的代词或名词

A. 代词

（16）狗的生物钟与人是不一样的，在它那儿，白天正是睡觉的时候。

B. 名词

（17）我们走到老柳树那儿再休息。

（18）我跑到她们的汽车那儿。

3."X"是表示处所的名词

（19）外科这儿，每天都排满了人。

（20）那个商店就在拐角那儿。

（21）听说她们单位那儿有个女孩跳楼了。

（二）"X+处所词"结构的语法属性

一般认为，表示处所名词的"X"与表示处所的"这儿/那儿"组合，构成同位结构，如例（19）—（21）中，"外科"与"这儿"，"拐角"与"那儿"，"她们单位"与"那儿"分别构成同位关系，二者同位复指，指称同一对象。

对于原本指人和指物的"X"与表示处所的"这儿/那儿"组合之后所构成的结构属于哪一类，学界有不同的观点。

我们先来看"指人的X+处所词"结构。

林祥楣在20世纪50年代就注意到了这种结构,很值得称道。他虽未明确说明其结构类型,但是他把指人的名词看作指示代词的修饰语,也就是他认为前加成分"X"与"这儿/那儿"是修饰与被修饰的关系,形成的是偏正结构。不过,这里有一个问题需要回答,如果"指人的X+这儿/那儿"结构是偏正结构,为什么定语与中心语之间不能加"的"?例如下面的两个句子都是不合法的句子:

(22)*我们的这儿不赊账。

(23)*我今天不去爷爷的那儿。

需要指出的是,虽然不是所有定语与中心语之间都必须有"的","但是有'的'字是常规形式,无'的'受条件限制。如可以说'我妈妈(=我的妈妈)',但不能说'我房子(=我的房子)'。"[①]比较下面几个例子:

(24)我们的医院像花园,高大的病房,先进的设备。(毕淑敏《预约死亡》)

(25)我们医院有一个女孩子很好,就是上次我托她给你带东西的那个,也是北京的。(王朔《浮出海面》)

(26)是的,正是这后一种可怕的羞愧感,阻止了他们落落大方地走入我们的葡萄园。(张炜《柏慧》)

(27)他们在村边一块空地上搭了一座小泥屋,一直住到来我们葡萄园。(张炜《柏慧》)

上面4个例子中,例(24)和(25),例(26)和(27)分别形成对照,前者用"的",后者不用,但是"我们"与"医院","我们"与"葡萄园"之间的定中关系没有改变。

如果我们把"指人的X+这儿/那儿"结构看作是定中关系的偏正结构,就无法回答不能添加进去"的"这个问题。这一点就说明我们不能简单地把这种结构看作是"这儿/那儿"和表示处所的名词的简单替换。

---

① 徐杰著:《普遍语法原则与汉语语法现象》,北京大学出版社2001年版,第75页。

张伯江、方梅在讨论"人家"用作指示时，举了这样两个例子[①]：

（28）a. 人家外国人就爱玩这个，刺激。

b. 你看人家那儿，要什么就有什么。

第二个例子中也涉及了我们所讨论的"指人的X+这儿/那儿"结构。他们指出，"人家那儿"构成的是同位性偏正结构，这一说法很有启发意义。但是，这一名称本身却值得讨论。我们认为，"同位"和"偏正"之间的关系是矛盾的，因为"同位"关系中的两方地位相等，而"偏正"关系中的两方则是一偏一正，一主一辅。那么同样的两项怎么能在同一条件下既地位相等又一偏一正呢？这是就术语本身的逻辑性来说的，但评判这一名称的恰当与否牵涉到很多问题，这里难以充分展开。[②]但是，即使抛开名称来看这种结构本身，我们仍然感到疑惑，"人家"这类所谓的"定语"的同位性是如何判定的？张伯江、方梅只是使用了这样一个例句，并没有讨论这种结构。我们根据该书中第十三章分析领属性定语时提到的同位性定语的判定方法——即可以变换成"是"字句——来判定"人家那儿"，可是无法得出"人家"是同位性定语的结论。请看下面变换式的对比：

（29）a. 学习雷锋的好榜样[③][④]　→　雷锋是好榜样

b. 人家外国人　→　人家是外国人

c. 你看人家那儿　→　*人家是那儿

例（29）a可以满足"是"字句变换式，所以"雷锋"是同位性定语，b也

---

① 张伯江、方梅著：《汉语功能语法研究》，第163页。
② 这主要牵涉到同位结构的归属问题，一种观点认为同位结构属于偏正结构，如朱德熙《语法讲义》中就把"老王同志""人家小王"这类一般所说的同位结构归入同位性偏正结构，他把其中的定语称为同位性定语。张伯江、方梅采用的应该是这种观点。但是朱德熙《语法讲义》中没有提到"X+这儿/那儿"结构。另一种观点认为同位结构是与偏正结构并立的一种独立的结构，一些重要的语法教材，如邢福义、汪国胜主编的《现代汉语》，胡裕树主编的《现代汉语》，黄伯荣、廖序东主编的《现代汉语》都持这种观点。笔者持后一种观点。
③ 这句话本身有问题。我们认为这里把"雷锋"与"好榜样"理解为同一关系，中间"的"字应该删去。只是由于歌曲的传播，"学习雷锋好榜样"这句话人人耳熟能详，加不加"的"不会产生歧解。
④ 张伯江、方梅著：《汉语功能语法研究》，第194页。

可以满足这一变换式,所以把"人家"看成同位性定语也没有问题。但是,c却不能满足这一变换式,因此无法判定"人家"也是同位性定语。所以,把"指人的X+这儿/那儿"结构定性为同位性偏正结构的理由并不充分。

我们认为,"指人的X+处所词"构成的是同位结构。乍看起来,指人的"X"与表示处所的"这儿/那儿"不同质,不同类,一个表示人,一个表处所,难以构成同位结构。其实,这只是表面现象,在这里,指人的"X"表示的实际上也是处所。请看下面的例子:

（30）我们这儿很需要你这样的专家。

（31）我把户口本放在母亲那儿。

分析可知,例(30)中的"我们"表示的实际是"我们单位",例(31)中的"母亲"表示的实际是"母亲所在的位置"。这一点其实并不难理解。比如甲乙二人分别代表自己的公司进行谈判,最后甲说"希望我们今后合作愉快",这里的"我们"指的并不是甲乙这两个人,而是甲乙所属的两个公司。再如,赵琪《告别花都》中记述了这样一件事:徐教导员向秦干事汇报玛丽镇军地双方的友好有良好传统,并提到接待来队家属等的费用多由玛丽镇支付时,徐教导员说"我们也知道这一点不宜宣传,不过借着说明我们和玛丽镇的关系不错就是了"。这里的"我们"代表的是徐教导员所在的"部队",它在句法上和表示处所的"玛丽镇"组成联合结构。由此可见,指人的"X"表示处所并不奇怪,而是有心理依据的。

在"指人的X+处所词"结构中,指人的"X"所隐含的处所意义通过其同位成分——表示处所的"这儿/那儿"的复指而得到清晰呈现。

把"指人的X+处所词"结构定性为同位结构后,不能带"的"字的问题就不言而喻了。

同理,"指物的X+处所词"结构也构成同位结构。因为具体物体也要占据一定的空间位置,用这个具体的物体表示其所处的位置也有其内在合理性。邢福义先生就注意到有些表示事物的名词"实际上是用来表示处所的",如:

（32）那件衣服净泥巴。

邢先生指出上例中的"衣服"就"代表一个特定的地点"，可以在它的后边加上方位词"上"或"上面"。①

但是，用"物体"表示其所处的"位置"在语义上不是必然的，所以用物体表示处所时，后面往往要加上"这儿/那儿"来复指以使其处所意义显现出来。如果没有"这儿/那儿"的复指强化，句子听起来就很别扭。请看下面的句子：

（33）a. ?*歪脖树有口井。

b. 歪脖树那儿有口井。

还要指出的是，还有一些名词很有意思，比如"医院""天安门"等。它们既可以理解为某一事物，也可以理解为该事物所处的位置。也正因为如此，它们表示处所时，用不用"这儿/那儿"来复指均可，相当自由。下面以"医院"和"天安门"为例分别讨论。

（34）a. 医院有一个小花园。

b. 医院那儿有一个小花园。

不管"医院"后面有没有"那儿"来显示其处所性，句子都是合法的，听起来都很自然。"天安门"也是这样，我们既可以说"我们走到天安门再休息"，也可以说"我们走到天安门那儿再休息"。

与此相关的是，吕叔湘等指出"这里（这儿）""那里（那儿）"可以"直接放在人称代词或名词后，使非处所词成为处所词"。他所举的例子如下所示。②

（35）a. 我这儿有一部《唐宋名家词选》/我们这儿今年又获得了农业大丰收/窗台这儿阳光充足

b. 我哥哥那儿/老张那儿/宝塔那儿风景好/我们那儿有五台联合收割机/你那儿有狄更斯的著作吗？/他的眼睛紧

---

① 邢福义著：《汉语语法学》，东北师范大学出版社1996年版。
② 这两例中"这儿/那儿"出现的位置，也可以换成"这里/那里"。

紧地盯住舞台那儿

从这些例子可以看出,吕叔湘先生认为人称代词或名词后的"这儿/那儿"的作用是转化,把非处所词转化为处所词。而我们认为"这儿/那儿"的作用是复指强化,因为并不是所有的非处所词加上"这儿/那儿"都可以转化成处所词。比如,抽象名词"空气""知识"等,它们没有明确的位置,即使加上"这儿/那儿"也不能转化成处所词。但在一定句法环境下,如果这些抽象名词被赋予了位置意义,它们就可以表示处所了,比如实验室的桌上摆着一瓶"空气",桌上放着一本名为《知识》的书,这时候,我们可以说"酒精灯在空气那儿",也可以说"笔在《知识》这儿。"不过,这时候,这些名词就不再是抽象名词,而是能够占据一定位置的具体物体了。我们说"这儿/那儿"的作用是复指强化而不是转化,道理就在于此。

三、"X+时间词"结构

(一)"X+时间词"结构中"X"的类型

表示时间的"这儿/那儿"所带的前加成分"X"仅限于指人的代词或名词。

1. "X"是人称代词

(1)我希望这些好传统能从咱们这儿起,一代一代地传下去。

2. "X"是指人的名词

(2)但是,事情到康熙那儿却发生了一些微妙的变化。

(3)这事儿得从你爷爷那儿说起。

通过分析可知,例(1)—(3)中的"咱们""康熙""你爷爷"其实表示的都是"事件的始发点"。因为人不仅要占据一定空间,也要经历时间,我们所说的"代"的概念其实就是针对人所经历的时间而言的。

表示时间的"这儿/那儿"所带的前加成分"X"必须能够表示时间,当它和"这儿/那儿"组合后,其隐含的时间意义通过表示时间的"这儿/那儿"的强化从而显现出来。当然,不具有时间性的名词即使加上表示时间的"这儿/那儿"也不能表示时间,如"空气"在任何语境下都不可能表示时间,因此即使加上"这儿/那儿"也不能表示时间。

(二)"X+时间词"的语法属性

通过以上的讨论,我们认为"X+表示时间的这儿/那儿"结构也是同位结构。"这儿/那儿"的作用还是复指强化,只不过这时它们强化的是前面"X"的时间意义。

还要指出的是,通过文本语料的检索,我们发现"X+表示时间的这儿/那儿"结构的数量要远远小于"X+表示处所的这儿/那儿"结构的数量,类型也简单得多。这显然是因为"这儿/那儿"主要功能还是表示处所。

四、"X+这儿/那儿"结构不能判定为同位结构的三种情况

当然,我们不能一看到"这儿/那儿"前面有名词或者代词,就不加分辨地把它们判定为同位结构。下面三种情况就需要排除出去。

1. 当"这儿/那儿"表示时态时,不能和其前面的成分构成同位结构,如上文"'这儿/那儿'的语义功能"一节中的例(5)和例(6)就属于这类情形。再如:

(1) 别捣乱,我们这儿看书呢。

"这儿"表示进行时,在句中作状语,可以替换为"正在"。

2. 当"这儿/那儿"指代整体的一部分时,不能与前加成分构成同位结构。如:

(2) 小王指着背部说:"我的这儿疼。"

(3) 老师指着黑板的一角说:"黑板的那儿怎么裂了?"

使用例(2)和例(3)这类句子的时候,往往要伴随身势语来明确"这

儿/那儿"的具体所指。此外,其中的"的"字也可以省略,说成"我这儿疼""黑板那儿怎么裂了?"但省略"的"字以后的结构,也可以分析为主谓谓语句。如"我这儿疼"中就是"我"作主语,"这儿疼"作谓语。在此情形下,"我"和"这儿","黑板"和"那儿"在结构上不具有直接的组合关系。不具有直接组合关系的两部分当然不可能构成同位结构。

上面例(2)中"这儿"的所指很明确,也可以不用身势语,直接说"我的背疼"。但是当"这儿/那儿"的所指无法准确说出,也无法依靠身势语来明确时,就要像下面例(4)一样加上一些限制性修饰语。

(4)我嘴里头靠近大牙的那儿烂了。

"那儿"指代嘴里的某一个无法明确说出的部位,只知道那个部位靠近大牙,不知道它叫什么。这里"的"字不能删去,删去之后就由原来的偏正结构变为同位结构,具体所指也会发生变化,"靠近大牙的那儿"明确地指和大牙接近的部位,"靠近大牙那儿"则指大牙附近一个大概的区域。

我们搜索了当代几十位作家的上百部作品,只找到一例"前加成分+的+那儿"的用例,即:

(5)"鸭肠子搭头的那儿有一个箍道,老鸭子就长老了。你看看!裹了人家的老鸭还不知道,就知道多了一只!"(汪曾祺《鸡鸭名家》)

这个例子跟上面例(4)的情况一样,"那儿"明确地指鸭肠子的某一个部位,这个部位在鸭肠子的搭头处。"前加成分+的+那儿"构成的是偏正结构。

3. 当"这儿/那儿"在句中作状语的时候,与"X"在结构上不具有直接的组合关系。例如:

(6)你这儿添什么乱啊?

(7)谁那儿提日本人呢?

这里的"这儿/那儿"作状语,可以添加介词"在"。

总而言之,"X"和"这儿/那儿"之间没有出现"的",而且在结构上具有直接组合关系时才能构成同位结构。

五、"代词/名词"弱势特征的激活

上面我们对汉语中的"名词/代词+这儿/那儿"结构作了描写分析,结果表明这样一个语言事实:现代汉语中,"这儿/那儿"主要有三种作用——表示处所、表示时间、表示时态。只有表示处所和表示时间的"这儿/那儿"可以和其前加成分组成同位结构,其前加成分必须具有或者隐含有处所性或时间性,"这儿/那儿"起复指强化其处所性或时间性的作用。但是,我们必须清楚对语言事实的充分描写只是研究的起点,语言研究更重要的是解释语言事实为什么是这样。

按照生成语法的观点,人的大脑里有一个词库,这个词库就像是一部词典一样储存着人们有关词汇项(包括一般的词和各种固定短语)的各种知识。我们认为,词库中的词汇项所带的特征不是均质的,而是有强弱之别。强势特征和弱势特征都会跟随词汇项进入句法结构,但是二者的表现形式可能会有差别。强势特征跟随词汇项进入句法结构以后,可以自然地显现出来,难以抑制,甚至诱发相应的句法效应。如疑问代词所具有的焦点特征[+F]就是一个强势特征,这个特征要求疑问代词必须是特指问句的焦点成分,它可以诱发加用焦点标记词"是",如下列例(1)b:

(1) a. 谁打碎了玻璃?

b. 是谁打碎了玻璃?

c. *谁是打碎了玻璃?

例(1)c不合法是因为强势焦点标记"是"没有加在疑问代词上,而是人为地加在了其他成分上,造成了两个强势焦点,违背了"单一强式焦点原则"[①]。

---

① 徐杰著:《普遍语法原则与汉语语法现象》,第126页。

而弱势特征跟随词汇项进入句法结构后，常常处于被抑制、非活跃，甚至休眠状态，只有被激活（activated）才能显现出来，从而诱发相应的句法效应。激活弱势特征的方式有两种：一是句法结构，一是句法环境。仍以焦点为例。汉语中存在一些"焦点敏感式"[①]，如：

(2) a. 他<u>昨天</u>就来了。

　　b. 他<u>昨天</u>才到武汉。

徐杰注意到，当句中没有必然是强势焦点的疑问代词，也没有焦点标记词"是"的时候，跟"就"和"才"相连的句法成分（如例 (2) 中加下划线的"昨天"）就对焦点特征敏感，比其他成分更容易成为焦点。反过来说，当句中有疑问代词或者有其他受"是"强调的成分的时候，这些焦点敏感式就不再是（至少不能自然成为）句中的焦点。如：

(3) a. 谁昨天就来了？

　　b. 是他昨天才到武汉。

我们认为，这是因为这些成分带有的焦点特征 [+F] 是弱势特征，其特征必须被激活才能显现，从而诱发相应的句法效应。激活弱势特征需要三个条件：一是疑问词不出现；二是没有其他成分加焦点标记；三是与"就"和"才"直接相连。当这三个条件同时满足时，这些成分的弱势特征就被顺利激活，从而诱发相应的句法效应，如加焦点标记"是"。所以，这些"焦点敏感式"其实是带有弱势特征 [+F] 的句法成分，而且其弱势特征是经由句法结构来激活的。另一方面，一个成分所带的弱势特征 [+F] 也能靠广义的句法环境——即说话人主观上的强调来激活，所以句子中的任何句法成分都有可能成为焦点，只要说话人希望强调它。如：

(4) a. 是他昨天坐公交来的。

　　b. 他是昨天坐公交来的。

　　c. 他昨天是坐公交来的。

[①] 徐杰著：《普遍语法原则与汉语语法现象》，第140页。

我们认为，词库中的名词或代词除了带有强势特征［+人］或［+物］之外，还带有弱势特征［+处所］和/或［+时间］，而且这些弱势特征也必须被激活才能在句法结构中显现。激活这些弱势特征的方式同样有两种：一是句法结构，即与"这儿/那儿"直接组合。二是广义句法环境。比如"'X+处所词'结构的语法属性"一节举过的例子，甲乙二人分别代表自己的公司进行谈判，最后甲说："希望我们今后合作愉快。"此时，谈判语境就激活了代词"我们"所带的弱势处所特征，从而使"我们"在句中表示处所。再如："我从幼儿园开始学画画"。这里的"幼儿园"所带的弱势特征［+时间］被句法环境激活，于是可以在句中表示时间。汉语中还有一些名词的弱势特征是通过句法结构来激活还是通过句法环境来激活似乎很自由，如前面提到的"天安门""医院"这类名词即是。当然，如果没有句法环境或者句法结构来激活代词或名词的弱势特征，那么它们就只能显示其强势特征［+人］或［+物］等。比较：

（5）a. 我有两本书。

b. 我这儿有两本书。

这两例只存在一处不同，即"这儿"的有无。没有"这儿"的激活，例(5)a中的"我"体现出强势特征［+人］，句义重在两本书的所有者是我。有了"这儿"的激活，b中的"我"就体现出弱势特征［+处所］，句子表示两本书在"我"所处的地方。

可以预测，如果没有"这儿/那儿"的激活，那么只能出现表处所的词语的位置，就不能替换为一般表人或物的代词或名词。语言事实证明了这一预测：

（6）a. *我天天到他蹭饭吃。（比较：我天天到他那儿蹭饭吃。）

b. *我到我奶奶去了。（比较：我到我奶奶那儿去了。）

六、英语中的可比现象

代词或名词具有弱势特征［+处所］/［+时间］，不是汉语所特有的现象。

首先，我们可以看到英语中的代词或名词也同样具有弱势特征［+处所］，而且这一弱势特征往往仅靠句法环境就可以被激活。例如：

（1）a. You are welcome to come over to <u>us</u>.

　　　b. He took the book away from <u>her</u>.

　　　c. I borrowed some books from <u>a friend</u>.

　　　d. Please come to <u>the cashier</u>.

例（1）中下划线标示的代词和名词在这些句子中都表示地点。其中，us、her、a friend、the cashier分别指"我们""她""一个朋友""收款员"所处的位置。

其次，英语中，一部分代词或名词也具有弱势特征［+时间］，进入句法结构后，其弱势特征依靠句法环境来激活。

（2）The custom has come down to <u>us</u> from <u>the older generation</u>.

例（2）中的us、the older generation分别指我们这一代和老一代，均为某一个时间段，表示的是时间。

需要指出的是，同汉语一样，英语中具有弱势特征［+时间］的词语在数量上也远远不及具有弱势特征［+处所］的词语。

综上所述，汉语和英语中的名词或代词都具有弱势特征［+处所］/［+时间］。但是，弱势特征在两种语言中的激活方式不同：汉语既可凭借句法结构来激活，也可经由句法环境来激活，但是英语只通过句法环境就可以激活，一般无需特定的句法结构。这种差异性与汉语和英语的语言系统密切相关，由于篇幅所限，我们这里不作讨论。以上不同可总结如下：

代词/名词的弱势特征	激活方式	代表语言	
［+处所］［+时间］	句法结构	×	汉语
	句法环境	英语	

代词或名词带有弱势特征［+处所］/［+时间］是不是普遍存在的现象？激活方式是不是仅限于句法结构和句法环境这两种？就弱势特征激活

方式来说，逻辑上还应该有仅依靠句法结构激活弱势特征［+处所］/［+时间］的语言。但是，我们暂时没有可靠的语言材料来证实或否定。

七、弱势特征激活的动因

通过前面的论述，我们可以看到汉语中的代词或名词一旦与"这儿/那儿"组合，它们所带有的弱势特征［+处所］/［+时间］就立即被激活。为什么"这儿/那儿"一定要激活其前面成分所带的弱势特征呢？我们认为，这完全是由同位结构的特定属性驱动的。

关于同位结构，学者们已做了很多研究。我们这里只关注同位结构中的两个同位项之间的关系。马建忠指出两个同位项之间是"所指同而先后并置"①；黎锦熙认为两个同位项是"同在一个位置，而又同指一事物"②；吕叔湘、朱德熙认为两个同位成分指相同的事物，它们"重叠起来用在句子里，用一个做句子的成分，用另一个来解释它"③；邢福义认为两个同位成分必须指同一个对象，并且处于同一个句法位置，二者具有同位复指关系。④这就是说，同位结构中的两个同位项必须同指，即必须具有相同的指称。如：

（1）a. 我们俩一起去。

b. 大家都不喜欢司机小王。

例（1）a中的"我们"和表示两个人的"俩"，以及b中的"司机"和"小王"都指称同样的对象，所以构成同位结构。

正是由于同位结构要求两个同位项必须同指，所以表示处所或时间的"这儿/那儿"必须强制性地激活在"代词/名词+这儿/那儿"结构中出现的代词或名词的弱势特征［+处所］/［+时间］，以满足同位结构的这一基

---

① 马建忠著：《马氏文通》，商务印书馆1983年版，第102页。
② 黎锦熙著：《新著国语文法》，商务印书馆1992年版，第56页。
③ 吕叔湘、朱德熙著：《语法修辞讲话》，《吕叔湘全集》第四卷，辽宁教育出版社2002年版，第21页。
④ 邢福义：《关于副词修饰名词》，《中国语文》1962年第5期。

本要求。

我们不得不感叹人类的语言系统的精美,用"这儿/那儿"来做弱势处所特征和弱势时间特征的激活剂真是再合适不过了,因为它们一方面既可以表示处所又可以表示时间,收到一举两得的效果,完全符合语言的经济原则。另一方面,也正是因为"这儿/那儿"既可以激活弱势处所特征也可以激活弱势时间特征,当遇到一个词语既带有弱势特征[+处所]又带有弱势特征[+时间]时,二者组合后就有可能产生所指两可的模糊现象。

论述至此,我们可以很清楚地看到,"这儿/那儿"只是激活了某个词汇项在词库中就已经具有的特征,而不是赋予它某个新的特征,所以"这儿/那儿"所起的作用只能是复指强化。这也反过来证明了我们把"代词/名词+这儿/那儿"结构判定为同位结构是正确的。

还要提出的一点是,吕叔湘很早就指出两个同位成分"常常(但不是一定)可以调换过来"[①],所以,我们不能把能否换位作为判定同位结构的条件,事实上语言中的同位结构大多都是无法换位的,如上面例(1)a中的"我们俩"就无法换位说成"*俩我们",再如:

(2) a. 学生张华 → *张华学生

　　b. 我们大家 → *大家我们

本文讨论的"代词/名词+这儿/那儿"所组成的同位结构也属于不能换位的一类。

八、结　论

通过详细的描写与分析,我们发现,指示代词"这儿/那儿"在现代汉语中虽有三种作用,但在实际使用中,只有表示处所或时间的"这儿/那儿"可以带上代词或名词(含名词短语)等前加成分。表面看来,该类结构中的代

---

① 吕叔湘主编:《现代汉语八百词》,第118页。

词或名词带有处所或时间意义,"这儿/那儿"只是复指和强化这种隐含意义,二者构成同位结构。为什么这种结构中代词或名词会隐含处所意义或时间意义呢?这是因为词库中的词汇项所具有的特征不是均质的,有强弱之别。强势特征跟随词汇项进入句法结构以后,优先显现出来,无法抑制,甚至诱发相应的句法效应,而弱势特征跟随词汇项进入句法结构后,处于被抑制、非活跃、休眠状态,只有被激活才能显现出来,从而诱发相应的句法效应。激活弱势特征的方式有两种:一是句法结构,二是句法环境。我们认为,某些代词或名词在词库中就带有弱势特征[+处所]和/或[+时间]。带有此类弱势特征的代词和名词一旦与"这儿/那儿"直接相连时,其弱势特征就被激活,从而在句法结构中体现出处所义或者时间义。从句法结构上看,激活弱势特征的动因是同位结构的属性,即要求两个同位项之间必须同类同指。

  此外,通过考察,我们发现代词或名词具有弱势特征[+处所]和/或[+时间]并不是汉语所特有的现象,英语中的代词或名词也具有这两种弱势特征。只是汉语和英语激活这两种弱势特征的方式不同。汉语既可凭借句法结构来激活,也可经由句法环境来激活,但是英语只通过句法环境就可以激活,一般无需特定的句法结构。是不是所有语言中的代词或名词都具有弱势特征[+处所]和/或[+时间]呢?关于这一点,将来是可以而且不难用更多的跨语种的语料来证实或否定的。

(本文原载《语文研究》2011年第3期)

量词插入与汉英数量表述

张 莹

吕叔湘指出:"量词和数词也许是词类中问题最少的两类。"[1] 就汉语本身而言,数词就是表示数量的词,而量词就是用在数词和名词之间的词,似乎没有什么争议。但是如果我们把英语也纳入考察范围之内,问题就复杂了,因为在英语中量词并不是非加不可的。黄正德等(Huang, C.-T. James et al)[2] 就观察到汉语的名词要计数,必须在数词和名词之间加上量词,如"三本书";而英语的名词需要计数时只需把数词直接加在名词上面就可以了,当数字大于1时,就把名词变成复数形式,如"three books"。问题是:为什么英语中的名词可以直接加数词来计数,而汉语中的名词却必须加上量词来计数?量词在句中到底起什么作用呢?

一、量词句法功能的两种分析方案

(一)量词是轻名词

黄正德指出名词短语中的量词在很多方面都类似于动词短语中的轻动词。第一,二者都具有选择作用。不同的轻动词选择不同的动词词根,比如轻动词DO选择动作,轻动词CAUSE选择结果;而不同量词也会选择不同的名词。第二,二者都能给其选择的成分附加一些语义因子。第三,二者在类型学和历史上的分布相同。现代汉语要求使用量词并大量使用显性的轻

---

[1] 吕叔湘著:《汉语语法分析问题》,商务印书馆1979年版,第31页。
[2] Huang, C.-T. James, Li, Y.-H. Audrey and Li Yafei. *The Syntax of Chinese*, Cambridge University Press, 2008.

动词,但英语不要求。同样,古汉语也不要求量词和显性的轻动词。所以黄正德认为汉语中的量词是轻名词。①

这的确给人耳目一新之感。但是,我们发现把量词看做轻成分是有问题的。第一,一般来说,轻成分应该是某一类词语义中的组成部分,比如英语中的"kill"可以分解成轻动词CAUSE加上词根die,而量词并不是从其后名词的语义中分解出来的语义因子,它可以独立于名词而存在。第二,从数量上看,轻动词只有有限的几个,所以可以根据所带的轻动词来给动词分类。但是量词的数目在汉语普通话中却是无限的,而且一个名词可以带上不同的量词,而不同的名词也可以带上相同的量词,如:我们可以说"一本书、一本作业",还可以说"一部书、一卷书"。所以凭借量词来给名词分类,即使不是不可能也是相当难操作的。第三,赵元任、朱德熙等不少学者都注意到汉语中有个万能量词"个",几乎所有的名词都能加上"个"②③。如果按照黄正德的轻名词说,这种现象也是无法解释的。第四,由于轻动词是动词的一个语义组成部分,所以每一个动词都应该带有一个轻动词。但是,在汉语中,名词前面可以不带量词。如:"他正躺在床上看书","书"前面并没有使用量词。黄正德没有论述这种情况。第五,如果汉语中的量词是轻名词的话,那么为什么是显性的? 一般来说,显性轻动词都是动词提升形成的。所以把量词看成轻名词并不能解决所有问题。

(二) 量词是功能语类

程工在DP假说④的基础上指出"在汉语名词短语中有三个功能语类:"冠词(主要包括'这、那、这种'等指示代词或称'指别代词')、数词和量词。它们都有[+N]性,因此以它们为中心词的投射都是[+N]性的。""冠

---

① Huang, C.-T. James. "Lexical decomposition, silent categories, and the localizer phrase",《语言学论丛》第三十九辑,商务印书馆2009年版,第86—122页。
② 赵元任著,吕叔湘译:《汉语口语语法》,商务印书馆1979年版。
③ 朱德熙著:《语法讲义》,商务印书馆1982年版。
④ Abney, S. *The English Noun Phrase in Its Sentential Aspect*, Ph.D. dissertation, MIT, 1987.

词、数词和量词一般选择名词短语为补足语。如果它们选择动词或形容词为补足语,就会形成我们通常所说的动名词或形名词。"[1]比如"(他的)这种快",可以分析为:

（1）

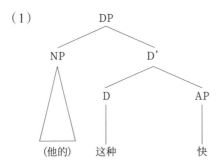

从(1)中我们可以看到,程工将量词和其前的指示代词看作一个整体,置于限定词(D)的位置。持这种看法的还有张伯江[2]等。这种分析把动名词或形名词看成是冠D的最大投射,而D是[+N]性的功能语类,所以可以很好地解释动名词或形名词为什么具有名词性。但是这种分析仍然是有问题的:第一,程工把[冠词+量词]看成一个整体,其实是忽略了量词在句中的作用。第二,既然程工认为量词和冠词一样同属功能语类,那么为什么量词不能像冠词一样有自己的投射ClP,而是要和冠词一起投射为DP？第三,如果量词和冠词都是具有[+N]性的功能语类,那么句中只需要一个就行了,为什么要使用两个呢？不仅汉语如此,英语中的冠词和量词也是可以共现的,如:

（2）The pair of glasses is not for Lucy.

所以,冠词和量词应该起着不同的作用。程工的分析也不能彻底解决量词的问题。

我们再来看何元建[3]对量词短语的分析。

何元建把量词短语分成两类:特指的和非特指的。如:

---

[1] 程工著:《语言共性论》,上海外语教育出版社1999年版,第188页。
[2] 张伯江:《汉语限定成分的语用属性》,《中国语文》2010年第3期,第195—207页。
[3] 何元建:《汉语中的零限定词》,《语言研究》2000年第3期,第39—50页。

（3）a. 我昨天丢了［一把钥匙］。（特指）

b. 我今天去配［一把钥匙］。（非特指）

何元建认为这两类量词短语具有不同的结构。(3) b 中非特指的量词短语是以量词为中心语的量词短语 ClP，即：

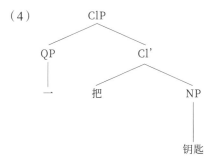

而 (3a) 中特指的量词短语是一个以零限定词为中心的限定词短语，即：

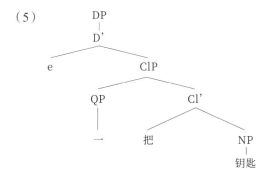

汉语中限定词位置也可以由显性语类占据，如"这一把钥匙"，结构如下所示：

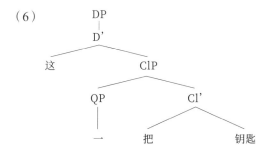

从 (4) — (6) 可以看到,何元建是把限定词、数词和量词分开处理的,它们在树形图中各有各的位置,黄正德等也持这种看法。[1] 这种分析比把冠词(即限定词)和量词一锅端的分析法有进步,至少在这种分析中,量词在句法结构中有了独立的位置,这就等于给了量词合法的身份。但是石定栩指出:"核心与补足语一定会组成一个句法单位,可以作为一个整体发挥句法作用,独立充当句子成分。"[2] 比如动词与其宾语,介词与其宾语就是这样。如果量词是核心,其后的 NP 是其补足语,那么,[量词+NP] 就应该形成一个句法单位,在句中独立起作用,而 [数词+量词] 不构成一个句法单位,不能在句中独立起作用。但是语言事实不支持这一观点。语言事实表明在句中能独立起作用的反而是 [数词+量词],如"我买了一把/两个/三张",还可以单独用来回答问题,如"问:你买了几张纸?答:三张"。而 [量词+NP] 组合如"把钥匙/个苹果/张纸"的使用则是受限制的,它们不能用来回答问题,只有数词为"一"时才能说"我买了张纸",但是仅限于做宾语的情况。由此看来,以量词为中心投射为量词短语的分析也不符合语言事实,仍然不能解决量词在句中的作用问题。

总之,上述两种分析方案都没能揭开量词神秘的面纱,量词在句中的地位仍然是悬而未决的问题。而且上述两种分析方案也无法解释汉英计数方式的差异。下面我们从汉语和英语中的计数方式入手,对量词进行考察。

二、汉英两语中名词的计数方式

(一) 汉语中名词的计数方式

汉语中名词的计数方式主要有两种:一种是数词+量词+名词,一种是数词+名词。

---

[1] Huang, C.-T. James, Li, Y.-H. Audrey and Li Yafei. *The Syntax of Chinese*, Cambridge University Press, 2008.
[2] 石定栩:《"的"和"的"字结构》,《当代语言学》2008年第4期,第298—307页。

1. 数词+量词+名词

(7) 您一定得给我一张票。

(8) 您还得准备一个两分钟的发言。

(9) 自己喜爱的两本书,原来是宣传资产阶级世界观和生活方式的书!

我们可以看到,数词和量词结合得很紧密,修饰语只能插在[数词+量词]和名词之间如例(8),或数量名之前如例(9)。而且只有当数词为"一"时,数词才能省略,如:

(10) 他正在翻那本哲学书。

(11) 他随手从桌上拿起本书来乱翻着。

除此之外,有数必有量,二者同隐同现,不存在名词前只有数词而没有量词,或者名词前只有量词而没有数词的情况,所以下面两个句子都是不能成立的:

(12) 他借了三*(本)书。

(13) 他借了*(三)本书。

倒是名词有时候还可以省略,如:

(14) 他从一大叠名册中找出一本翻了一遍,放下这本换了一本,又翻了一阵。

但是,在这种情况下我们可以从上下文中推知省略的名词,不会引起误解,如例(14),我们很容易就可以推断出"一本"后面省略了名词"名册"。

2. 数词+名词

这里的数词限于"一些、一点(儿)、少许、许多"等,它们都是表示不定量的(为了讨论方便,我们将之称作不定量数词,把与之相对的数词称作定量数词)。如:

(15) 国外一些电台和报纸也纷纷披露此事。

(16) 他在钢精锅里装满了开水,把最后一点挂面放进水里。

(17) 回宫时就只剩下少许人扛着仪仗执事,抬着轿子。

(18) 这两天有许多电话来询问这件事。

另外，当我们要表示不定量的时候，上述两种表述方式是可以互换的，如：

(19) a. 我看过她一些戏。

b. 我看过她几部戏。

例 (19) a 和例 (19) b 表达的意思一样，但是例 (19) a 不需要量词"部"，而例 (19) b 必须带量词"部"（我们不能说"*我看过她几戏"）。这说明"一些"和"几"是有差别的。值得注意的是，朱德熙指出"一些"后面是可以加上量词"个"的，如"买了（一）些个没用的东西"[①]。但这种说法仅限于口语，而且不是所有表示不定量的数词后面都可以加上量词，如不能说"*买了一点个东西"，"*买了少许个东西"，所以只能作为个案来处理。

综上所述，汉语中的名词要么前加定量数词和量词来计数，要么直接加上"一些"等表示不定量的数词来计数。而且量词和定量数词是同隐同现的，有定量数词必有量词，换句话说量词的出现是因为有了定量数词。

（二）英语中名词的计数方式

英语中的名词的计数方式也是两种：一是数词+名词；二是数词+X+of+名词。

1. 数词+名词

黄正德等所观察到的英语中的名词只需直接加数词来计数[②]就是指的这种情况。这时其中的名词必须是通常所说的"可数名词"，这类名词有单复数的形态变化。如：

(20) a. two books

b. four trees

而且这类名词还可以加上"some/a lot of/a few"这类表示不定量的

[①] 朱德熙著：《语法讲义》。

[②] Huang, C. -T. James, Li, Y. -H. Audrey and Li Yafei. *The Syntax of Chinese*, Cambridge University Press, 2008.

数词,如:

  (21) a. some books

    b. a lot of trees

2. 数词+X+of+名词

英语中还有一些名词前面也需要加上一些成分才能计数,我们暂且把这个成分用X表示。如:

  (22) a. a sheet of glass

    b. a pane of glass

    c. a piece of glass

  (23) a. a piece of skin

    b. a piece of advice

    c. a piece of paper

我们可以看到,如(22)所示,"glass(玻璃)"前面可以加上不同的X来表示"一片玻璃、一块玻璃"。而同一个X还可以加在不同的名词前面表示不同的意义,如"a piece of"在(23) a中表示"一张(皮)",在(23) b中表示"一条/个(忠告)",在(23) c中表示"一页/张(纸)"。

上面所举的"glass/skin/advice/paper"这类词就是通常所说的"不可数名词",这类名词没有单复数的形态变化。如果前面的数字大于"一",前加的X要变成复数形态,如:

  (24) a. two sheets of glass

    b. three pieces of paper

而且这类不可数名词也可以加上"some/a lot of/a little"这类表示不定量的数词,如:

  (25) a. I cut my hand on some broken glass.

    b. He gave me a lot of advice.

综上所述,英语中的名词("可数名词"和"不可数名词")都可以直接加表示不定量的数词来计数。而"可数名词"和"不可数名词"在加定量数词时形成对照:前者可以直接加定量数词,而后者要前加定量数词和X。

这里,还必须要指出的是,在英语中,可数名词也能使用"数词+X+of+名词"结构来计数,例如[①]:

(26) a. three boxes of books

　　　b. five baskets of oranges

　　　c. two bowls of noodles

这似乎对我们的分析构成反例。但是只要我们稍做分析就会发现,例(26)中的books、oranges、noodles在这里其实是表示许多东西的集合体,它们是集合名词,而非可数名词。这些集合名词在这类结构中必须是复数形式,比如我们只能说a pile of books,而不能说*a pile of book。在这类结构中,这些名词只是表示个体的集合,并不侧重于表示数量。另外,这类集合名词前面也可以加上"some/a lot of/a few"这类表示不定量的数词,如:

(27) a. I read some books.

　　　b. I bought a lot of oranges.

　　　c. I eat some noodles.

所以例(26)并不妨碍我们对英语名词计数方式所做的论断。虽然集合名词往往以复数形式出现,但它没有相应的单数形式,所以也可以看作没有单复数的形态变化。因此,这类集合名词其实和没有单复数形态变化的不可数名词一样。我们下面将集合名词和不可数名词统一处理,二者都是没有单复数形态变化的名词。

(三)汉英名词计数方式的比较

通过上面的讨论,我们可以看到,汉语和英语两种语言中的名词都能够直接加表示不定量的数词来计数。二者的不同在于:当前面加上定量数词

---

① 这些例子是匿名审稿人提供给我们的,在此表示感谢。

时，汉语中的名词都选择了"定量数词+量词+名词"的方式；而英语中的名词则选择了两种方式，有单复数形态变化的名词用直接加定量数词的方式，而没有单复数形态变化的名词则用"定量数词+X+of+名词"的方式。

我们知道汉语中的名词一般是没有单复数的形态变化的[①]，而有意思的是英语中没有单复数形态变化的名词也选择了跟汉语一样的方式，即在定量数词和名词之间加上一个成分X来帮助计数。给这个成分安上什么名称并不重要，重要的是搞清楚这种成分在句子中的作用。为了讨论方便，我们把英语中这类帮助不可数名词计数的成分也叫做"量词"。

通过简单的汉英比较，我们更加看清楚了一个事实，即量词出现在没有形态变化的名词前边帮助它来计数，而有形态变化的名词是不需要量词的。但是这还没有解决问题，我们还要追问为什么没有形态变化的名词需要量词来帮助计数。

三、定量数词的局限与量词插入

（一）定量数词的局限

阿博尼（Abney）指出英语中"the"这类冠词的作用是把一个特征（谓词）变成一个实体（主目语），比如名词enemy表示基于一些个体的特征，而只有做主目语的the enemy才表示个体。[②]根据阿博尼的说法，光杆名词表示的是特征，是不能做主目语的。但是，语言事实告诉我们，汉语和英语中的光杆名词都可以做主目语，如：

(28) a. 我开车时戴眼镜。

b. I wear glasses for driving.

[①] 汉语中只有指人的名词能加"们"表示复数，如"学生们"，但是"们"算不算形态变化还有争议。即使把这算作形态变化，也不会对我们的结论造成反例。因为这时前面不能再加表示数量的词，如不能说"*三个学生们"和"*一些学生们"。

[②] Abney, S. *The English Noun Phrase in Its Sentential Aspect*, Ph.D. dissertation, MIT, 1987.

(29) a. 博物馆星期一闭馆。

b. Museums are closed on Mondays.

我们可以看到,例(28)中的"眼镜"和"glasses",例(29)中的"博物馆"和"museums"都是光杆名词,前面没有限定词,但都在句中做主目语。我们可以按照隆戈巴迪(Longobardi)及何元建[①][②]的说法认为光杆名词前存在一个空限定词(即没有语音形式的限定词),这个空限定词将其变为个体指称。但是,这无法解释汉语中的"限定词+(数词+)量词+名词"结构,如"这(三)本书",也无法解释英语中的"限定词+定量数词+名词"结构,如:

(30) the three books

从例(30)中可以看到,可数名词"book"在加上"the"之前就能够加上数词来计数,也就是说"book"在遇到"the"之前就已经不表示特征了,否则是不可能前加定量数词来计数的。这就说明,光杆名词应该不像阿博尼所说的仅仅表示特征。再看例(28)—(29),很显然,其中的光杆名词都表示某一类事物,即具有某一组特征的实体的集合,而非某一个体。但如(28)b和(29)b所示,这两个例子中的光杆名词在形态上有差别,前者(即glasses)用原形,而后者(即museum)用复数,而且这一差异并不是只局限于这两个词本身,而是系统地存在于有形态变化的名词与没有形态变化的名词之间,即有形态变化的名词以光杆形式在句中做主目语时必须是复数形式,而没有形态变化的名词则用原形。

为什么会存在这种差异?我们认为这是由这两类名词的词汇特征决定的。具体地说,虽然表面上看例(28)b和(29)b中的光杆名词都表示"类",但是其实二者带有不同的词汇特征,前者(即glasses)具有[-个体]特征,其本身就表达类的概念,而后者(即museum)具有[+个体]特征,通过复数形态变化来表达类的概念。

综上所述,名词应该分为两类:带有[+个体]特征的名词和带有[-个

[①] 何元建:《汉语中的零限定词》,《语言研究》2000年第3期,第39—50页。
[②] Longobardi, G. "Reference and proper names", *Linguistic Inquiry 25*, 1994, pp.609-666.

体］特征的名词。英语中，有形态变化的名词（可数名词）是带有［+个体］特征的名词，没有形态变化的名词（不可数名词和集合名词）是带有［-个体］特征的名词。而汉语中的名词没有形态变化，都是带有［-个体］特征的名词。将名词做了这样的区分之后，我们可以看到，名词没有形态变化与量词的使用只是表面上的对应，名词带有［-个体］特征才是使用量词的根本原因。这样，我们前面提出的问题"为什么没有形态变化的名词需要量词来帮助计数"就变成了"为什么带有［-个体］特征的名词需要量词来帮助计数"。再看几个例子：

（31）a. 我买了三副眼镜。

b. I bought three pairs of glasses.

（32）a. 我参观了两家博物馆。

b. I visited two museums.

从（31）和（32）中我们可以很清楚地看到，只有（32）b中具有［+个体］特征的"museum"才能直接加定量数词。而汉语中的名词"眼镜、博物馆"和英语中的"glasses"都具有［-个体］特征，都不能直接加定量数词。换句话说，定量数词只能直接加在具有［+个体］特征的名词前面来表示量。定量数词有这样的局限性其实并不难理解，因为只有个体才需要计数。

（二）挽救数词局限的手段——量词插入

为了弥补定量数词的上述局限，量词应运而生。为了把这个问题讲清楚，我们须从汉英数量表述的结构谈起。

为了区别于传统语法所说的"数词（Num）"和"量词（Cl）"，我们用QP来表示汉语和英语中的数量表述，QP的中心是数量词Q，汉语和英语中的数量表述具有同样的结构，即：

（33）

汉语和英语中都有数量词这个范畴,而且数量词在这两种语言中都分为两类:表不定量的数量词和表定量的数量词,只是其内部成员不同。

当 Q 由不定量数量词占据时,只需将具体词汇直接代入(33)所示的结构中。如"一些书"和"some books"的结构为:

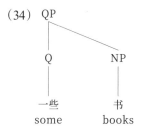

当 Q 由定量数量词占据,且 NP 为带有 [+个体] 特征的名词时,也可以通过直接代入的方式得到合法的结构,以 a museum, three museums 为例,其结构为:

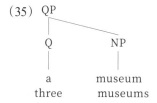

当 Q 由定量数量词占据时,如果 NP 为带有 [-个体] 特征的名词,由于定量数量词只能直接加在具有 [+个体] 特征的名词前面来表示量,所以不能直接将具体词汇代入(33)所示结构中。为了挽救定量数量词的这一缺陷,汉语和英语的语言系统都选择了插入量词。我们分别用"三副眼镜"和"three pairs of glasses"为例来说明,二者的结构如下所示:

(36) a. 汉语

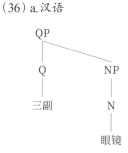

b. 英语①

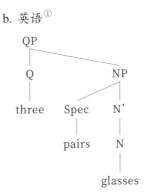

从例 (36) a—b 中我们可以看到，虽然汉语和英语这两种语言系统都选择了插入量词来挽救定量数量词的局限，但是具体做法不同，汉语选择把量词插入数词后来改造数词，使其能加在带有 [-个体] 特征的名词前，而英语则选择了把量词插在名词前来改造名词，使名词具有 [+个体] 特征。我们把这一操作手段叫做"量词插入"。"量词插入"在汉语中是一种词汇手段，即用附加手段将"量词"作为语素创造了一种新的双音节词汇；而"量词插入"在英语中则是句法手段，它必须满足"格检验式"这一句法规则②，即所谓的量词和其后的名词之间必须插入 of，让 of 给其后的名词赋格以使其通过格检验式，所以 (36) b 必须是 three pairs of glasses。

正因为汉英"量词插入"手段的差异，所以形成了下列对照：

(37) A: How many oranges do you want?

B: Ten, please.

(38) 甲：你要多少橘子？

乙：十个。

从 (37) 和 (38) 中我们可以看到，同是问所买橘子的数量，以英语为母语的人回答"ten"，而以汉语为母语的人要回答"十个"，而不能回答

---

① 英语的量词和名词之间还有一个"of"，而"of"在这里没有任何词汇意义，它只是给其后的名词 glasses 赋格，以便使其通过格检验式。为了讨论方便，我们这里忽略了"of"。
② 格检验式（Case Filter）：句中的每一个名词短语都必须得到格。名词不能直接给其内主目语授格，只能通过 of-插入来帮助内主目语通过格检验式。比较下面两个例子：(i) *the destruction the city (ii) the destruction *of* the city 可以看出，只有在内主目语 the city 前插入 of，句子才合乎语法。

"*十"。因为"量词插入"在汉语中是一种词汇手段,对于汉语来说,传统语法中所谓的"数词"和"量词"根本不是独立的词类,二者只是定量数量词的构词语素。

对此,我们还有一个旁证。我们前面已经说过赵元任、朱德熙等学者都注意到汉语中有一个万能量词"个",几乎所有的名词都能加上"个"。换句话说,"数词+个"几乎可以用在所有的名词前面,而且"数词+个"还有所谓的合音形式,如"俩"("两个"的合音),"仨"("三个"的合音),在方言中这类合音形式就更多了,比如河南汝阳方言中的"一"到"十"都有合音形式,都可以单用,也可以直接加在名词前面,相当于"数词+个"。而且不管是几位数,个位数一定使用合音形式的"一"到"十"。[1][2]我们认为这些所谓的合音形式是古汉语数量词的遗留,因为古汉语词汇以单音节为主。当汉语词汇发展到双音节后,几乎所有的词汇都双音节化了,数量词也不例外地成了双音节词汇,如"俩"变成了"两个",正如"师"变成了"老师"一样。而且在汉语中,能在数量结构中出现的所谓量词不只有"个",而且能做量词的成分似乎都和名词有关,所以人们渐渐忘记了二者只是数量词的构词语素,将它们分化为不同的词。

四、结 论

汉语和英语中的名词在计数方式上既有相同之处,又有不同之处。两种语言中的名词都能够直接加表示不定量的数词来计数。二者的不同在于:除了这种方式之外,汉语中的名词都选择了"定量数词+量词+名词"的方式;而英语中的名词则选择了两种方式,有单复数形态变化的名词用直接加定量数词的方式,而没有单复数形态变化的名词则用"定量数词+量词+of+名词"的方式。通过考察,我们发现名词可以分为两类:带有

---

[1] 贺巍:《中原官话分区(稿)》,《方言》2005年第2期,第136—140页。
[2] 根据贺巍汝阳方言属于中原官话的南鲁片。这一事实是我们观察到的,囿于篇幅所限,没有附例句。

[+个体]特征的名词和带有[-个体]特征的名词。英语中,有形态变化的名词是带有[+个体]特征的名词,没有形态变化的名词是带有[-个体]特征的名词,而汉语中的名词都是带有[-个体]特征的名词。定量数词具有局限性,只能加在带有[+个体]特征的名词前面来计数,为了挽救定量数词的这一局限性,汉语和英语的语言系统都选择了"量词插入"这一操作手段。只是在汉语中,"量词插入"是词汇手段,将量词插入数词后形成新的双音节词汇——数量词,使其能加在带有[-个体]特征的名词前。而在英语中,"量词插入"是一种句法手段,将量词插在名词前面,使名词具有[+个体]特征,作为句法手段,这一操作要遵守"格检验式"这一句法规则。

(本文原载《山西大学学报(哲学社会科学版)》2012年第2期)

汉语方言量词"兜"的来源与形成

陈祝琴　岳秀文

"兜"是汉语方言中常见的量词，或写作"蔸"、"篼"，主要分布于粤语、闽语、赣语、湘语、平话、客家、西南官话等方言。"兜"作量词，相当于"棵/株、丛"的用法分布最广，在有的方言中还相当于"盆""篮""袋""座""条""群""窝""房/支"，甚至指人的"个"和不定量的"些"等。杨树达、黄侃、董为光等先生已经注意到南方方言中的量词"兜"是"株"的古读，但没有作进一步讨论。我们通过历时文献与方言材料[①]证明量词"兜"有两个来源：(1) 用作临时量词的"兜"源于其"兜鍪"义；(2) 用作个体量词、集合量词和不定量词[②]的"兜"源于其"草木根"义。"兜""篼""蔸"在文献中字形相混，引用时尽量保留原貌，其他地方统一写作"兜"。

[①] 本文历时文献引例来自CCL，方言语料主要来自李荣主编的《现代汉语方言大词典》各分册（江苏教育出版社）；许宝华、宫田一郎主编的《汉语方言大词典》（中华书局1999年版）；扶绥城厢平话是洪波、郭鑫、黄瑞玲、曹慧萍、陈祝琴于2014年1月的实地调查所得。对上述语料所作引用，在首次出现时，于正文加括号列出全名、页码和年份，以下则作简称，采用如"许、宫：5578/6775"等样式，仅出现页码，年份也省去，不再重复出注。

[②] 量词的分类参考了朱德熙《语法讲义》、何杰《现代汉语量词研究》，"临时量词"沿用朱先生的术语，何杰使用"借用名量词"，其他术语两书基本相同。国内汉语学界称之为"个体量词"的与 Aikhenvald (Aikhenvald, Alexandra Y. *Classifiers: A Typology of NounCategorization Devices*. New York: Oxford University Press, 2000.) 的"类别词"(numeral classifiers) 相当，本文使用"个体量词"，是从称量的角度来说的。关于类别词和量词的区别，可参考龙果夫（A. A. 龙果夫著，郑祖庆译，王力、吕叔湘等校：《现代汉语语法研究》，科学出版社1958年版，第34—47页）、游汝杰（游汝杰：《论台语量词在汉语南方方言中的底层遗存》，《民族语文》1982年第2期）、桥本万太郎（桥本万太郎著，余志鸿译：《语言地理类型学》，北京大学出版社1985年版，第85—103页）等，洪波（洪波著：《汉语类别词起源初探》，原载余志鸿主编：《现代语言学——全方位的探索》，延边大学出版社1990年版；又收入洪波著：《汉语历史语法研究》，商务印书馆2010年版）从性质和功能上对两者做了一定的区分。

一、量词"兜"的功能分类及其方言分布

(一) 临时量词

"兜"用作临时量词,相当于普通话的"盆、篮、袋"等,主要见于粤语、西南官话、江淮官话和北方官话。

(1) 盆、篮、袋

粤语:一兜饭(广州、东莞,许宝华、宫田一郎1999:5578①)("兜"相当于普通话的"盆")

西南官话:一兜梨儿/菜(成都,梁得曼等1998:235②)("兜"相当于普通话的"篮子")

北方官话/江淮官话:一兜瓜子、一衣兜钞票(北京等/安庆等)

(二) 个体量词

"兜"用作个体量词,相当于普通话的"棵/株、丛、条、座、房/支(宗族)、个"等,主要见于粤语、湘语、闽语、赣语、客家、平话、西南官话。部分词典"棵"、"丛"不分,我们根据其后名词的不同作了相应调整,如"禾、草"等典型的丛生植物,统一归为"丛"类。

(2) 棵、株

粤语:一兜树(阳江/广州,许、宫:5578/6775);一兜花(东莞,詹伯慧等1997:104③)

湘语:一兜菜(长沙,许、宫:6775;鲍厚星等1998:163④);萧继宗《湘乡方言》"湘乡语……一株亦可谓一兜。"(许、宫:5578)

---

① 许宝华、宫田一郎主编:《汉语方言大词典》,中华书局1999年版。
② 李荣主编,梁德曼、黄尚军编纂:《成都方言词典》,江苏教育出版社1998年版。
③ 李荣主编,詹伯慧、陈晓锦编纂:《东莞方言词典》,江苏教育出版社1997年版。
④ 李荣主编,鲍厚星、崔振华等编纂:《长沙方言词典》,江苏教育出版社1998年版。

闽语：一兜草（福安，许、宫：5578）（或可理解作"丛"）

赣语：一兜青菜／一兜树（南昌、莲花／萍乡，许、宫：6775／熊正辉 1995：118[①]／魏钢强 1998：181[②]）；

客家：一兜树（江西赣州蟠龙，许、宫：6775）

平话：一兜枇杷树（南宁，覃远雄等1997：149[③]；广西扶绥，洪波等2014）

西南官话：一兜白菜、一兜树（四川成都，贵州黎平，广西桂林、柳州，许、宫：6775；刘村汉 1995：209[④]）

(3) 丛

粤语：一兜禾 →丛水稻／两兜秧（广州，许、宫：6776）；一兜葱（阳江，许、宫：5578）

湘语：一兜禾（长沙，许、宫：6776；鲍厚星等 1998：163）；一兜禾（麦子、花生）（娄底，颜清徽等 1997：135）

平话：一兜穀 水稻（南宁，覃远雄等1997：149；广西扶绥，洪波等2014）

赣语：一兜禾（南昌、萍乡，熊正辉1995：118；魏钢强 1998：181）；一兜草（泰宁、建宁，许、宫：6775）

西南官话：一兜禾／草（刘村汉 1995：209）

(4) 座

平话：一兜桥（广西扶绥，洪波等2014）

(5) 支、房

西南官话：太祖公下面有两兜，我们这一兜在广西，还有一兜在湖南。（柳州，刘村汉 1995：209）

(6) 条

粤语：一兜手巾仔→一条手绢、一兜金鱼、一兜蛇、吓兜友真衰 那条汉子真糟糕（广

[①] 李荣主编，熊正辉编纂：《南昌方言词典》，江苏教育出版社1995年版。
[②] 李荣主编，魏钢强编纂：《萍乡方言词典》，江苏教育出版社1998年版。
[③] 李荣主编，覃远雄、韦树关、卞成林：《南宁平话词典》，江苏教育出版社1997年版。
[④] 李荣主编，刘村汉编纂：《柳州方言词典》，江苏教育出版社1995年版。

州,许、宫: 5578,6776; 白宛如 1998: 185①)

平话: 一兜索

(7) 个

粤语: 呢兜契弟_{这个家伙}、几蔸佬 (广州,许、宫: 5578; 白宛如 1998: 185)

(三) 集合量词,相当于普通话的"群、窝"等

(8) 群

湘语: 一兜子人_{一群(有亲属关系的人)}(长沙,许、宫: 6776; 鲍厚星等 1998: 163)

(9) 窝

客家: 一槭猪/兔/蜂 (福建永定下洋,许、宫: 6989)

(四) 不定量词,相当于普通话的"些"

(10) 些

客家: 卖兜分偓_{卖一些给我}(梅县、西昌,许、宫: 5578)

(五) "兜"的方言分布

表一

临时量词			个体量词						集合量词		不定量词
盆	篮	袋	棵/株	丛	条	个	房/支	座	群	窝	些
粤语	西南官话	北方官话 江淮官话	粤语 闽语 湘语 赣语 客家 平话 西南官话	粤语 湘语 赣语 (客家) 平话 西南官话	粤语	粤语	西南官话	扶绥平话	湘语	客家	客家

---

① 李荣主编, 白宛如编纂:《广州方言词典》,江苏教育出版社 1998 年版。

二、临时量词"兜"的来源

汉以前"兜"用于记音,如"驩兜"、"兜訾城"等,汉代用于"兜鍪",表示"武士的头盔","兜鍪"是同义连用的复合词,不是联绵词。《说文解字》中有同源词"篼",逐渐演变出"饲畜器"义,相当于方言中的"盆"。中古以后"兜"有名词义"兜袋、兜轿、兜帽"等,近代汉语始见动词义;方言有"篼篮;不通的河汊"等义。上述诸义均可追溯到"兜鍪"之"兜"。临时量词"兜"都是借用其"器具"义名词而来,相当于普通话的"盆、篮、袋"等。

(一)"兜"的形义考察

《说文·皃部》:"兜,兜鍪,首铠也,从兂从皃省,皃象人头之形。"段注:"古谓之胄,汉谓之兜鍪"[①]。"兜",小篆作𠑹,居延汉简作兜,余永梁认为甲骨文"𤽎"字即为"兜",金文作𤽁,"象戴胄掩面露目形,盖古胄之制如此"[②]。杨树达[③]:"今按兜当从皃,从兂省……从兂省者,象头面上有物蔽之也。"又兂,《说文》"𩋃蔽也,……读若瞽",小篆作"𠘋",《汗简》作"𠘌"。他认为"兂"是"瞽"的初文。宋育仁[④]、裘锡圭[⑤]亦有是说,裘先生认为其下部是"人"形,而非"皃"。可见,兜形同胄,从兂,取其"蒙蔽"义。

《说文·金部》:"鍪,鍑属。"《广雅·释器》:"鍪,釜也。"颜师古注:"鍪

---

① 〔汉〕许慎撰,〔清〕段玉裁注:《说文解字注》,上海古籍出版社1981年版,第406页。
② 李圃主编,古文字诂林编纂委员会编纂:《古文字诂林》第1册,上海教育出版社2002年版,第755页。
③ 杨树达著:《积微居小学述林》,上海古籍出版社2002年版,第42页。
④ 宋育仁:《说文解字部首笺正》,董莲池主编:《说文解字研究文献集成·现代卷》第九册,作家出版社2006年版。
⑤ 裘锡圭:《关于殷墟卜辞的"瞽"》,《夏商周文明研究·六》,社会科学文献出版社2004年版;又见《裘锡圭学术文集1》,复旦大学出版社2012年版。

似釜而反唇。"①王念孙②:"一曰鍪,小釜类,即今所谓锅也,字或作䥈。"段玉裁③:"兜鍪……谓其形似鍪也。"高诱注《淮南子·泛论训》"古者有鍪"说"鍪,头着兜鍪帽,言未知冠制也"。可见"鍪"本谓"沿口向外翻卷的锅",从而隐喻为"外形似鍪的头盔"。从字形上看,"兜"同"冑",亦与"鍪"相似,故连用以"兜鍪"称之。

"兜鍪"不是联绵词。朱骏声④:"古谓之胄,胄所以蒙冒其首,故谓之兜,亦曰兜鍪者,迭韵连语。"王念孙认为"连语"上下两字不可分训,但他在解释"兜鍪"时说"兜者拥蔽之名,鍪者覆冒之称"⑤,亦未将其解作连语。陈瑞衡、金小春、姚金铭、李运富等都认为王念孙的"连语"多是同义联合式合成词⑥。又据方一新⑦,联绵词"不可分训"是指"上下同义"的两个字不能分训为不同的意义,如果上下两字训为一义,则不属于分训之列。如此,则"兜"为"似胄的头盔",古"胄"为皮制,后"兜"为金属,又因其形似锅类的"鍪",故称之为"兜鍪","兜鍪"当看成同义连用的合成词。⑧

从语音形式上看,"兜鍪"与连语相似,因此古人多以联绵词视之,从而产生多种写法,但都是东汉以后才有的,如"兜牟"(始见于《齐民要术》)、"䥈鍪"(始见于《齐东野语》),"鍪"或作"䥈、鋒、䥈";"兜"仅一处作

---

① 徐复主编:《广雅诂林》,江苏古籍出版社1992年版,第552页。
② 〔清〕王念孙著,钟宇讯点校:《广雅疏证》,中华书局1983年版,第219页。
③ 〔汉〕许慎撰,〔清〕段玉裁注:《说文解字注》。
④ 〔清〕朱骏声编著:《说文通训定声》,中华书局1984年版,第353页。
⑤ 〔清〕王念孙著,钟宇讯点校:《广雅疏证》,第267页。
⑥ 徐振邦著:《联绵词概论》,大众文艺出版社1998年版,第12—13页。
⑦ 方一新作:《评〈广雅疏证〉关于联绵词的解说》,杭州大学1985年硕士学位论文。
⑧ 在先秦文献中,"胄"习见,不见"兜鍪"或"兜",如《左传》只用"胄",凡11见。马叙伦认为"兜、胄实一字",他引吴颖芳语"急读兜,缓读兜鍪,转语称胄。这种"转语"之说虽不可全信,但也显示了它们之间的意义联系。"兜",上古端母侯部,"胄",定母幽部,虽然声韵接近,但声母清浊不同,声调一平一上,略有差别。但从《诗经》押韵看,"幽侯"互押较为常见,如《秦风·小戎》(王力:《诗经韵读》,上海古籍出版社1980年版,第31—32页)。郑张尚芳拟主要元音幽部为[u],侯部为[o](郑张尚芳著:《上古音系》(第二版),上海教育出版社2013年版,第234页)。可见二字音、义皆相近。

"鍪",显然是"鍪"的字形类推造成的。

(二)"兜"之"器具"义的历时考察

《说文》"篼,饮马器也。""饮"当作"饲"①,《玉篇》、《广韵》均作"饲"。"篼"是喂马的器具,其外形当与兜鍪相似,马首入其中,与人头被"兜鍪"蒙住一样。因此从"兜"到"篼",是隐喻引申的结果。

从"饲马器"的"篼"进一步泛化为"饲畜器",如"猪食兜":

> (11) 人善泅水,有刳木为舟者,如猪食兜,两三人处之横海中,颠风巨浪不惧,水泛则覆出之而后棹焉。(明·严从简《殊域周咨录·琉球国》)

饲马器有"盛物"功能,因而转喻为一般的"饲畜器",这在现代方言中有体现。

又《方言》"饮马橐,自关而西谓之裺囊,或谓之裺篼,或谓之䩌篼。"②《广雅疏证》"帴篼"条:"篼犹兜,今人谓以布盛物曰兜,义与此同。"③魏人如淳注《汉书》"挏马":"主乳马,以韦革为夹兜,受数斗,盛马乳,挏取其上肥,因名曰挏马。"④可见汉魏时期"兜"即有"兜袋"义,文献中大量出现是在宋以后,作"布兜"或"兜子",俱与其"盛物"功能相关,亦属转喻引申的结果。如:

> (12) 至家,用大布兜于广水中,以竹挂其四角,布之四边出水面尺余,尽纵苗鱼于布兜中。(宋·周密《癸辛杂识·别集上·鱼苗》)

又唐代,"兜"可指一种改制的"小轿子",称"兜笼"、"兜舆"、"兜舁",俗称"兜子"。《陔余丛考》:"是轿之为器,三代时已有之,然皆在南方,且以竹为之,如今兜子之类也。其在北方则有辇。"⑤或写作"篼",《正字

---

①② 〔汉〕扬雄撰,〔东晋〕郭璞,〔清〕戴震疏证:《輶轩使者绝代语释别国方言疏证》,商务印书馆1937年版,第132页。
③ 〔清〕王念孙著,钟宇讯点校:《广雅疏证》,第244页。
④ 〔东汉〕班固撰,〔唐〕颜师古注:《汉书》,中华书局1962年版,第730页。
⑤ 〔清〕赵翼著:《陔余丛考》,商务印书馆1957年版,第572—573页。

通》"筼,音兜,竹舆也,篼之别名,俗谓之筼子"①。因人坐其中如布盛物而来,如:

> (13) 奚车,契丹塞外用之,开元、天宝中渐至京城。兜笼,巴蜀妇人所用,今乾元已来,蕃将多着勋于朝,兜笼易于担负,京城奚车、兜笼,代于车舆矣。(《旧唐书·志第二十五·舆服》)

"兜"指"帽子",东汉有此义,高诱注《淮南子·泛论训》"古者有鏊而绻领"言"头着兜鏊帽",或可为证。此义与本文所论无关,兹不赘述。

上述"兜"的多种语义,与其"盛物"功能义有关,"盛物"就是将物"兜住"。"兜住"义到宋代方可得见,如:

> (14) 照水有情聊整鬓,倚阑无绪更兜鞋。(宋·秦观《浣溪沙》五之二)

"兜鞋"指用鞋兜住脚。到元明以后,"兜"的"以布盛物"义比较常见。

以上考察可知,"兜"的"器具"义是从其"盛物"功能发展来的,其引申系统如下:

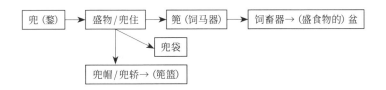

(三) 方言中临时量词"兜"的形成

相当于"盆"的"兜"。广州称"盛饭用的较大的搪瓷器皿"、"鸡、狗吃食的器具"为"兜";东莞称"比盘子深,盛饮食的小搪瓷盆"作"兜"(詹伯慧等1997:104)。广东五华客家话有"猪兜","饲畜器谓之篼。……如鸡篼、狗篼、猪篼,即使以木为之,仍循旧名称。"②胶辽官话亦有是说,见1935年《临朐续志》。(许、宫:7351)可见,"兜"用作饲畜器在粤语、客家、胶辽官话中都有表现。在粤语中相当于"盆",从而临时用为量词。

---

① 〔明〕张自烈撰,〔清〕廖文英编,董琨整理:《正字通》,中国工人出版社1996年版,第805页。
② 陈修点校:《〈客方言〉点校》,华南理工大学出版社2009年版,第175页。

"兜袋"义的"兜"。主要见于北方话,如北京、洛阳、牟平、哈尔滨、太原、乌鲁木齐等,南方方言则少见。江淮官话称用丝线编织的网状袋子为"网兜";赣语怀岳片称袋子为"兜";客家话、湘语将蜘蛛网亦称之为"兜",如广东翁源客家话,《翁源山歌》"同妹有情莫讲笑,蜘蛛作兜在心中";湘语将禽类的窠也称作"兜",清光绪十九年《新宁县志》"禽之窠曰兜"。(许、宫:5577)可见在北方官话、江淮官话、赣语、客家、湘语中"兜"均可表示盛物的"袋子",从而临时用为量词。

又,西南官话称"竹子编成的舆床"为"兜子",张慎义《蜀方言》"篊舆曰兜子"(许、宫:5579)。吴语苏州话将形似畚箕的盛物器俗称作"粪箕兜"①;又将"不通外河的港汊,其尽头似畚箕"称之为"兜",《吴歌新集·俫唱山歌勿算师傅老先生(一)》"上荡阿有几个湾,下荡阿有几个兜"。(许、宫:5577)四川方言"提篮、竹筐一类的竹器"叫做"笕",《蜀语》"竹器曰笕"②。可见,"兜"之"竹篮"义与"兜轿""畚箕"是相通的,主要分布在西南官话、吴语等方言,因而在成都话中可以临时用为量词。

三、个体量词"兜"的来源及其发展

(一)个体量词"兜"的来源

从汉语史上看,汉语个体量词多从名词发展而来。"单位名词是由普通名词演变而成的,并且它们的语法意义就是由它们的本来意义引申的。"③从方言共时语料看,个体量词"兜"源于其"草木根"义名词。

1. "兜"之"草木根"义

杨树达、黄侃等先生认为"草木根"义的"兜"与"株"同源。《长沙方言续考·二十七"株、杜"》:"今长沙谓根为兜,株之古音也。或曰:'字当作

---

① 李荣主编,叶祥苓编纂:《苏州方言词典》,江苏教育出版社1993年版,第143页。
② 缪树晟编著:《四川方言词语汇释》,重庆出版社1989年版,第60页。
③ 王力著:《汉语史稿》(修订本),中华书局1980年版,第240页。

杜.'《方言》卷三云:'杜,根也,东齐曰杜.'郭注:'《诗》曰:彻彼桑杜.'按今诗作'桑土'.《释文》云:'《韩诗》作杜.'树达按:杜乃株之音变,模侯二部相转也."①《黄侃论学杂著·蕲春语》:"《说文·木部》:'株,木根也.'今吾乡谓竹木根皆曰兜子,析木为薪,其桩柮,亦曰兜子,株之古音,正如兜."② 董为光③ 也指出"兜"是"株"的方言俗词。株,《广韵》陟输切,知母虞韵,上古侯部;兜,《广韵》当侯切,端母侯韵,上古亦为侯部。按"古无舌上音",知、端上古相同,两者古音极为相近,因此,郑张尚芳④ 拟"兜、篼"为[too],"株"为[to]。从语义上看,《说文》"株,木根也。"《说文》"朱"条段注:"本柢根株末五文一贯"。"柢"是树的主根;"根"是树的旁根;"本"是树根的通称;"株"指露出地面的树根;"末"指树梢。《正字通·木部》"木根入土无枝桠者俗曰槐"⑤,"槐"指"整个根部",从"俗曰"看,明显是个方言词。"株""槐"语义虽不完全重合,但极为相近。《说文解字》与《正字通》相距一千多年,"株"与方言词"槐"在语义上存在细微差别,是语义发展的自然结果。"槐"的声旁"兜",是"兜"之形讹,但它与"饲马器"的"篼"不在同一个历史层次,"兜"和"篼"有语源上的关系,而"槐"中的"兜"只起到标音的作用,不能反映语源。在没有别的证据证明"草木根"义的"兜"有其他来源的话,我们更相信它是"株"在方言中的存古。

作为方言词,"草木根"义的"兜"在传世文献中几乎没有例证,有一例疑似:

(15) 都女随犊子出,取桃李,一宿而返,皆连兜甘美。(宋·张君房《云笈七签·卷一〇八·犊子》)

陈尚君辑录的五代前蜀杜光庭《墉城集仙录》卷五"阳都女"条也有记载,"甘美"之后补有一句"异于常桃"。根据上下文,"兜"应指"桃李果实的根蒂

---

① 杨树达著:《积微居小学金石论丛》(增订本),中华书局1983年版,第176页。
② 黄侃撰:《黄侃论学杂著》,中华书局1964年版,第429页。
③ 董为光:《量词义语义源流三则》,《中国语文》2003年第5期。
④ 郑张尚芳著:《上古音系》(第二版)。
⑤ 〔明〕张自烈撰,〔清〕廖文英编,董琨整理:《正字通》,第529页。

部",仅作参考。由此推测,在唐宋时的方言里或许有"草木根"义的"兜"。

2."兜"之"草木根"义的共时表现

在方言里,"草木根"义的"兜",有称"兜公"、"兜子"等,主要分布在闽方言(福州)、客家(于都)、湘方言(长沙、娄底、湘乡)、赣方言(南昌、怀岳片)、西南官话(贵阳、柳州)、江淮官话(武汉、安庆)。福州话有"秞兜(稻兜)";于都话有"禾兜""树兜"。湘语"湘乡谓草木之根部曰兜公"(许、宫:5580)。南昌话有"笋兜""甘蔗兜"。贵阳话有"榖椿兜",柳州话有"禾兜"、"树兜"等。武汉、安庆有"树兜子""菜兜子"。江西南部《客家民歌》有"嫽竹爆笋兜靠兜"(许、宫:5577)。赣语湖南平江话将专门用于旱地锄草的锄头叫"兜锄"(许、宫:6776),怀岳片则称之为"锄兜"。

由"草木根"隐喻引申为"家、家庭"(厦门、雷州)、"宗族的一支"(柳州),泛化为"后台、靠山"。

又"靠近某个地点的处所或某个日子的时间"、"路的尽头"亦为"兜"。闽语厦门、闽侯称"年底"为"年兜",叶长青《闽侯方言考证》"今闽语谓年之尽头曰兜,路之尽头亦曰兜"(许、宫:5577);福州话有"南门兜""节兜"①等。

"兜"之"草木根"义在方言中的语义系统:

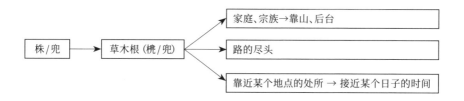

(二)"兜"之"棵、丛"类量词用法的形成

植物有单株与丛生之别,因此个体量词"兜"有两个方向:一是"棵"类系统,计量单株植物,记作"兜$_单$";二是"丛"类系统,计量丛生植物,记作

---

① 李荣主编,冯爱珍编纂:《福州方言词典》,江苏教育出版社1998年版,第167页。

"兜_丛"。

1. "兜_单"的形成

闽语福州；湘语长沙、娄底；赣语南昌；西南官话贵阳、柳州都有表示"草木根"义的"兜"，这些方言中即有直接表示植物量的"兜_单"，如：

(16) 福州：　　　一兜_单树

　　 长沙：　　　一兜_单白菜

　　 娄底：　　　一兜_单树

　　 南昌：　　　一兜_单甘蔗

　　 贵阳/柳州：一兜_单白菜

而粤语（广州、东莞）、客家（蟠龙）、平话（扶绥城厢）"兜"有"棵/株"的用法，没发现"草木根"义。从用作计量"树"的量词在方言中的分布看，东南方言多数用"兜_单"，少数用"头"或"本"，如闽语、粤语、客家、平话；中南部方言"棵""兜_单"并用，如湘语、赣语、西南官话；长江以北的官话区则只称"棵"，表中略去。

表二　称量"树"的个体量词的分布

方言\词条	建瓯	福州	东莞	广州	梅县	蟠龙	于都	扶绥	南宁	娄底	长沙	南昌	萍乡	贵阳	柳州	岳西	武汉
兜(根)		+					+	+	+	+	+	+	+	+	+	+	+
兜_单		+	+	+	+	+		+	+	+	+	+	+	+	+		
棵											+	+	+	+	+	+	+
头(根)				+													
头							+										
本	+																

说明："兜（根）""头（根）"是指"草木根"义；"兜_单、棵、头、本"都是量词

上表显示：1) "兜_单"的计量功能自北向南逐渐加强，这个大趋势与方言的历史层次有关，层次越古老的方言，"兜_单"的使用越稳定。2) 闽语内部复

杂,闽北建瓯保留较古的"本",闽东福州的"兜"既保留"草木根"义,又有量词"兜$_单$"的用法。3) 粤语没有"草木根"义的"兜",但用"头",如广州话有菜头、树头、水仙头、竹头、葱头等。4) 客家、平话内部不统一:于都客家话计量"树"用"头",还扩大到"丛生"植物,这是从"头"隐喻而来的;扶绥平话只用"兜$_单$",即可用于单株,也可用于丛生。5) 新湘语、赣语、西南官话"兜$_单$""棵"兼用,看不出分工;老湘语只用"兜$_单$",如娄底。这些可以看出北方的"棵"逐渐向南方渗透的趋势。

已有的研究表明,汉语称量植物的量词主要有两个来源:一类是从"圆坑"义发展而来,如"科、窠、棵"是从"坑穴、巢穴"义隐喻为种植植物的"圆坑"义,从而转喻为量词;"颗"是直接从与"圆坑"形似隐喻为植物量词的。①② 一类是"木根"义通过转喻而来,如"根、株、本"等。③④ "兜$_单$"属于第二类。

从认知上看,这一过程符合一般的认知规律。兰盖克指出,在语义层面上,任何表达都要通过一个特殊的意象(image)构建一个感知情景(situation)来实现。⑤ 植物的"根兜"与动物的"头部"相似。动物"头部"得以凸显(salience)就可以转喻为计量动物的量词,进而类推到有"端头"的物件。植物的"根兜部"得以凸显即可转喻为计量植物的量词。动物有头有尾,植物亦有兜有尾(与"本末"一样),如江西莲花《情歌三百首(其一)》"歌唱新鲜不唱馊,只要情意两相投。同心同德通到老,甘蔗从尾甜到兜",可见在认知上人们将甘蔗的"兜"等同于"头"。又如"切民同子美红于本月念(廿)二日喊冤控廖永年兄弟等,串客项恒兴乘机尽将民管协列排之山木弱砍壹千余株,现有树脑可查"⑥。"树脑"即"树兜"。有些方

---

① 董为光:《量词义语义源流三则》,《中国语文》2003年第5期。
② 李计伟:《量词"窠"的产生、发展与量词"棵"的出现》,《语言科学》2009年第4期。
③ 刘世儒著:《魏晋南北朝量词研究》,中华书局1965年版,第95—98页。
④ 李计伟:《量词"窠"的产生、发展与量词"棵"的出现》,《语言科学》2009年第4期。
⑤ 转引自李计伟:《量词"窠"的产生、发展与量词"棵"的出现》,《语言科学》2009年第4期。
⑥ 包伟民主编,吴铮强、杜正贞本辑主编:《龙泉司法档案选编》第1辑,中华书局2012年版,第36页。

言直接用"头"来计量植物,如于都客家话,足以看出这种认知上的一致性。植物栽种或割伐后,"兜根"的部分都会得到"凸显",这就具备了转指计量的条件。汉语史上有大量平行虚化现象,从名词到量词是一个语法化的过程,"兜$_单$"语法化为量词与"株、本、根"的语法化是平行的,只是因为"兜"的历时语料的缺失,我们不能像其他词那样观察到它的虚化轨迹,但正如洪波[①]所言,可以利用"平行虚化的规律去追溯其来源"。因此,可以说"木根"义的"兜"用于称量树木,是可信的,符合语法化的一般规律。草木一旦割伐后,留下的部分就是"兜",尤其是留在地面上的"茎",凡留"一茎"就可计量为"一兜"。因此"兜"表示计量不仅与汉语史上的"根、本、株"用于计量有平行性,也与"头、口"等用"部分代替整体"的转喻表示计量相通。正如有学者所言从植物的根茎部来计量数目,是汉民族的一种心理习惯。[②]因此,从"根兜"义的"兜"发展为树木的个体量词是很自然的事情。既然"兜"是"株"的古词或方言存古,某些南方方言继续保留其作为量词的词形就不足为怪了。

2. "兜$_丛$"的形成

上文说到,方言中草本植物的根部亦可称"兜"。从《正字通》的释义看,"兜"最初仅指"木根",但草木有着天然的联系,在隐喻机制的作用下,从"木根"义就发展到"草根"义。草本多丛生,用"兜"表示草本丛生植物的"本根",进而语法化为计量草本丛生植物的"兜$_丛$",这一过程与"兜$_单$"的形成是一样的。

(三)范畴化与类推:"兜$_单$"的功能扩展

1. 范畴化与类推

范畴化是以主客体互动为出发点,采取分析、判断、综合等方法将千差万别的外界事物进行分类和定位的心智过程,范畴化的结果是形成概

---

① 洪波:《论平行虚化》,《汉语史研究集刊》1999年第0期。
② 董为光:《量词义语义源流三则》,《中国语文》2003年第5期。

念范畴,人们通过概念范畴去认知、理解世界。①认知语言学认为范畴化具有层次性,基本层次范畴(basic level categories)是人类思维的基础,语言范畴化过程是通过与原型(prototype)的家族像似性(family resemblance)运作,构建范畴,范畴成员根据与原型之间有相似度差别分为典型成员与非典型成员。② Croft & Cruse③也指出范畴具有等级性,对概念范畴的识解是个动态过程。Barsalou(1983)用实验证明了"受试者"可以"在线"建立新的、内部一致的范畴,这种范畴具有与已经建立的范畴一样的特性。我们称之为"重新范畴化"(neo-categorization 或 re-categorization)。

所谓类推,就是规则的泛化,一个创新成分,逐渐扩展到与之相似的语境中,使新规则的适用范围扩大。类推是功能扩展的主要手段之一。类推是个语用过程,其结果是整齐划一,因此类推运作中总是伴随着范畴成员的增加。从范畴化的动态识解看,类推的过程中很可能发生重新范畴化,构成区别于旧范畴的新范畴。也就是说,类推不产生新的范畴,但是重新范畴化会改变类推的方向。

2. "兜单"的功能扩展

"兜$_单$"源于"木根","树木"的"根兜"位于其底部,与"端头、根底"相似,在认知上,有端头、根底的事物即可用"兜$_单$"来计量,如粤语的"木、柴、钥匙";平话(扶绥)的"路、桥"等。这是以范畴化为基础的,如以扶绥话"一兜$_单$路"为例,"兜$_单$"与普通话里的"条"功能相当,但是两者范畴化的过程不同:"兜$_单$"是以"路端"为相似性基础的,而"条"是以"条形物"为基础的。又如广州话里"一兜$_单$木/钥匙"是以"木/钥匙"有"端底"为相似性的,与"一根木""一把钥匙"具有不同的范畴来源。"兜"从计量

---

① 束定芳:《认知语言学·导读》,[英] William Croft & Alan Cruse:《认知语言学》,北京大学出版社2006年版,第9页。
② John Taylor. *Linguistic Categorization : Prototypes in Linguistic Theory*., 教学与研究出版社2001年版。
③ William Croft, D Alan Cruse. *Cognitive Linguistics*., 北京大学出版社2006年版。

"树",到计量有端头、底部的"鱼、木、柴、钥匙、路、桥"等,这是类推的结果,也是汉语中个体量词功能扩大的主要手段。汉语个体量词产生之初,具有分类词的性质,在类推作用下,逐渐演变成汉语特有的量词。

用"兜$_单$"计量的名词,广州还有"蛇、手绢"等;扶绥还有"索$_{绳子}$"等,这些事物一般凸显的不是"端头、根底"的特征,而具有典型的"长条形"特征,正如李全佳《吴川方言》所言:"今乡人谓凡一长条之物皆为一兜。"(许、宫:5578)如何解释这一现象?我们认为是重新范畴化的结果。最初"兜$_单$"所计量的名词中,多数是"条形物","条形"的特征逐渐得以"凸显",从而发生重新范畴化,"条形"特征就成了该名词范畴的典型特征,"端头、根底"特征则居于次要地位,甚至退出范畴的典型特征。于是重新范畴化改变了原来类推的方向,专以"条形物"作为"兜$_单$"的计量对象。这就是为何我们今天不易觉察到"兜$_单$"来源于"草木根"的原因,这个过程符合概念范畴的动态识解过程。

广州话"兜$_单$"又用于指人,相当于"个",这是量词的"物化",这种用法带有强烈的主观性,一般用在对人的不尊重、不礼貌的语境,如:"呢兜契弟$_{这个家伙}$"。

(17)个体量词"兜$_单$"形成过程:兜(草木根)→兜$_单$(木根)→兜$_单$(有端头、根底部的事物)→兜$_单$(条形物)→兜$_单$(量词物化)

四、集合量词、不定量词"兜$_丛$"的形成

草本植物多属丛生,根部有众多的细根组成,因此以"同一来源的众多成员"为范畴化特征,"兜$_丛$"计量丛生植物,如广州、扶绥、长沙、娄底、南昌、柳州等。丛生草木以整体性被认知,组成部分的具体数量不能确定,这是其集合量词的来源。长沙话计量"一群有亲属关系的人"的"兜$_丛$",相当于"群",着眼点在成员众多;柳州方言"兜$_丛$"指"宗族的一支",其着眼点在同源。在类推运作下,再扩展到动物,相当于"窝",如福建永定、下洋

客话说"一兜猪/兔/蜂"等。表丛生的"兜丛"用作集合量词,其数量本来就是不定的,因此泛化为不定量词的"些",如四川西昌、广东梅县客家话有"卖兜分偓卖一些给我"等。这个过程与"兜单"的发展是同步的。

(18) 集合量词、不定量词"兜丛"的形成过程:兜(丛生植物草木根)→兜丛(丛生植物)→兜丛(同一来源的人或物,集合量词)→兜丛(些,不定量词)。

五、从语义图看"兜"的语义演变

语义图模型(semantic map model)是语言类型学和认知语义学所使用的一种重要的语义分析方法和跨语言研究多功能语法形式的重要工具。[①②]语义图模型的基本假设是人类语言的多义形式或多功能范畴在语义关联模式上虽有不同,但各语言所对应或相关的多功能形式在语义组织上存在一定的相似性,受制于共同的语义演变规则。[③]语义图模型的构建和运作主要有三个步骤:首先是通过跨语言构建概念空间,概念空间是语言中特定编码形式的不同功能及其相似关系构成的几何性概念网络,即普遍的语义空间;其次绘制语义图,语义图是特定语言相关编码形式的多功能模式在概念空间上实际表征,表现为不同语言在概念空间中的不同切割方式;再次,对相关语言现象的解释。语义图模型的前提是必须符合"邻接性要求"(contiguity requirement),即"特定语言的某个语法标记可能具有不同的功能,但这些功能必须在语义图上相互毗邻,即,这个语法标记必

---

① 吴福祥:《从"得"义动词到补语标记——东南亚语言的一种语法化区域》,《中国语文》2009年第3期;吴福祥:《多功能语素与语义图模型》,《语言研究》2011年第1期;吴福祥:《语义图与语法化》,《世界汉语教学》2014年第1期;吴福祥、张定:《语义图模型:语言类型学的新视角》,《当代语言学》2011年第4期。
② 张敏:《语义地图模型:原理、操作及在汉语多功能语法形式研究中的运用》,《语言学论丛》2009年第42辑。
③ 吴福祥、张定:《语义图模型:语言类型学的新视角》,《当代语言学》2011年第4期。

须在语义图上占据邻接区域"。(Haspelmath 1997)①② 吴福祥③指出,概念空间的构型(configuration)及邻接性(contiguity)要求可以有效地揭示多功能语素不同功能之间的蕴涵关系,概念空间和语义图不仅能够对共时蕴涵共性作出描述和概括,而且还可以对多功能语素的演化路径作出判断和预测。应用于多功能语素的历时演变路径上,就是概念空间及其蕴涵关系的动态化,即某个功能的演化先设另一个功能的演化。我们根据前文对"兜"的语义分析及其量词功能的共时分布,构建了"草木根"义的"兜"在汉语跨方言中的概念空间:

在此基础上可以得到各方言在概念空间上的具体切分:

粤语、闽语和平话:

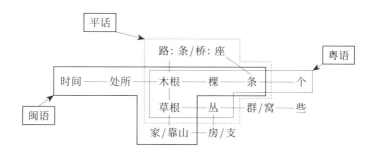

---

① Haspelmath, Martin. *From Space to Time: Temporal Adverbials in the World's Languages*. Lincom, München. 1997.
② 吴福祥:《从"得"义动词到补语标记——东南亚语言的一种语法化区域》,《中国语文》2009年第3期。
③ 吴福祥:《从"得"义动词到补语标记——东南亚语言的一种语法化区域》,《中国语文》2009年第3期;吴福祥:《语义图与语法化》,《世界汉语教学》2014年第1期。

赣语、客家、湘语和西南官话：

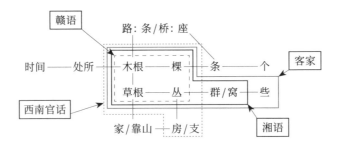

从诸方言的语义图中各语义和功能之间的蕴涵关系，可以将上述概念空间语义图动态化为以下演变模型：

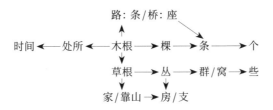

理论上讲，所有相关语言或方言不能违背语义图模型构建的演变路径，在这些路径中，每个所涉方言都占据了一个连续的演变路径。由此，我们可以通过已经建立的动态语义图，推导出某些在实际语料中未曾保留的节点。我们说语源义是演变的核心，从语源义到各语用义涉及认知上的隐喻和转喻。如粤语中没有表示"草木根"义的"兜"，但是，从语义图的毗邻原则，可以推导出粤语中一定也有这样一个源头。从"表二"可以看出粤语用"头"替换了"兜"，我们猜测有两种可能：一是"头"从动物的"头"直接隐喻为植物的"根部"，从而替换了"兜"；二是"头""兜"语音相似，在具体使用过程中发生语音混淆，从而带来词汇上的替换。再如，客家话中没有"兜丛"的记录，但我们在湘语能够找到从"兜丛"到"群/窝"用法的演变，因此我们推导在客家话里也应该有过"兜丛"的存在，或者是记录不全造成演变节点的缺失。又如量词"房/支"的来源，有两个可能：一是"兜丛"的扩展；二是名词的"家、家庭"义转喻而来，因此在"家、家庭、靠山"义与"房/

支"之间应该也有较直接的联系,但是在方言语义图上看不到如此的演变。从语义图上看,粤语、平话在类型上主要是沿着"兜$_单$"的方向发展,而湘语、客家主要是沿着"兜$_丛$"的方向发展。可见,通过语义图模型的构建及其动态化,可以更好地解释方言中量词"兜"的来源及其形成路径与语义演变。但限于篇幅和材料,我们没有将"木根"义词族作整体性考察,因此,关于"兜"的语义图也只能是部分的反映"木根"义词的语义演变情况。

六、结 语

方言量词"兜"根据称量功能的不同而有不同的来源:"兜鍪"之"兜"通过引喻引申,发展出各种器具义,这是其临时量词用法的来源;"草木根"义的"兜"是"株"的方言词,在方言中逐渐发展出称量"草木"的量词用法,从而扩展到具有"端底、端头"的事物,进而重新范畴化指称"条形物",甚至物化为计量"人"的"个";并依据草本植物丛生特征,发展出集合量词和不定量词。从"兜"的语义图模型及其动态化,可以更好地解释"兜"的语义演变及其演变路径。

(本文原载《语言研究集刊》2017年第2期)

"席上生风"、"室内生春"释义商榷

季 艳

笔者在阅读《红楼梦》过程中，觉得人们对书中"席上生风"、"室内生春"的释义欠妥，故特提出商榷。鉴于此二"生"的词性、意义、用法相关，而一些释者又将"生风"与"生春"视为同义语，故将其放在一起讨论。为方便行文，请允许先将相关文字集中移录下来，然后再予申说。

《红楼梦》第二十八回《蒋玉菡情赠茜香罗　薛宝钗羞笼红麝串》：

> 宝玉拿起海来一气饮干，说道："如今要说悲、愁、喜、乐四字，却要说出女儿来，还要注明这四字原故。说完了，饮门杯。酒面要唱一个新鲜时样的曲子；酒底要席上生风一样东西，或古诗、旧对、《四书》《五经》成语。"①

《红楼梦》第六十二回《憨湘云醉眠芍药裀　呆香菱情解石榴裙》：②

> 探春道："我吃一杯，我是令官，也不用宣，只听我分派。"命取了令骰令盆来，"从琴妹掷起，挨下掷去，对了点的二人射覆。"宝琴一掷，是

---

① 〔清〕曹雪芹著，〔清〕无名氏续，〔清〕程伟元、高鹗整理；中国艺术研究院红楼梦研究所校注：《红楼梦》，人民文学出版社2008年版，第381页。又及：人民文学出版社1982年版《红楼梦》第394页，1996年版第382页释义并同。

② 〔清〕曹雪芹著，〔清〕无名氏续，〔清〕程伟元、高鹗整理；中国艺术研究院红楼梦研究所校注：《红楼梦》，人民文学出版社2008年版，第851页。又及：人民文学出版社1982年版《红楼梦》第872页，1996年版第850页释义并同。

个三,岫烟宝玉等皆掷的不对,直到香菱方掷了个三。宝琴笑道:"只好室内生春,若说到外头去,可太没头绪了。"探春道:"自然。三次不中者罚一杯。你覆,他射。"

对上引两节文字中"席上生风"、"室内生春"的释义,影响较大的说法有:

红研所注:

(1) 席上生风:借酒席上的食品或装饰等现成东西,说一句与此有关的古诗或古文。[1]

(2) 室内生春:这里指所射覆的谜底只限于本室的事物。生春:喻想得新巧,妙趣横生,又含有吉利的意思。[2]

北师大版注:

(3) 席上生风:取酒席上现有的一样东西,说一句相关的成语,使大家都感到风趣横生。[3]

(4) 室内生春:指"射覆"的事物,只限于屋内。生春:意同"生风",即妙趣横生,欢娱吉利的意思。[4]

《红楼梦语言词典》:

(5) 席上生风:酒令用语,说出来的古诗文等要与酒筵上有的食物等东西发生某种联系。生风,成趣。[5]

(6) 室内生春:指行酒令射覆的谜底限于室内的事物。生春,比喻想得新巧有趣,而又吉利。[6]

---

[1] 〔清〕曹雪芹著,〔清〕无名氏续,〔清〕程伟元、高鹗整理;中国艺术研究院红楼梦研究所校注:《红楼梦》,人民文学出版社2008年版,第381页。又及:人民文学出版社1982年版《红楼梦》第394页,1996年版第382页释义并同。
[2] 〔清〕曹雪芹著,〔清〕无名氏续,〔清〕程伟元、高鹗整理;中国艺术研究院红楼梦研究所校注:《红楼梦》,人民文学出版社2008年版,第851页。又及:人民文学出版社1982年版《红楼梦》第872页,1996年版第850页释义并同。
[3] 〔清〕曹雪芹著:《红楼梦》(校注本),北京师范大学出版社1987年版,第463页。
[4] 〔清〕曹雪芹著:《红楼梦》(校注本),第1005页。
[5] 周定一主编:《红楼梦语言词典》,商务印书馆1995年版,第916页。
[6] 周定一主编:《红楼梦语言词典》,第779页。

《红楼梦大辞典》：

(7) 席上生风：行酒令时，将题材限制于酒席面以内，雅称"席上生风"。①

(8) 室内生春：行酒令时，将题材限制于室内，雅称"室内生春"。②

今案："席上"、"室内"的词性、意义、用法易解，各家所释是，此不复赘。但"生风"、"生春"的释义则皆未当。(1) 释语显然不是被释词语"席上生风"的意义，而是词语所在句子"酒底要席上生风一样东西，或古诗、旧对、《四书》《五经》成语"的串讲。这种以整个句子的串讲替代具体词义诠释的作法，当是不明被释词之义所致。实事求是地说，串讲语中的"说"还是把"生风"义给表达出来了，但这是被词语所在语境的文气所逼使然，而非注者心知肚明确切的词义训诂。关于这一点，从 (2) 对"生春"的解释中也可看出来。(3) 所释于原文不可通。在"酒底要席上生风一样东西"中，"生风"为动词谓语，其关涉的宾语为"东西"，但"使大家都感到风趣横生"，不仅把"生风"给颠倒错乱了，原句的语法关系给弄不见了，而且整个句子也无法讲了。(5) 对所立整词的释义与 (1) 近同，而以"成趣"释"生风"，则与 (3) "使大家都感到风趣横生"近同。《现代汉语词典》："成趣：使人感到兴趣；有意味。"③然"成趣"不能进入"席上生风"的释义，正是所释自相矛盾的暴露。

(2) (4) (6) 训释方式近同，都是先对所立整条词语"室内生春"出释，而后对其词素"生春"再作解释，且各家所释之义亦近同。然皆存在整条词语释义与其词素释义"貌""神"皆离之弊。也就是对"生春"的释义与整条词语的释义无法统一为一体。汉语是语素文字，一般说来，词语的意义是由所构词的词素义来体现的。现在把"生春"解作"喻想得新巧，妙趣横生，又含有吉利的意思"，可这个"意思"为何不能进入到整条词语的释义中

---

① 冯其庸、李希凡主编：《红楼梦大辞典》，文化艺术出版社1990年版，第683页。
② 冯其庸、李希凡主编：《红楼梦大辞典》，第690页。
③ 中国社会科学院语言研究所词典编辑室：《现代汉语词典》，商务印书馆2005年版，第173页。

去呢？这不正暴露所释存在失误吗？细绎文意,我们认为,各家整条词语释义近是,而"生春"释义则误。

(7)(8)不是词义解释,而是说这两处为何会用这样的词语。这种避释词语意义的空泛之说,显然为不明词语确义的曲解而与文意不宜。

那么,对"生风"、"生春"作何解？才能既有语言学的依据,又能与文意相宜呢？其实,此二"生"词性、意义、用法完全相同:"生"同"出",相当于"说",在句中作动词谓语；而"风"与"春"则大不相同:"风"为动词"讽"的通假字,义为"诵说",在句中与"生"为平列关系,其意义用法与"生"近同而并作宾语"东西"的谓语。而"春"则当解为名词"谜语",是酒令"射覆"的隐语称谓。"生春"为动宾关系,义为"说(出)谜语"。下面提供足够的证据来证明:

先说"生"。《广雅·释诂一》:"生,出也。"王念孙疏证:"生者,《说卦传》'万物出乎震'虞翻注云:'出,生也。'"《玉篇·生部》:"生,出也。"《庄子·天运》:"故若混逐丛生。"成玄英疏:"生,出也。"《大戴礼记·文王官人》:"以名故不生焉。"王聘珍解诂:"生,出也。"《吕氏春秋·劝学》:"生于不学。"高诱注:"生犹出。"《正字通·凵部》:"出,生也。"互训。《汉语大词典》:"出言:说话。"又:"出言不逊:说话傲慢不客气。""出言吐气:犹言谈吐。指说话。""出言无状:说话傲慢无礼。"[①]由上可见,"生"="出"="说"。《醒世恒言·张廷秀逃生救父》:"玉姐只道是生这话来笑他,脸上飞红。"言说这话来笑他。此为"生"犹"说"又一明证。

次说"风"。《说文·风部》"风"朱骏声通训定声:"风,假借又为讽。"《广雅·释诂四》:"讽,教也。"王念孙疏证:"诗序云'风',风也,教也。风以动之,教以化之。风与讽通。"《广韵·送韵》:"风,同讽。"《左传·桓公十三年》:"遂见楚子曰。"杜预注:"故以益师风谏。"陆德明释文:"本亦作讽。"《汉书·食货志下》:"以风百姓。"颜师古注:"风,读曰讽。"《后汉书·崔琦

[①] 罗竹风主编:《汉语大词典》(缩印本),汉语大词典出版社1997年版,第943页。

传》:"复作《白鹇赋》以为风。"李贤注:"风,读曰讽。"《资治通鉴·汉纪四》:"因使辨士风谕以礼节。"胡三省注:"风与讽同。"清戴名世《程偕柳淮南游草序》:"摹情缀景,婉丽可风。"言《淮南游草》文辞婉丽适合朗读。清宗稷辰《姚适庵怡柯草堂诗赋钞序》:"自来贤侯良辅,哲士端人,其由心德而发挒乎善政者,每见之于风诵。""风诵"即"讽诵"。上几例中最具启发意义的是清人作"讽"讲的两个"风"。它表明以"风"表"讽",在清时仍是常例。《说文·言部》:"讽,诵也。"又"诵,讽也。"《汉语大字典·言部》:"讽:❶背诵;朗读;传诵。"①又:"诵:❶朗读;念读。"②而"背诵;朗读""念读"也是一种"说"。宋岳珂《桯史·鳖渡桥》:"雍公受卮,起立曰:'某去则不妨,然记得一小话,敢为都督诵之。'"言敢为都督说之。正因为"诵""说"义近同,故可连用作"诵说"并表"说"。宋王安石《谢弟安国特赐及第表》:"山木之所诵说而遭难,闾巷之所惊嗟而罕见。"明方孝孺《送凌君入太学序》:"今之士不然,所习者未脱乎剽窃诵说之间,而充焉以为足。"是其证。

最后来说"春"。《汉语方言大词典》:"春:❸ <名>隐语。北京官话。北京:愣给一锭金,不给一句～(坚决不把隐语传给外人)。"③又"春典:<名>隐语。北京官话。北京:七春八典(各种隐语)。也作'春点'。"④《中国秘密语大辞典》"春"义项十三:"特指说秘密语。"⑤又"春典:指秘密语。"⑥连阔如《江湖丛谈》:"什么叫做'春点'呢?读书离不开字典、字汇、《辞源》等等书籍。江湖人不论是那行儿,先得学会了春点,然后才能够吃生意饭儿。……敝人曾听艺人老前辈说过:'能给十吊钱,不把艺术传。能给一锭金,不给一句春。'"⑦曲彦斌《中国秘语行话词典》:"春点:❶ 又作'春典'。

---

① 汉语大字典编辑委员会:《汉语大字典》(第二版),崇文书局、四川辞书出版2010年版,第4262页。
② 汉语大字典编辑委员会:《汉语大字典》(第二版),第4241页。
③ 许宝华、宫田一郎主编:《汉语方言大词典》,中华书1999年版,第3812页。
④ 许宝华、宫田一郎主编:《汉语方言大词典》,第3813页。
⑤ 陈琦主编:《中国秘密语大辞典》,汉语大词典出版社2002年版,第903页。
⑥ 陈琦主编:《中国秘密语大辞典》,第904页。
⑦ 连阔如著,贾建国、连丽如整理:《江湖丛谈》,中华书局2010年版,第1页。

清末民初江湖中人称诸行秘语或称隐语。"①"春"的这一意义似不独为北京或北方方言所独有，南方方言中也存在。清唐再丰《鹅幻汇编》卷二十《江湖通用切口摘要》："切口，即隐语也，名曰春点。"明凌濛初《二刻拍案惊奇》卷八："他看见是吾每的好友，自不敢轻，吾两人再递一个春与他，等他晓得大官人是在京调官的，衣冠一脉，一发注意了。"言再说一个隐语与他。也就是暗示语。明陆人龙《型世言》第五回："(耿直) 脚儿趄趄便往里边跨来，邓氏道：'哥不要啰唆！怕外厢有人瞧见。'这明明递春与耿直，道内没人。"言这明明给隐语与耿直。唐再丰为清元和即今之杭州人，陆人龙是明钱塘亦即今之杭州人，凌濛初为明浙江乌程即今浙江湖州人。《现代汉语词典》："隐语：名❶ 不把要说的意思明说出来，而借用别的话来表示，古代称作隐语，类似后世的谜语。❷ 黑话；暗语。"②"隐语"是"春"的能指义，而"暗语"、"谜语"等是其所指义。《红楼梦》"春"所指义当为"谜语"。

弄清楚"生"、"风"、"春"含义之后，再将其"代入"具体句中予以验看。"酒底要席上生风一样东西，或古诗、旧对、《四书》、《五经》成语"，从语法结构关系说，是相对于具体语境中不确指的主语"行酒令者"的谓语部分。在谓语部分，"酒底要席上"为动词谓语"生风"的状语——"酒底"表时间，"要"为助动，"席上"表处所范围；"东西"为动词谓语"生风"的宾语，"一样"为"东西"的定语；下文的"或古诗、旧对、《四书》《五经》成语"，从语义说，是"东西"的具体所指之注脚，从语法说，与"东西"为复指关系而构成同位成分，也就是说，"东西"与"古诗、旧对、《四书》《五经》成语"同是"生风"的宾语，亦即谓语"生风"涉及的对象。准此，将整个句子直译下来就是：(行酒令人) 酒底要以酒席上相关物品说一样东西——或古诗、旧对、《四书》《五经》成语。而下文"宝玉饮了门杯，便拈起一片梨来，说道：'雨打梨花深闭内'"之"说道"，正是上文"生风"确义的对应互释。

"只好室内生春"，从语法看，"生春"为动宾关系，"只好室内"是动词

---

① 曲彦斌主编：《中国秘语行话词典》，书目文献出版社1994年版，第131页。
② 中国社会科学院语言研究所词典编辑室：《现代汉语词典》，第1629页。

谓语"生"的状语——"只好"表条件限制,"室内"表处所范围。把句子直译下来就是:只能以室内相关物品出谜语。紧接的下文"若说到外头去,可太没头绪了"之"说",从语词对应关系看,实际上就是上文"生"的同义变说。如把该句承上隐省语义补出来就是:只能以室内相关物品说(出)谜语,若把谜语说到外头去,就太没头绪了。

总之,只有作如是解释,才能把字词义落在实处,使文意前后照应,通畅合宜,同时又才能将语法结构关系讲清楚,而其他各解则作不到这一点。

(本文原载《红楼梦学刊》2016年第6期)

从《敦煌变文集》"V+(X)+了"中的"V"看"了₁""了₂"的产生

岳秀文

现代汉语有两个"了",一个是动态助词(或称完成体助词),一个是语气词,一般分别写作了₁、了₂。对这两个"了"的来源的讨论一直是汉语史研究的热点,已经有了丰硕成果。关于了₁,王力[①]、太田辰夫[②]、赵金铭[③]、梅祖麟[④]、曹广顺[⑤]、刘坚等[⑥]、吴福祥[⑦]、蒋绍愚[⑧]等都做了深入而广泛的研究。关于了₂,刘勋宁[⑨]、石锓[⑩]、魏培泉[⑪]、蒋绍愚[⑫]等都有精到的论述。概括起来主要观点如下:了₁来源于表示"终了"义的动词"了",产生于晚唐五代,宋代广泛运用。关于"动+了+宾"的形成有两种观点,一是"前移说",动词"了"首先在"动+宾+了"格式里虚化,然后从宾语之后移到宾语之前;一是"添宾说",动词"了"首先在"动+了"里形态化,然后带上宾语。关于

[①] 王力:《汉语史稿》,科学出版社1958年版。
[②] [日] 太田辰夫著,蒋绍愚、徐昌华译:《中国语历史文法》,北京大学出版社1987年版。
[③] 赵金铭:《敦煌变文中所见的"了"和"着"》,《中国语文》1979年第1期。
[④] 梅祖麟:《现代汉语完成貌句式和词尾的来源》,《语言研究》1981年第1期;梅祖麟:《唐代、宋代共同语的语法和现代方言的语法》,《中国境内语言暨语言学》1994年第2期。
[⑤] 曹广顺:《〈祖堂集〉中的"底"(地)、"却"(了)、"着"》,《中国语文》1986年第3期;曹广顺:《近代汉语助词》,语文出版社1995年版;曹广顺:《试论汉语动态助词的形成过程》,《汉语史研究集刊》2000年第2期。
[⑥] 刘坚等著:《近代汉语虚词研究》,语文出版社1992年版。
[⑦] 吴福祥:《敦煌变文的近指代词》,《语文研究》1996年第3期;吴福祥:《重谈"动+了+宾"格式的来源和完成体助词"了"的产生》,《中国语文》1998年第6期。
[⑧] 蒋绍愚:《关于汉语史研究的几个问题》,《汉语史学报》2005年第0期。
[⑨] 刘勋宁:《现代汉语词尾"了"的来源》,《方言》1985年第2期。
[⑩] 石锓:《浅谈助词"了"的语法化过程中的几个问题》,《汉语史研究集刊》2000年第2期。
[⑪] 魏培泉:《〈祖堂集〉中的助词"了"——兼论现代汉语助词"了"的来源》,本书编辑小组编:《含章光化——戴琏璋先生七十哲诞论文集》,里仁书局2002年版。
[⑫] 蒋绍愚:《关于汉语史研究的几个问题》,《汉语史学报》2005年第0期。

了₁的认定也有不同的观点，一是在"动+了+宾"里的"了"已经是了₁了；一是只有在"动+补+了+宾"里的"了"才是真正意义上的了₁。虚化过程也有不同的看法，早期的研究认为"动+宾+了_{完成动词}"＞"动+了_{动态助词}+宾"，吴福祥①认为"动+宾+了_{完成动词}"＞"动+了_{动相补语}+宾""动+了_{动态助词}+宾"。关于了₂，了₁、了₂是同一来源；了₂产生在了₁之前。了₂的形成：一种认为是"了也"的合音；一种认为是承接句末语气词"也"，后来或者是"了也"的合并，或者是"也"字的脱落。近代汉语里的事态助词"了"与了₂还有一些区别，蒋绍愚②记作"了_S"。

《敦煌变文集》是近代汉语研究的重要资料，吴福祥③已经对它进行了全面研究，尤其是对动态助词的产生做了详细的描述，本文对《敦煌变文集》中"V+(X)+了(O)"中的"V"作全面考察，认为"V+了"格式里的V可以按照吴福祥④的分类，分成瞬间动词、状态动词、形容词、动补结构和一般过程动词。对于瞬间动词和一般过程动词，我们认为还应该分出及物与不及物，"V+了"首先在不及物的瞬间动词组合中虚化，甚至已经形成了"了₁"；"状态动词/形容词/动补结构+了"中有一部分位于句尾的"了"已经发展为"了_S"，有少数已经是"了₁"了；"V+O+了"中的"了"在自身虚化及相关语法现象影响的合力下，开始前移。前移的方式是扩散式，从V的角度找不出共同的语义特征。"了_S"在唐代已经产生，比"了₁"要早，它们都是从表"终了、完结"义的"了"发展而来。

一、《敦煌变文集》中的"V+(X)+了"

《敦煌变文集》中共有带"了"字的句子287例，除去"了首、了手、了

---

① 吴福祥：《重谈"动+了+宾"格式的来源和完成体助词"了"的产生》，《中国语文》1998年第6期。
② 蒋绍愚：《关于汉语史研究的几个问题》，《汉语史学报》2005年第0期。
③ 吴福祥：《敦煌变文的近指代词》，《语文研究》1996年第3期。
④ 吴福祥：《重谈"动+了+宾"格式的来源和完成体助词"了"的产生》，《中国语文》1998年第6期。

事、了道、了竟、了了、了绝、明了、了遽、了达、了悟、了知、不了"等不表"终了"意思和"了"是动词的句子,剩下179例,我们所说的"V+(X)+了"包括"V+O+了"、"V+了"、"V+了+O"和"V、了"间有副词四种情况。我们对这179个例句进行了考察,(一)其中用副词"已、未、不、既"等把"了"与前面的事件成分隔开的有60例,这些"了"都是动词"终了"的意思;(二)"S+了"的有20例,这些"了"也是"终了"的意思;(三)"V+O+了,小句"共14例;(四)"V+了"的共81例(包括一些状态动词、形容词和动补结构);(五)以前学者们认为是"V+了+O"的有4例。"V+O+了"、"V+了"中的V是我们考察的主要对象。下面选取部分例句:

(1) 子胥辞王以(已)了,便即征发天兵。(伍子胥变文)

(2) 二将斫营已了,却归汉朝。(汉将王陵变文)

(3) 地上筑境(坟)犹未了,泉下惟闻叫哭声。(王昭君变文)

(4) 书契既了,度与相公。(庐山远公话)

以上为(一)类例句;

(5) 事了回兵,自当死谢!(伍子胥变文)太子作偈已了,更积愁忧,叹息长嘘,泪珠流滴。(八相变一)

(6) 斋了到来寺门前,钵盂扑碎街头卧。(佛说阿弥陀经讲经文二)

以上为(二)类例句;

(7) 杀子胥了,越从吴贷粟四百万石。(伍子胥变文)

(8) 奉计当时闻法了,谁人领解唱将罗。(金刚般若波罗蜜经讲经文)

(9) 目连剃除须发了,将身便即入深山。(大目乾连冥间救母变文)

以上为(三)类例句;

(10) 言讫,使者到厅前拜了。(唐太宗入冥记)

(11) 崔子玉……命拜了。(第210页)

  一刹那间遍布了,圣力明知实甚深。(降魔变文)

(12) 天龙闻了称稀有,菩萨听时赞吉祥。(妙法莲华经讲经文三)

(13) 任伊铁作心肝,见了也须粉碎。(维摩诘经讲经文五)

(14) 上来说男既成长,须为婚姻了。(父母恩重经讲经文一)

(15) 此之经意只是说慈母十月怀胎三年乳哺,回干就湿,咽苦吐甘,乃至男女成长了。(父母恩重经讲经文一)

(16) 直待女男安健了,阿娘方始不忧愁。(父母恩重经讲经文一)

以上为(四)类例句;

(17) 唱喏走入,拜了起居,再拜走出。(唐太宗入冥记)

(18) 见了师兄便入来。(难陀出家缘起)

(19) 迷了菩提多谏断,悟时生死免轮回。(维摩诘经讲经文一)

(20) 吟断说了夫人及大王,两情相顾又回惶。(欢喜国王缘)

以上为(五)类例句。

二、对《敦煌变文集》中V的分析

我们重点分析的是(三)(四)(五)类例句中的动词,(三)类中的14个例句,可以分为两类,"作(此语了)、解(梦了)、杀(子胥了)、受(三规五戒了、戒了)、领(吾言了)、成(佛了)、剃除(须发了)、候(脉了)"为一类,它们所在句中的"了"字前移显得比较容易,因为这些句子可以由"V+O+了"转换成"V+了+O"而意思不发生变化;"呵责(死尸了)、劝(有相夫人了)、叹(佛了)、著过(王了)、闻(法了),揖(皇帝了)"为另一类,它们不能转换为"V+了+O"。

(四)类中所含的动词主要有"食(2)、祭(2)、过(1)、知(3)、辞(2)、完(1)、死(1)、偿(2)、饮(1)、斩(1)、拜(5)、呈(1)、喫(4)、看(1)、别(1)、添(1)、呷(1)、闻(2)、骋(1)、见(7)、悟(2)、书(1)、问(1)、来(1)、讲(1)、吹(1)、拜(3)、决(2)、哭(1)、去(1)、娉(1)、谢(1)、交(1)、多(1)、生(1)、作(1)、道(3)、闷(1)、铺(1)、探看(1)、消化(1)、商量(1)、分付(1)、总尉(1)、成长(5)、安健(1)、嗟叹(1)、转移(1)、欢喜(1)、长大(1)、遍布

(1)"。(每字后面的数字代表该字出现的次数。)吴福祥[1]对敦煌变文的研究中,共收得"V+了"的格式140例,并认为其中16例中的"了"应看作动态助词,该文给出了几条判定标准:(甲)瞬间动词+了;(乙)状态动词+了;(丙)形容词+了;(丁)动补结构+了;(丁)"V+了"的否定形式"未+V"。瞬间动词有"知、辞、死、去、别、见、谢";状态动词有"悟、闷、成长、欢喜、遍布";形容词有"安健";动补结构有"长大"等。还可以补充一例:

(21)这难陀在院内闷了不已,思量道:(第386页)

吴福祥[2]又否定了上述观点,认为这个时期的"V+了"中的"了"不是动态助词,而只是动相补语。我们认为吴先生的动词分类是有一定意义的,但是对状态动词、形容词、动补结构后面的"了",有一部分还是可以看作动态补语,而不一定都要经过动相补语的阶段。对于瞬间动词还有讨论的余地,如及物与不及物的区别以及动词在句中的位置的差别。不及物动词"死"与其他的瞬间动词如"辞"的性质就不一样。正如蒋绍愚[3]指出:"就'了'而言,当它在和动词、宾语共现的时候,如果被宾语隔开,不能紧贴动词,那就是动态补语;如果可以越过宾语而紧贴在动词后面,那就是动态助词。"以此来检验,"辞"既有"辞+了"格式也有"辞+宾+了"格式。如:

辞父娘了,入清(妻)房。(敦煌曲)

因此,认为"辞了"的"了"只是动态补语,还不是真正意义上的动态助词。但是对于"一人死了,何时再生?"(第180页)这样的句子,没有"死+宾+了"格式存在,我们无法确认到底是动态补语还是动态助词。对于上述动词,我们下文讨论"了1、了2"的产生的时候还要分析。

(五)类的4例中,我们认为只有例(18)是真正的"V+了+O"。蒋绍愚[4]剔除了例(19)(20),例(19)中"迷了"和"悟时"对仗,意为:若迷了,

---

[1] 吴福祥:《敦煌变文的近指代词》,《语文研究》1996年第3期。
[2] 吴福祥:《重谈"动+了+宾"格式的来源和完成体助词"了"的产生》,《中国语文》1998年第6期。
[3][4] 蒋绍愚:《关于汉语史研究的几个问题》,《汉语史学报》2005年第0期。

则菩提多谏断；若悟时，则生死免轮回。例(20)是指"说完后，夫人及大王两情相顾又回惶。"实际上例(17)也不能看成是"V+了+O"格式，"起居"是指"问候安否"的意思，"拜了起居"与"唱喏走进、再拜走出"是平行的句式，"起居"不可能是"拜了"的宾语。也就是说《敦煌变文集》中真正符合"V+了+O"中的动词只有"见"字一例。

三、"了₁"的产生

关于动态助词"了"的产生有两种主要观点：前移说和添宾说。曹广顺[①]认为"了"前移是因为受到完成貌助词"却"的影响，"动+却""动+却+宾"的格式的广泛运用使得虚化了的"了"从"动+宾+了"发展到"动+了+宾"。按照梅祖麟[②]的说法这是发生了"词汇替换"。曹广顺[③]对动态助词"了"，乃至汉语动态助词形成的规律做了有益的探讨。对"前移说"的理解，蒋绍愚[④]认为"前移"是指由于"了"的语法化程度的加深，当动词、宾语和"了"共现时，"了"由原来的宾语后的位置移到宾语前而紧靠动词。它不是指任何一个"V+了+O"都是从"V+O+了"来的。关于添宾说，主要有潘维桂、杨天戈[⑤]、孙锡信[⑥]、吴福祥[⑦]、李讷、石毓智[⑧]、张国宪[⑨]等文章，尤其是吴福祥[⑩]指出"了"首先在"V+了"格式里虚化为动相补语，进而形

[①] 曹广顺：《〈祖堂集〉中的"底"(地)、"却"(了)、"着"》，《中国语文》1986年第3期。
[②] 梅祖麟：《现代汉语完成貌句式和词尾的来源》，《语言研究》1981年第1期。
[③] 曹广顺：《近代汉语助词》，语文出版社1995年版；曹广顺：《试论汉语动态助词的形成过程》，《汉语史研究集刊》2000年第2期。
[④] 蒋绍愚：《关于汉语史研究的几个问题》，《汉语史学报》2005年第0期。
[⑤] 潘维桂、杨天戈：《〈敦煌变文集〉和〈景德传灯录〉中的"了"的用法》，本书编辑组编：《语言论集》(第一集)，中国人民大学出版社1980年版。
[⑥] 孙锡信：《汉语历史语法要略》，复旦大学出版社1992年版。
[⑦] 吴福祥：《敦煌变文的近指代词》，《语文研究》1996年第3期；吴福祥：《重谈"动+了+宾"格式的来源和完成体助词"了"的产生》，《中国语文》1998年第6期。
[⑧] 李讷、石毓智：《论汉语体标记诞生的机制》，《中国语文》1997年第2期。
[⑨] 张国宪：《现代汉语形容词的体及形态化历程》，《中国语文》1998年第6期。
[⑩] 吴福祥：《重谈"动+了+宾"格式的来源和完成体助词"了"的产生》，《中国语文》1998年第6期。

态化,再添上宾语"O",就形成了"V+了+O"。

我们认为,动态助词"了"的产生不应该是单一途径,其来源虽然只有一个,但具体产生的途径可以是多方向的,根据动词的类型不同而有不同的产生方式。对于不及物动词来说,它不可能有"V+O+了",如果是瞬间动词的Vi,那么在"Vi+了"中的"了"最容易虚化,尤其是在这样的句子中:

(22)一人死了,何时再生?(第180页)

(23)波吒莫叹死,去了却生来,合嗟伤。(第764页)

"死了""去了"中"了"已经可以看成是动态助词了。不是说所有"V+了"中的"了"都是先经历了一个动相补语的阶段,然后再加上宾语的。尤其是"死了+O"的句式,应该是很晚才有的。沈家煊[①]对"王冕死了父亲"这样的句子的形成,做了重新解释,认为这是一种"糅合造句":

a. 王冕的某物丢了　　b. 王冕丢了某物

x. 王冕的父亲死了　　y.　　—　　←xb 王冕死了父亲。

沈先生称之为"类推糅合"。这种"死了+O"中的"O"不是"死了"的真宾语,"死了"是一种很固定的组合方式,"了"对"死"的依附性非常强,因而这里的"了"已经是动态助词了。如果只有在"V+了+O"或"V+C+了+O"中的"了"才是动态助词的话,那么"死了"只有在"死了两头牛"之类的句子中才算得上真正的动态助词,那就未免太机械了。而实际上"了"首先是在"Vi+了"的格式中虚化的,所以吴福祥的意见用在"Vi$_{瞬间}$+了"的格式中是合适的。我们认为"了"在"Vi$_{瞬间}$+了"的格式中虚化带动了"Vt$_{瞬间}$+了"中"了"的虚化,乃至与一般过程动词组合的"了"也有虚化的可能。如:

(24)老母便与衣裳,串(穿)着身上,与食一盘吃了。(第133页)

(25)皇后上(尚)自贮颜,寡人饮了也莫端正。(第155页)

例(24)"吃了"在句末,表示一个动作的结束,例(25)"饮了"虽在句中,但

---

① 沈家煊:《"王冕死了父亲"的生成方式——兼论汉语"糅合"造句》,《中国语文》2006年第1期。

有明显的"也"字停顿,两例中"了"已有明显的虚化。另外,在状态动词、形容词、动补结构后面的"了",吴福祥认为"V+了"的状态动词只是表示一种状态的出现,它的语义特征排斥"完"义动词位于其后,"了"不可能是"完"义结果补语,而只是表示实现或完成的动相补语。林新平[①]对《祖堂集》中的"了"作了全面研究,认为如果"状态动词+了"中的"了"是充当"动相补语"的话,那么"状态动词1+了+状态动词2"结构中的"了"意义更为虚化,应该认为是动态助词。如:

(26) 蚁子在水中,绕转两三匝,困了浮在中心,死活不定。(张本《祖堂集》第121页)

这是因为"状态动词1+了+状态动词2"不仅表示状态的实现或持续,更重要的是它还表示状态的改变,两种状态之间有一定的联系,前一状态可能是后一状态的原因。实际上"状态动词1+了+状态动词2"可以蕴涵"状态动词1+(程度补语)+了+状态动词2"的格式,这样"了"就相当于"V+C+了+V"中的"了",因此这种格式里的"了"不是动相补语,而是动态助词。再如例(21)"闷了"后面已经有了结果补语,表示"未完结",说明"了"与"闷"结合得非常紧了,"闷了"表示"闷"这种状态的完成并持续,本句的"了"也已经是动态助词了。我们认为有些"瞬间动词+了"中的"了"可能是动相补语,但在"Vi瞬间+了"和少数"状态动词/形容词/动补结构+了"中的"了"高度虚化,已经是动态助词了,而部分位于句尾的"状态动词/形容词/动补结构+了"中的"了"则发展成事态助词"了s"了。

"前移说"最早由赵金铭[②]提出;梅祖麟[③]详细论证了"了"由"V+O+了"前移成"V+了+O"的过程和原因;曹广顺[④]则为"了"进入"V+了+O"格式找到了"V+却+O"这样的语法槽,由于词汇的替换,最终使得

---

① 林新年著:《〈祖堂集〉的动态助词研究》,上海三联书店2006年版。
② 赵金铭:《敦煌变文中所见的"了"和"着"》,《中国语文》1979年第1期。
③ 梅祖麟:《现代汉语完成貌句式和词尾的来源》,《语言研究》1981年第1期。
④ 曹广顺:《〈祖堂集〉中的"底"(地)、"却"(了)、"着"》,《中国语文》1986年第3期。

"V+了+O"的格式取得了主导地位。我们认为,一般的动词都有"V+O+了"和"V+了"两种格式,"了"之所以能够紧贴着动词而虚化为动态助词,与这两种格式中"了"的虚化都有关系,一方面"V+了"在"Vi_{瞬间}+了"的同化作用下开始虚化,正如吴福祥所说,可能经历了"V+了_{完成动词}"→"V+了_{完成补语}"→"V+了_{动相补语}"的过程;另一方面"V+O+了"中的"了"也在不断的虚化,从《敦煌变文集》可以看到,上面说到的(一)(二)类例子中的"了"动词性最强,(三)类例子中的"了"有的就开始有虚化的迹象;到例(18)就已经是动态助词了。但是吴福祥[①]认为"V+了+O"中的"了"还不是动态助词,而是动相补语,只有到了"V+C+了+O"中的"了"才是动态助词。蒋绍愚[②]则认为"V+C+了+O"中的"了"是动态助词,这一点当然没有问题,但是如果"V+了+O"中的"了"已经是紧贴着动词的依附性强的成分,就没有必要非要把"V+了+O"中的"了"与"V+却/取/得/将+O"中的"却、取、得、将"对等,一定要经历一个从"完成动词——动相补语——动态助词"的发展过程。尤其是在"V+了+O"和"V+了"同时存在的时候,两种格式里的"了"的性质是一致的,如:

见了师兄便入来。(敦煌变文·难陀出家缘起)

各盏待君下次句,见了抽身便却回。(同上)

两句中的"了"都是动态助词。有一点需要说明,我们搜索语料的时候却没有发现"见+O+了"的例句,这一点似乎与吴福祥先生的说法相合。"见"可能是个特例,"见"本身是个及物的瞬间动词,即使是从"见+了"虚化后添加宾语形成的"见+了+O",也应该是不及物的瞬间动词"死+了"中的"了"先发展为动态助词,这一点也证明了"死+了"中的"了"确实已经高度虚化了。但我们不能因此说其他的"V+了+O"都是添宾而形成的,"V+了"中"了"的虚化影响了"V+O+了"中的"了",虚化到一定程度,即"了s"出现后,在它的带动下,一部分"V+O+了"中的"了"就会前移。从

---

① 吴福祥:《重谈"动+了+宾"格式的来源和完成体助词"了"的产生》,《中国语文》1998年第6期。
② 蒋绍愚:《关于汉语史研究的几个问题》,《汉语史学报》2005年第0期。

前面（三）类例句可以看出，一部分的"V+O+了"可以转换为"V+了+O"，这一部分的动词没有统一的语义特征，因此我们认为"V+O+了"中的"了"的前移是一种扩散运动，是逐渐替换的过程。

四、"了$_2$"的产生

蒋绍愚[①]认为事态助词"了s"与现代汉语的"了$_2$"还有一段距离。在唐代"V+O+了"中"了"是对事件的陈述，既可以陈述简单事件，即单个动词，也可以陈述完整事件。前者发展为动态助词，后者发展为事态助词。曹广顺[②]据石毓智[③]研究，《祖堂集》中已经产生了"了s"，因而"了s"比"了$_1$"产生得要早。我们在《敦煌变文集》中也找到一些例子，如上面的例（14）（15），再如：

（27）上来总是第一，明成长教示了也。（第687页）

（28）一个个交出离苦源，人人尽登常乐了。（第687页）

从句法位置上来看，"了s"都是在整句的末尾，陈述一个事件。但是石毓智[④]发现近代汉语中"了$_2$"（即了s）有三种句法位置：全句末尾；复句中前一分句之后；紧缩句前半部分之后。下面各抄录一例：

（29）若是文殊、普贤，昨夜三更各打二十梆，趁出院了也。（《祖堂集》卷十六）

（30）东觑西觑了，便发去。（《祖堂集》卷十六）

（31）若以阴阳言，则他自是阴了又阳，阳了又阴。（《朱子语类》卷二）

关于现代汉语"了$_2$"来源，刘勋宁[⑤]认为源于"了也"的合音，"也"作

---

① 蒋绍愚：《关于汉语史研究的几个问题》，《汉语史学报》2005年第0期。
② 曹广顺著：《近代汉语助词》，语文出版社1995年版。
③④ 石毓智：《浅谈助词"了"的语法化过程中的几个问题》，《汉语史研究集刊》2000年第2期。
⑤ 刘勋宁：《现代汉语词尾"了"的来源》，《方言》1985年第2期。

为句尾语气词弱化而与"了"合成一个音节。魏培泉[①]认为"了₂"真正源头是上古的"矣","矣"发展为《祖堂集》里句末的"也",而《祖堂集》的助词"了"是"了₁","了₂"或是"了也"的合并,或是"也"的脱落后,再由"了"承接了"也"的功能。我们认为"了s"源于唐代的表示完整事件完成的"了"是没有问题的,从《敦煌变文集》和《祖堂集》的一些例子中可以得到证明,但是从"了s"如何发展为现代汉语的"了₂"还有待进一步的研究。有一点是可以肯定的,"了s"继续虚化的方向是"了₂",问题是与其他成分有无关系。语气词"也"在不同文体中衰落的情况不尽相同,在文言语体中一直保留,在唐代的白话文中已经衰落,它和"了₂"的继承关系到底有多大,还不敢确定。

我们认为,现代汉语动态助词"了"的形成是一种合力的结果,既有从"V+了"后添宾的,也有从"V+O+了"前移的,首先发生虚化的是在"Vi瞬间+了"的格式里;"V+O+了"中"了"的句法位置和自身的一些特点,也可能导致虚化,加上"Vi瞬间+了"的影响,特别是"却、取、得、将"等相关句法的牵动,使得动态助词"了"最终产生。"了s"和"了₁"的来源是同一的,这一点已经得到学界的一致认定,但是从"了s"到"了₂"的演变过程和"了s"的功能研究都有待深入,正如石毓智[②]所说"它(了₂,即我们所说的了s)的用法比谓态助词要复杂得多,我们暂时还没有办法弄清楚它"。

(本文原载《宁夏社会科学》2012年第3期)

---

① 魏培泉:《〈祖堂集〉中的助词"了"——兼论现代汉语助词"了"的来源》,本书编辑小组编:《含章光化——戴琏璋先生七十哲诞论文集》。
② 石毓智:《浅谈助词"了"的语法化过程中的几个问题》,《汉语史研究集刊》2000年第2期。

安徽安庆方言同音字汇

鲍　红

一、概　说

（一）安庆位于安徽省西南部，皖河与长江的交汇处，南濒长江，北靠大龙山。安庆市下辖8个县或县级市，但本文所说的安庆仅指市区，即大观、迎江、宜秀三个行政区和一个开发区，其中心位置在东经117.02度，北纬30.52度，面积821.2平方公里，人口72.7万人。

清初始设安徽省（以安庆和徽州两大城市的合称作为省名），安庆从乾隆二十五年（1760）起为安徽布政使驻地，民国为安徽省会至1938年，期间安庆一直是安徽的政治、文化中心。

安庆方言属于江淮淮官话。1987年《中国语言地图集》划归江淮官话洪巢片；孙宜志认为，根据安庆市区及其下辖的桐城和枞阳方言的语音特点，划归江淮官话黄孝片更合适。[①]

（二）本文记录的是安庆方言老派语音。老派和新派语音之间不尽相同：

1. 古遇摄臻摄合口三等字，安庆老派今读[ʅ]和[ʅn]，如：举＝主 tʂʅ˩、群＝唇 tʂʰʅn˩，安庆新派"举、群"的韵母分别读[y][yn]，"主、唇"分别读[u][uən]。

2. 遇山臻三摄一部分见组合口三等字，安庆老派读音与章组字相混，如：捐＝专 tʂon˩、卷＝转 tʂon˩、圈＝川 tʂʰon˩、劝＝串 tʂʰon˩、权＝船 tʂʰon˩、犬

[①] 孙宜志：《安庆三县市江淮官话的归属》，《方言》2006第1期，第184—185页。

=喘 tʂʰonꜜ(等号前为见组山合三,等号后为章组字),军=肫 tʂuen˥˩裙=唇 tʂʰuenˊ,训=顺 ʂuenꜜ(前字为见组臻合三,后字为章组字),举=主 tʂʅˇ,渠=除 tʂʰʅˊ,虚=书 ʂʅꜜ。这些字安庆新派的读音已经和普通话基本一致。

(三) 安庆方言声韵调系统

1. 声母22个,包括零声母在内,系统如下:

p   pʰ   m   f   t   tʰ   n   ts   tsʰ   s
tʂ tʂʰ ʂ   ʐ   tɕ tɕʰ ɕ   k   kʰ   ŋ   x   ȵ

说明:(1) 声母[n]在双/多音节词的后音节中有[l]的变体;又,与齐齿呼韵母相拼时,有舌面化倾向,接近[ȵ]。本文只记[n]。(2) [tʂ tʂʰ ʂ ʐ]和[ŋ]的调音部位较前。

2. 韵母39个

ʅ   ʅ   a   e   o   ɚ   ai   au   ei   əu   an   on   ən   oŋ
    i   ia ie io   iai iau iəu ian   ien in ioŋ
    u   ua ue uo   uai uei uan uon   uən uoŋ
    ʮ   ʮe   ʮen ʮn

另有几个只含叹词的鼻音自成音节未包括在韵母表中:呣 m̩ꜝ 噷 x̩mꜝ 嗯 ŋ̍ꜝ 哼 xŋꜝ。

3. 声调5个。

阴平[ꜜ]31   阳平[ˊ]35   上声[ꜜ]212   去声[˥˩]53   入声[ˉ]55

入声自成调类,不带塞音韵尾,唯入声字的元音略带紧化,即喉头和声带部位比发平上去声字要紧张一些,可能是早期入声喉塞韵尾消失后的语音遗留①。

(四) 几个音韵特点

1. 见系开口二等字白读多不腭化,文读则同普通话。如:家 kaꜜ(白),tɕiaꜜ(文)。

---

① 参看邢公畹:《安庆方言入声字的历史语音学研究》,载《邢公畹语言学论文集》,商务印书馆2000年版,第297页。

2. 古知照组字一般读[tʂ]组，而在韵图二等中今读开口呼的字中，①属于"内转"②的遇、止、流、臻、曾、深摄，以及梗摄中，知照组字并于精组，读[ts]组。这与江淮官话各地大致相同。

3. 流摄一等见系字今读齐齿呼韵母[iəu]，如：狗kiəu˩猴xiəu˧欧ŋiəu˩。

4. 遇摄端系字、庄组字多读[əu]韵母，与流摄端系字、庄组字相混。

二、安庆方言同音字汇

ɿ

ts[˩]资姿咨孜龇兹　[˧]子仔姊紫籽梓□量词：一~毛线　[˥]自字柿柿子

tsʰ[˩]疵刺火星喷冒差参差不齐眙看：过来~好东西　[˧]寺词祠瓷慈糍辞雌饲　[˥]此　[˥]次刺~刀赐伺

s[˩]私司丝思撕嘶斯厮鸶师狮似厕(白)茅~　[˧]死使驶始史　[˥]巳四似肆祀事士仕

ʅ

tʂ[˩]之芝支枝肢吱只知蜘栀臢食用油变质　[˧]止址趾芷只旨指~导纸　[˥]至志痣制致治窒痔智稚置　[˧]织汁职直植值殖侄质指~甲　[˥]稚幼~

tʂʰ[˩]痴□~倒：滑倒嗤　[˧]池匙迟治~鱼持　[˥]齿耻　[˥]赤斥翅　[˧]尺秩

ʂ[˩]施尸诗　[˧]时　[˥]矢屎始　[˥]示式市试世誓势视饰轼是适　[˧]石湿实拾室失食识什~锦糖果十释

ɻ[˧]日~历；晋词

i

p[˧]屄_女阴_ [˨]比彼鄙 [˥]蔽弊蓖避敝毙闭 [˩]笔鼻碧必逼毕壁辟匕滗壁

pʰ[˧]批披劈坯 [˦]皮疲_寒:疟疾_脾啤琵枇匹痹 [˨]痞痦 [˥]屁

m[˧]眯咪渳_一小口酒:喝一小口酒_泥_墙:糊墙_ [˦]迷谜猕 [˨]米 [˥]秘蜜密咪_唤猫声_

t[˧]低 [˨]底抵 [˥]地第帝弟娣递蒂屉 [˩]的_目_滴敌笛迪嫡扚_拽、拔:~毛|~耳朵_ [˦]地_慢慢~讲的你~;好~_

tʰ[˧]梯 [˦]提题蹄啼堤 [˨]体 [˥]替剃嚏 [˩]踢缔_系;绑:~鞋带《广韵》弄韵特计切:"结也"_

n[˦]泥尼离梨犁黎篱璃厘 [˨]你里理李礼鲤 [˥]腻例利丽莉厉励 [˩]力立历吏荔栗粒痢隶砾栎_树_笠沥率律泪_(白)眼~_拼《集韵》冯韵劣架切:"拼,去滓汁曰拼。"

tɕ[˧]鸡机肌饥讥叽基箕姬唧 [˨]几挤己纪_律_ [˥]记计纪技季寄纪姓技际剂寂忌继妓祭系_鞋带_ [˩]急既即积级及极汲激吉脊击圾迹绩辑籍集疾瘠鲫缉

tɕʰ[˧]妻期欺戚沏凄喊蹊栖 [˦]其齐脐骑棋奇祁脐旗芪祈麒鳍荠荸~ [˨]起岂启企乞取娶 [˥]去白器气汽契砌弃 [˩]七漆柒膝 [˦]气_洋气;土气;俗气_

ɕ[˧]西稀溪嘻熙希牺兮唏_大声喊叫_晳茜硒嬉 [˨]洗喜禧 [˥]戏系_联_细絮婿 [˩]吸席熄锡息惜习昔析晰悉媳犀蜥蟋

ȵ[˧]医依衣倚蚁咿挹 [˦]移姨咦遗疑颐宜 [˨]以已椅尾_狗~巴草_ [˥]亿艺意义忆疫毅议 [˩]一壹逸_~当:妥当_译易益_用处:这东西有么~_

u

p[˧]□_用嘴喷出气体或液体_ [˨]补捕 [˥]布怖步部埠伏_~鸡:孵小鸡_

pʰ[˧]铺_床_扑潽_液体沸腾溢出_□_泡沫_ [˦]仆葡菩莆_~萄_ [˨]普谱脯蒲_菖_ [˥]蹼 [˩]瀑匍_~着:趴着_

f[˧]夫~人肤敷腐~豆孵麸　[˦]浮扶俘符　[˨]府俯斧辅腐~败抚腑阜　[˥]副富负付妇驸傅姓　[˦]福幅辐蝠复服腹蝮覆芙附伏~击　[˥]傅师咐盼夫丈~袱包~负欺~

k[˧]姑孤辜咕菇估箍牯公牛　[˨]古股鼓　[˥]故顾固雇古囗用水、茶等激漱口；快速大口喝

k[˧]枯骷篮~个桶；打个~　[˦]葫~芦　[˨]苦　[˥]库裤　[˥]窟凶：小水坑哭酷

x[˧]呼乎糊模糊不清忽囗~他一巴掌：扇他一巴掌　[˦]湖胡糊糯蝴壶弧狐和~牌　[˨]虎浒浒~水囗~推搏　[˥]户互护沪瓠　[˥]糊~涂核桃子~儿

ŋ[˧]污乌巫诬呜钨囗灭：灯~掉着幠被~　[˦]无吴吾芜梧蜈　[˨]五午武伍舞捂鹉妩　[˥]误雾悟焐水~子；~手恶可~　[˥]物屋侮兀务

ɥ

n[˨]女　[˥]虑

tʂ[˧]朱珠猪诸株诛铢蛛侏居拘车象棋棋子　[˨]煮主拄嘱瞩举矩沮　[˥]住注驻祝柱蛀著据句具俱剧拒距巨惧炬锯飓　[˦]竹筑逐烛埕築塞满局聚菊桔橘

tʂʰ[˧]囗把某物用力塞给某人区趋驱躯岖　[˦]厨橱滁殊渠徐除　[˨]处~理鼠储趣　[˥]处到~　[˥]出触畜屈曲蛐~儿

ʂ[˧]书舒输枢淑虚须需嘘墟　[˥]树竖　[˨]属暑署蜀曙薯许　[˥]熟术述反复念叨叔赎恕庶墅塾

ɲ[˨]迕　[˦]鱼渔于余愉盂愚娱驴　[˨]雨语羽宇旅吕铝　[˥]遇玉喻芋浴预

a

p[˧]巴嘴~；粘贴芭疤粑扒~开；~家：顾家囗紧绷绷，不顺滑的感觉：脸~人　[˨]把靶囗~：小儿大便　[˥]坝霸罢欛柄　[˥]八爸拔捌囗傻、不懂事：这人真~　[˥]巴哑~吧

pʰ[˧]啪趴琶杷　[˦]爬扒~手耙　[˨]怕

m[˨]妈蟆　[˩]麻　[˨˩]马码玛蚂　[˧]骂　[˥]抹~灰；~牌

f[˨]发法罚伐筏阀

t[˨]哒　[˨˩]打　[˧]大　[˥]耷答达搭瘩耷沓□踏：脚~板凳上跶跶~倒：跌倒

tʰ[˨]他她它　[˥]塔踏塌哒错过：班车~掉着；掉：~一层皮跶~子：拖鞋揌抹：不要把墨水往墙上~[˦]遢邋~

n[˨]拉　[˥]拿　[˨˩]哪喇　[˧]那　[˥]纳捺用力按住辣蜡腊垃邋癞

ts[˥]砸杂咂

tsʰ[˥]擦

s[˨]撒~水洒　[˧]萨菩~　[˥]靸~鞋：拖鞋撒~气嗄声音嘶哑

tʂ[˨]查姓渣喳楂揸手~着老大地砟咵张口奓张开：头发~着　[˨˩]鲊~肉　[˧]绽衣服~着线炸榨诈栅乍抃这布只有一~宽偌~偿一偿齐：整整齐齐。　[˥]扎闸铡轧~钢札蚱　[˦]喳语气词，"着、啊"的合音：作业做好~？

tʂʰ[˨]叉杈差磋馇~猪食蹅踩；踏；~着一脚泥巴；胡乱走动　[˩]查茶搽察　[˧]岔　[˥]插查视察

ʂ[˨]沙纱砂痧裟鲨杉䊽母牛　[˨˩]傻　[˥]杀煞

k[˨]家(白)嘎　[˩]驾(白)翘手~脚嫁(白)~人　[˥]眨夹(白)肢窝尬尴

kʰ[˨]□暗中集攒：买菜总~点钱抲用手的虎口紧紧按住□粘：~锅　[˩]蛤蟆跨~门槛　[˨˩]卡[˧]跨~裆；裤裆　[˩]掐~菜：择菜容仅仅：~~就晴着一天；不多不少：~~一斤

ŋ[˨]鸦(白)老鸦：乌鸦丫(白)□黄~鱼　[˩]伢小~子：小孩子　[˨˩]偓：这人~着要命　[˧]轧被汽车~死着　[˥]鸭(白)□量词，一小块：一小~饼干

x[˨]虾(白)小毛~　[˨˩]下身份地位或等级低，品质差　[˧]下(白)~昼；~来；一~子　[˥]瞎

ɲ[˦]啊阿~婶

ia

p[˨]□拟声词

pʰ[˨]□~一个巴：打一耳光

t[˨˩]嗲

tɕ[˧]家₍文₎作~加稼佳傢　[˩]假贾　[˥]架驾~驶员嫁₍文₎陪~价　[˧]夹₍文₎~子甲

ɕ[˧]虾₍文₎龙虾吓~唬　[˩]霞　[˥]下₍文₎~班夏厦~门　[˧]辖峡侠狭

ȵ[˧]丫₍文₎鸦₍文₎　[˩]牙芽　[˥]哑　[˧]压押轧~棉花

ua

tʂ[31]抓　[213]爪

ʂ[213]耍　[55]刷

k[˧]瓜西~呱~叫　[˩]寡~妇;~手:空手;~饭:不吃菜或没菜吃饭　[˥]挂褂卦　[˧]刮括呱~~:聊天　[˩]瓜拉~:穿着不整洁

kʰ[˧]夸　[˩]垮侉剐铲:把锅~~　[˥]挎划刮;挂:手~了个口子;围巾~树上着[˧]胯跨~栏

x[˧]花□讨好,哄　[˩]华划~船　[˥]话画划计~化　[˧]滑猾

ȵ[˧]蛙哇剜　[˩]娃　[˥]瓦搲~米　[˥]搲拿;取:太高,~不到凹洼　[˧]挖袜腕刀

剜似地看人:眼睛~着

e

p[˧]北白百伯

pʰ[˧]拍柏~子:细篾棍儿

m[˧]默麦

t[˧]得不~地:不会的

tʰ[˧]特~别

ts[˧]摘

tsʰ[˧]册侧策测厕₍文₎~所拆

s[˧]色塞水瓶~子;堵~糁饭~子:饭粒

tʂ[˧]遮　[˩]者　[˥]这　[˧]折哲浙蔗

tʂʰ[˧]车名词;动词;转圈扯~水:从井里打水;抽搐　[˩]扯~布:买布　[˥]撤彻彻底;来不~:来不及掣~霍:闪电;敏捷

ʂ[˧]设舌摄折损耗;降:江水~着一点赊赦歙佘　[˩]蛇　[˥]舍~不得　[˥]射舍宿涉

ʐ[˩]惹　[˧]热

x[˧]囗~头~脑:莽撞,无分寸　[˥]吓~死着:吓死了 黑赫不~显:不怎么样 [˦]嘿

ie

p[˥]别憋鳖瘪

pʰ[˥]撇潎由液体表面舀取:~油　[˧]瞥用力折:把棍子~成两半

m[˥]灭蔑

t[˧]爹　[˥]跌~价叠碟谍蝶

tʰ[˥]铁贴帖

n[˧]捏用力拧扭:~毛巾 咧囗歪:~嘴　[˥]列裂猎烈劣捏手~子:手帕;~着 聂孽镍蹑镊

tɕ[˧]嗟叹词　[˧]姐　[˥]借　[˥]接节截结洁杰捷揭劫绝

tɕʰ[˧]且　[˥]箧歪斜:桌子有点~　[˥]切怯窃妾

ɕ[˧]些蝎　[˦]斜邪　[˧]写　[˥]谢卸泄　[˥]歇屑雪血薛

k[˧]擖~不动:拿不动　[˧]给　[˥]囗锯:把树~断　[˥]革隔格

kʰ[˧]囗勒　[˦]尅　[˥]克刻客咳

ŋ[˧]额呃打~囗性格倔

ɲ[˧]椰　[˦]爷　[˧]也野　[˥]夜　[˥]叶页腋噎谷~子:瘪谷子

ue

k[˥]国

x[˥]或

ɲ[˥]物~理

ɥe

tʂ[˥]决倔诀

tʂʰ[˦]茄瘸

ʂ[˧]靴

ɲ[˧]哕~人:欲呕吐的感觉 [˧]囗~嘴:小孩咧嘴要哭　[˥]月阅越

o

p[˧] 波菠玻卜萝~ [˨] 跛簸把沙子~掉 [˦] 簸戳~ [˩] 薄

pʰ[˧] 坡 [˩] 婆 [˨] 剖 [˦] 破 [˩] 泼瀑~布

m[˧] 摸动词;慢,拖拖拉拉 [˩] 磨魔膜摩摹模蘑馍谋 [˨] 母亩拇姆牡 [˦] 磨子□转动:把头~过来 [˩] 末莫墓

f[˦] 佛 [˨] 否

t[˧] 多哆 [˨] 躲 [˦] 剁跺惰堕舵□撰:把书~在一起 垛竖放:把盘子~着桌子高头 [˩] 涿量词:一~水 沰淋;~雨 裰缝纫 夺拯击

tʰ[˧] 拖 [˩] 驮驼鸵陀 [˨] 妥椭 [˦] 脱托

n[˧] 啰挐 [˩] 罗锣骡箩螺萝逻胭手指纹 [˨] 挘 [˦] 乐落~雨;~子:垃圾 烙洛骆挷用盐短时腌制蔬菜:~菜

ts[˧] 左佐 [˦] 做坐座 [˩] 作撮一~毛 昨嘬□调皮,不听话 □理睬:没事,哪个~你

tsʰ[˧] 撮~合 搓 [˩] 痤 [˨] 错措锉 [˦] 矬矮~~

s[˧] 梭睃眼珠灵活转动;斜视 [˨] 所锁琐 [˦] 索缩唆嗍

tʂ[˧] 啄 [˦] 着燃烧起来 桌捉镯拙

tʂʰ[˨] □挑拨;怂恿 [˦] 戳绰

ʂ[˦] 硕说(文)

ɻ[˦] 弱

k[˧] 锅歌哥过超过一定限度:饿~着 [˨] 果裹 [˦] 过~来;吃~着;产:~小猪;~麻子:出天花 个 [˩] 鸽割搁阁葛郭角□能~:老成,能干 [˦] 过~来~的

kʰ[˧] 科棵颗窠 [˨] 可 [˦] 课 [˩] 渴壳磕瞌扩廓揢敲;击

ŋ[˧] 阿~胶 [˩] 鹅蛾俄 [˨] 我 [˦] 饿 [˩] 恶~心

x[˧] 呵讨好;献媚 蠚~人:痒人 □与品行不好的人来往 [˩] 和~气;作连词用;~面 河荷禾□~子:名堂,如:多搞两个钱没有~子 [˦] 货获祸惹~贺 [˩] 合盒喝祸~害

ȵ[˧] 阿~弥陀佛 哦叹词

io

n[˥]箬虐疟□呼猪声略掠稍微剪短一点儿:把头毛~掉一点

tɕ[˥]脚嚼觉知~

tɕʰ[˥]雀确的~

ɕ[˥]学削

ɲ[˥]约乐音~岳钥药

uo

ɲ[˩]窝莴屙蜗涡　[˥]讹相差:~不少;怪罪;敲诈　[˥]卧~铺涴不干净;弄脏

ɚ

ɲ[˥]而儿　[˩]耳　[˥]二

ai

p[˩]摆　[˥]败拜稗

pʰ[˩]排牌　[˥]派

m[˥]埋　[˩]买　[˥]卖迈

t[˩]呆　[˩]逮歹　[˥]带代戴待袋贷怠黛

tʰ[˩]胎　[˥]抬~水;~头;衬托:这衣服~人台　[˥]太态~度泰汰　[˦]态富~

n[˩]奶~:祖母□强迫,逼:不吃鸡,别~给人家吃　[˥]来　[˩]奶牛~　[˥]耐奈赖癞

ts[˩]灾栽　[˩]宰载崽仔牛~裤　[˥]在再

tsʰ[˩]猜　[˥]才材财裁　[˩]踩睬采彩　[˥]蔡菜

s[˩]腮鳃　[˩]□~好:很好;老~的:老大的□揍:把他~一顿　[˥]赛

tʂ[˩]斋□语气词:快点来~!　[˥]寨债

tʂʰ[˩]差出~钗　[˥]柴豺

ʂ[˩]筛　[˥]晒

k[˩]该街湝 流湝:汗直~地　　[˨]改解 (白):把绳子~下来　　[˦]盖钙丐芥戒 (白):烟概 (文):概念

kʰ[˩]开　[˨]楷凯锴　[˦]概 (白)一概

ŋ[˩]哀挨~近唉~声叹气　[˨]挨~打癌 (文)文埃呆　[˨]矮　[˦]爱碍艾捱 拖延

x[˩]嗨　[˨]孩还鞋　[˨]海蟹~子:螃蟹　[˦]害亥~时

ȵ[˨]唉 叹词,表示叹息　[˨]哎 叹词,表示呼唤、应答、同意等

iai

tɕ[˩]阶 台~　[˨]解 (文):~放　[˦]介~绍界~线届换~戒 (文)猪八~械 机~

ȵ[˨]岩癌 (白)崖

uai

tʂ[˩]□ 胳膊脱臼或有残疾　[˨]□ 拿架子　[˦]拽

tʂʰ[˩]揣　[˦]踹

ʂ[˩]摔衰　[˨]甩　[˦]帅

k[˩]乖 听话,斯文;叹词:~,真怕人!　[˨]拐　[˦]怪

kʰ[˦]快块筷会~计

x[˨]怀淮槐踝　[˦]坏

ȵ[˩]歪　[˨]□ 摇晃不稳　[˦]外

ei

p[˩]杯背背包悲卑碑　[˦]背~心倍贝备被闭 (白):把灯~掉

pʰ[˩]胚呸　[˨]陪赔培　[˦]配佩

m[˩]□ "妈、哎"的合音:妈,我要喝水　[˨]煤酶霉玫眉梅媒莓　[˨]每美　[˦]妹昧

f[˩]非飞妃　[˨]肥　[˨]匪翡　[˦]费废肺痱□ 孩子顽皮好动:这伢子~得很

t[˩]堆　[˨]撑 抵消 说话冲、直,不会绕弯儿　[˦]队对兑

tʰ[˩]推梯~子　[˨]腿　[˦]退褪蜕

n[˩]勒□ 钻、急行:往前直~地　[˨]雷擂~头:抵头游戏;额头向外突出　[˨]馁累积~蕾儡

[ˋ]内累受~ 泪(文):~水

 ts[ˇ]嘴　[ˋ]最醉罪　[ˊ]贼

 tsʰ[ˇ]催摧动词; 水壶: 水~子; 用水壶烧:~壶水崔　[ˊ]随听任:~他去　[ˋ]脆翠　[ˊ]拆

 s[ˇ]□颓丧:~着　[ˊ]随~时隋　[ˇ]髓　[ˋ]岁碎穗隧

uei

 tʂ[ˇ]追锥椎蜇蜂子~人　[ˋ]坠缀赘

 tʂʰ[ˇ]吹炊　[ˊ]垂锤捶槌

 ʂ[ˊ]谁　[ˇ]水　[ˋ]睡税

 k[ˇ]归龟规闺硅　[ˇ]鬼轨诡　[ˋ]贵跪桂柜鳜~鱼

 kʰ[ˇ]亏盔窥　[ˊ]葵魁　[ˇ]傀　[ˋ]愧溃

 x[ˇ]灰挥恢辉徽　[ˊ]回茴蛔　[ˇ]毁悔　[ˋ]会绘汇惠慧贿卉彗烩

 ȵ[ˇ]威煨偎　[ˊ]为行~围危违唯维惟微桅　[ˇ]尾伪伟委韦纬苇　[ˋ]为作介词用; 特~: 特意位未喂胃谓味卫魏畏慰　[˧]为难~

au

 p[ˇ]包胞苞　[ˇ]饱保褒煲宝　[ˋ]抱报暴爆豹鲍□植物繁殖

 pʰ[ˇ]泡松: 被子~~的, 真舒服抛脬量词: 一~尿嘌吹牛, 不沉稳　[ˊ]刨袍狍　[ˇ]跑　[ˋ]炮泡鱼~; ~澡; 水~~

 m[ˇ]猫　[ˊ]毛牦矛茅锚髦　[ˇ]□遗漏卯点个~　[ˋ]冒帽貌茂贸

 t[ˇ]刀叨鲷小~鱼　[ˇ]倒~打岛捣导蹈祷　[ˋ]倒~水道盗稻

 tʰ[ˇ]掏涛滔　[ˊ]掏把汤舀到饭碗里逃桃陶淘洮~米萄　[ˇ]讨　[ˋ]套

 n[ˇ]孬唠捞　[ˊ]挠蛲□把东西一点点弄回家, 多贬义劳牢痨　[ˇ]脑恼老佬　[ˋ]闹涝髝毒害:~老鼠

 ts[ˇ]遭糟　[ˇ]早藻枣　[ˋ]燥躁噪造灶皂

 tsʰ[ˇ]操　[ˊ]曹槽嘈胃里难受: 糯米粑吃多着~人　[ˇ]草騲~狗　[ˋ]糙~蛋: 调皮、捣乱

 s[ˇ]搔骚臊　[ˇ]扫嫂　[ˋ]悚快

tʂ[˨]朝~气 招昭召钊　[˧˥]找沼　[˥˩]兆赵照诏罩□不~:不行

tʂʰ[˨]抄超钞焯□披被角　[˧˥]朝~廷 潮嘲　[˥˩]吵炒　[˥˩]□翻动:在菜碗里~

ʂ[˨]烧捎梢稍筲~箕　[˧˥]韶邵不太稳重,爱出风头　[˧˥]少~多~　[˥˩]少~年 哨绍邵姓

ʐ[˨]饶　[˧˥]扰绕玩~子:避实就虚,玩花样　[˧˥]绕

k[˨]高篙膏羔糕跤(白)跌着~ 茭~瓜:茭白 交~遍:洗两遍　[˧˥]搞稿搅打~:打扰　[˥˩]叫(白)~花子:乞丐 较(白)~秤 告觉(白)困~:睡觉 珓占卜用具

kʰ[˨]敲□挖苦:别~人　[˧˥]考烤　[˥˩]靠拷犒□~鱼:煎鱼

ŋ[˨]吆喊:七点~我起来　[˧˥]熬　[˧˥]咬袄　[˥˩]傲奥懊澳拗

x[˨]蒿薅　[˧˥]嚎壕毫豪　[˧˥]好~坏　[˥˩]好爱~耗号

iau

p[˨]标彪猋快跑;水急速喷出 膘熛火直~ 瀌雨雪急下,水急出 飚　[˧˥]表婊裱□"不、晓"的合音:这个事情我~得　[˥˩]摽挽着手、胳膊:他们~着膀子走路 鳔嫑"不要"的合音

pʰ[˨]飘漂~起来　[˧˥]瓢嫖□小孩欲哭未哭貌:小嘴一~~的　[˧˥]漂~白 瞟　[˥˩]漂~亮 票

m[˨]喵　[˧˥]描苗瞄　[˧˥]秒杪树~:树梢　[˥˩]庙妙缪姓□偷视

t[˨]叼刁雕碉貂凋　[˧˥]屌　[˥˩]吊调~动 钓

tʰ[˨]挑~水;~子:勺子　[˧˥]调~整 条笤　[˧˥]艞换~个场子 挑~拨　[˥˩]跳

n[˨]嬲风流;爱俏:小妹~得很　[˧˥]燎疗聊辽撩镣嫽戏弄　[˧˥]了~结 绕把毛线~起来 鸟
[˥˩]尿料撂□量词,长方形的小块

tɕ[˨]交胶郊狡教~书 焦蕉礁娇骄浇椒　[˧˥]较缴绞饺剿　[˥˩]教~师 叫校~对 酵□~油:用猪油炼油

tɕʰ[˨]锹悄撬　[˧˥]桥瞧乔侨荞挢因干燥而弯曲　[˧˥]巧　[˥˩]翘鞘窍缲~边

ɕ[˨]消销宵萧霄硝枵薄　[˧˥]涍　[˧˥]小晓　[˥˩]笑效校孝

ɲ[˨]妖腰邀要~求　[˧˥]摇窑谣姚　[˧˥]舀　[˥˩]要助动词 耀鹞鹞打~子:悬空或半悬空翻转身体

əu

t[˨]都篼树~:树根 兜　[˧˥]斗升~ 抖陡蚪堵赌睹肚　[˥˩]斗豆痘逗鲗拼凑 度渡

镀杜妒　[˥]读毒独督屚器物的底部殁刺;戳;捣碎

t[˧]偷　[˦]图涂途徒屠头投　[˨]土吐敨展开:~开包裹;清洗:~衣服　　[˥]透兔

[˥]突秃□脱榫:抽屉~着;脱落:毛线~掉着□食物快熟时再烧煮片刻:稀饭还~下子

n[˧]搂用力抠:~黄鳝　[˦]楼炉卢芦庐鲈奴　[˨]鲁卤篓搂~抱努　[˥]路露鹭漏陋　[˥]录鹿陆绿禄六怒□弄皱;折叠

ts[˧]租䒞　[˨]走组阻祖诅　[˥]奏揍皱　[˥]卒族足不~秤

tsʰ[˧]粗初　[˦]锄　[˨]楚础□等待:~机会再走　[˥]醋凑　[˥]促仓□脱白:手膀子~着

s[˧]搜艘嗖馊溲苏酥梳蔬疏　[˨]数动词　[˨]数名词瘦素嗽诉潄　[˥]俗塑宿肃速续

tʂ[˧]周洲州舟䌾招呼鸡吃食时发出的声音　[˨]□倔强帚肘扭拧:~干;~紧　[˥]宙昼咒纣

tʂʰ[˧]抽　[˦]稠绸愁仇酬筹　[˨]丑　[˥]臭

ʂ[˧]收　[˨]手首守　[˥]授兽售寿

ɻ[˦]柔揉　[˦]肉猪~;~头:不精明入收~辱侮~

iəu

t[˨]丢

n[˧]妞扭拧伤筋骨:~着腰溜　[˦]牛流硫留榴馏瘤镏刘　[˨]纽扭蠕动柳

tɕ[˧]究揪鬏纠　[˨]九酒久玖韭　[˥]就旧救舅柩瘢萎缩,起皱:烧~着

tɕʰ[˧]秋丘蚯鳅湫斜视煪熏:~蚊子　[˦]求球囚泅仇姓　[˥]就挨近,靠近:~着火盆边上

ɕ[˧]修休羞　[˦]□快速攀爬:小狗往身上~[˨]朽　[˥]锈绣袖秀嗅~觉

k[˧]勾沟钩鸠八~儿;八哥垢~肌;皮肤上的污垢　[˨]狗　[˥]够购构

kʰ[˧]抠眍　[˦]虬蜷曲,足不伸　[˨]□　[˥]扣寇叩

ŋ[˧]欧殴瓯　[˨]藕呕　[˥]沤怄

x[˧]猴鼦　[˦]喉猴侯　[˨]吼　[˥]后厚候

ɲ[˧]优忧幽悠　[˦]由油邮游　[˨]有友酉~时　[˥]又右佑幼釉　[˥]狱育教~

an

p[˥] 班斑扳颁邦帮梆　　[˩] 板版榜膀　　[˥˩] 办扮瓣棒磅镑傍蚌~壳

pʰ[˥] 攀乒　　[˩] 旁庞螃　　[˥˩] 盼绊襻胖

m[˩] 蛮忙芒盲茫氓□~槌：棒槌　　[˩] 莽蟒　　[˥˩] 慢蔓鳗

f[˥] 翻番帆幡方芳坊　　[˩] 繁烦矾房防妨　　[˩] 反返访仿纺舫　　[˥˩] 饭犯泛贩放疲~恶

t[˥] 单丹耽担~心当裆　　[˩] 胆掸挡档党□~水：用开水把蔬菜等焯一下。　　[˥˩] 但旦担扁~淡蛋弹~子氮当~上荡凼水坑

tʰ[˥] 贪滩摊瘫汤　　[˩] 坛文：天坛谈潭痰谭檀弹~簧唐糖塘搪堂棠　　[˩] 毯坦躺淌　　[˥˩] 叹探碳炭烫趟

n[˩] 曩饢主人硬要给客人添加饭菜：~饭齉发音不清：~鼻子　　[˥˩] 难~易男南兰栏篮蓝狼郎廊螂　　[˩] 攮~子：短而尖的小刀懒揽缆㴖用水稍微冲洗一下：~碗朗　　[˥˩] 难灾烂眼~衣裳浪

ts[˥] 脏赃　　[˩] 攒昝姓　　[˥˩] 暂赞葬藏

tsʰ[˥] 参餐鲹~子：鱼名仓舱苍　　[˩] 蚕残惭藏涎　　[˩] 惨　　[˥˩] 灿

s[˥] 三叁桑丧~事　　[˩] 伞散~漫嗓搡　　[˥˩] 散~会丧~命

tʂ[˥] 沾占~卜粘~贴□~刹张章樟蟑　　[˩] 展盏斩长~大涨掌　　[˥˩] 占~有站战栈蘸湛丈仗帐杖胀

tʂʰ[˥] 掺搀昌猖娼　　[˩] 缠馋长~短常尝偿肠常嫦　　[˩] 产铲厂敞场　　[˥˩] 畅唱

ʂ[˥] 山衫删珊煽膻伤赏　　[˩] □晃动：这椅子坐上去直~地　　[˩] 闪陕赏　　[˥˩] 善扇膳鳝蟮曲~:蚯蚓上尚绱~鞋底　　[˥˩] 裳衣~

ʐ[˩] 燃然瓤　　[˩] 染嚷壤　　[˥˩] 让

k[˥] 干~净肝竿矸甘柑疳搛~菜尴间~冈刚钢纲肛缸　　[˩] 赶感敢橄竿秆擀岗港讲(白)　　[˥˩] 干~部；精~：精神抖擞赣杠□某坚硬物体挤压身体某部位：枕头~人

kʰ[˥] 刊堪龛看照看：~家糠康□~毛儿：刘海儿　　[˩] 衔(白)糖果~在嘴里扛　　[˩] 砍坎槛侃　　[˥˩] □气味难闻：煤气~人~看~抗炕亢塽黄土塽：安庆地名(文献资料多写成"黄土坑"，音义不合)

ŋ[˥] 淹安鞍氨胺桉庵鹌豌~豆　　[˩] 严~实昂　　[˩] 眼~珠儿：眼睛、小洞　　[˥˩] 按岸

案暗晏~晚

x[˧]醅□喘粗气 憨鼾□开一道缝：门~着缝 [˥]含寒涵函韩邯行银~航杭咸绗~棉花 [˩]喊□嗲 [˨]汗汉旱焊憾巷苋~菜熯以少量油煎烤食物：~粑

ian

n[˧]娘量~尺寸良凉乘 粮梁粱 [˩]仰头~着两 [˨]酿亮晾(文)谅凉水烫，~下子量重~

tɕ[˧]江将~军姜僵疆缰浆 [˩]奖蒋膙食物没烧烂：肉烧~着 [˨]降~落伞酱像(白)长得~妈妈犟~脾气膙~嘴将中~

tɕʰ[˧]枪腔呛吃饭吃~着羌戗~水；两人说~着 [˥]墙蔷樯强凸~详祥降投~ [˩]抢强~词夺理 [˨]戗够~呛烟~人炝

ɕ[˧]乡香花~；亲吻：~一个 箱相~信厢湘镶 [˩]想响享饷 [˨]向相~片项像(文)画~橡

ȵ[˧]央秧殃鸯鞅□~着：累了，没精神 [˥]羊洋佯装~扬杨阳疡旸化：~冰雪溶化 [˩]养痒氧 [˨]样漾~人：腻人

uan

tʂ[˧]装妆

tʂʰ[˥]床橡

ʂ[˧]霜双~~鞋 [˩]爽 [˨]涮双~妹儿：双胞胎

k[˧]关光咣胱 [˩]惯习~：宠爱、受宠：这伢子太~势着观道~逛

kʰ[˧]筐框哐 [˥]狂□弯曲，弯曲的：头毛烫~着好看些 [˨]矿况眶掼摔：~碗~碎着

x[˧]慌荒 [˥]黄簧凰皇惶蝗磺潢隍还~本环 [˩]晃人一~就不见了谎恍 [˨]晃~动；散步 衁鸭~子：鸭血

ȵ[˧]弯湾汪枉 [˥]玩完顽王亡 [˩]晚网往 [˨]万望忘旺妄

ien

p[˧]鞭边编蝙~鱼 [˩]扁匾贬 [˨]变便遍辩辨辫

pʰ[˧˩]偏翩篇　[˧]便~宜　[˥]片骗

m[˧]棉名词;□受潮而变软:饼干~了绵眠□~秤:不足秤　[˧˩]免勉腼缅　[˥]面

t[˧˩]掂颠癫瘫白~风滇　[˧˩]点碘典　[˥]电店殿垫恬淀佃奠

tʰ[˧˩]天添　[˧]田填甜　[˧˩]舔恬~不知耻腆

n[˧˩]拈黏　[˧]年鲇严~格连联莲怜帘鲢廉镰敛　[˧˩]撵碾脸　[˥]念练炼链恋砚~台

tɕ[˧˩]尖艰监肩坚煎奸兼犍~猪　[˧˩]拣剪茧趼老~俭捡检减简　[˥]间~谍见件建健楗键腱荐贱践箭鉴剑

tɕʰ[˧˩]千牵迁纤扦竹~铅谦搴把衣服、袋子等弄整齐或张开:把米袋子~着　[˧]前钱钳乾潜虔泉全(白)拤拔取:~鸡毛　[˧˩]浅遣　[˥]欠歉

ɕ[˧˩]先仙鲜掀锨籼宣　[˧]衔(文)~接闲嫌贤舷旋~转　[˧˩]选显险藓癣　[˥]线县现~世:出洋相;没本事献陷馅限羡现~饭:剩饭□~前个:大前天旋转圈~头~昏着宪眩晕~喝点酒头就直~的

ɲ[˧˩]烟胭腌咽淹(文)　[˧]盐沿言炎研颜檐阎闫　[˧˩]演掩　[˥]厌宴堰验艳雁燕谚焰

ɥen

tɕ[˥]桊牛鼻~

ɕ[˧]弦玄悬

ɲ[˧˩]冤鸳渊　[˧]元员圆园原援猿源缘袁　[˧˩]远　[˥]怨院愿

on

p[˧˩]般搬　[˥]半拌伴

pʰ[˧˩]潘　[˧]盘名词;动词,玩弄:小鸡~死着　[˥]判叛

m[˧]瞒　[˧˩]满　[˥]漫水~出来

t[˧˩]端　[˧˩]断~奶短　[˥]段断锻缎煅毂

tʰ[˧]团搏把东西拢成堆桩或球状~坛白

n[˨]拦~住孪鸾~凤　[˩]暖卵　[˥]乱

ts[˨]钻名词簪~子　[˩]□鹅、鸭等用嘴咬人:鹅~人[˥]钻动词攥

tsʰ[˨]□跌跌撞撞的样子:跑着直~的佥~汤□~磕睡　[˥]蔌人死入殓后棺材不入土而置于地上三五年再下葬　[˥]蹿窜

s[˨]酸　[˥]算蒜

tʂ[˨]专砖捐鹃娟　[˩]转~身卷~起　[˥]转~圈赚撰篆传~记卷~子券

tʂʰ[˨]川穿圈　[˩]船橼权拳颧　[˨]喘犬　[˥]串劝

ʂ[˨]栓拴闩

ʐ[˨]软

k[˨]官棺倌冠鸡~子观~众　[˩]管馆　[˥]冠~军灌罐盥

kʰ[˨]宽　[˩]齃倒扣:把碗~着款

x[˨]欢獾~子　[˩]缓　[˥]幻唤患宦涣焕换痪

uon

ȵ[˨]丸完烷甲~　[˩]碗挽婉惋绾皖　[˥]腕

ən

p[˨]奔　[˩]本畚　[˥]笨

pʰ[˨]喷~气烹澎溅:~着一身水　[˥]盆彭膨

m[˨]蒙~袄褂子闷性格沉闷,不爱说话　[˩]门明(白)~朝:明天　[˥]焖闷胸~·[˩]们

f[˨]分芬纷盼　[˩]坟　[˩]粉　[˥]奋愤忿粪分本氛□某物太多,乱飞或乱跑:灰直~地;苍蝇直~地

t[˨]登蹲吨墩敦碴蹬镫马~子　[˩]等戥盹　[˥]邓凳瞪囤粮~炖盾遁顿燉~蛋:蒸鸡蛋

tʰ[˨]吞　[˩]屯囤存储豚藤誊腾□类似鹅的一种家禽　[˥]□气味难闻:~人　[˥]褪把袖子~下来

n[˨]□用手指捏搓:~线　[˩]能轮伦仑纶　[˩]冷　[˥]嫩愣论

ts[˅]争睁筝尊遵增罾曾~姓~ [˦]怎 [˧]挣~钱;~脱~赠憎

tsʰ[˅]村皴撑 [˦]存层曾~经~ [˧]村~讨人嫌~ [˥]寸衬蹭

s[˅]孙森生甥牲笙参~人~僧 [˦]笋损榫省 [˥]渗瘆~人

tʂ[˅]真针珍贞侦祯砧斟正~月~征蒸 [˦]疹枕整拯 [˥]阵镇震振赈圳朕正~确~证症郑政

tʂʰ[˅]称抻 [˦]尘臣辰晨沉陈成盛城诚程呈乘橙澄 [˧]惩逞 [˥]称~职~趁秤 [˩]磣~寒~

ʂ[˅]身伸深申绅呻珅声升 [˦]神什绳 [21]审婶沈 [˥]甚慎肾剩胜圣

ɻ[˅]扔 [˦]人~主~壬任姓仍仁 [˧]忍 [˥]任~务~刃纫韧认 [˩]人~上~:长辈

k[˅]今~(白)~年跟根更~五~耕羹 [˧]耿埂梗哽颈~脖子~粳~米~ [˥]□~大便时用力挣:自己~更~加~□~打~:打哆嗦~

kʰ[˅]坑泥~吭 [˧]肯啃恳垦 [˥]掯~低垂:头~着不说话~

ŋ[˅]恩 [˥]摁硬

x[˅]哼亨 [˦]恒衡 [˧]很狠 [˥]恨

in

p[˅]宾彬滨缤兵冰斌 [˧]丙饼柄炳~字辈~ [˥]殡鬓并病

pʰ[˅]拼姘乒 [˦]贫频平凭瓶屏萍苹坪评 [˧]品 [˥]聘

m[˦]民名明~显~鸣冥~钱~瞑瞑不~目~ [˧]敏闽抿悯 [˥]命 [˩]明~聪~

t[˅]丁叮盯钉名词疔程~床前横木~ [˧]顶鼎 [˥]订钉动词定

tʰ[˅]听厅 [˦]亭停庭廷婷蜓 [˧]挺艇

n[˅]拎 [˦]林临淋邻鳞琳磷麟零铃玲灵龄凌陵菱棱绫凝您宁柠咛泞狞 [˧]领岭 [˥]另令赁

tɕ[˅]今~(文)~斤金津筋巾襟禁~受得住:衣服~穿~京惊鲸精腈~肉:瘦肉~睛晶经痉茎泾 [˧]仅紧松~;~讲:老是讲~谨锦井颈~子~景警 [˥]尽进近劲禁~区~净竟静镜竞境敬径

tɕʰ[˅]亲~人~;家~侵轻清青倾蜻氢 [˦]琴勤秦芹禽擒寻~死:找死;自杀~情晴腈 [˧]寝请顷 [˥]庆 [˩]亲~父~

ɕ[˧]心芯新薪锌辛欣鑫星腥猩惺兴~奋　[˩]行~动形型刑巡~逻　[˧˩]醒省_反擤　[˥]性姓杏兴~高 信迅~速 焮_{微火焖：~饭}

ɲ[˧]因音阴荫殷姻英鹰蝇婴樱缨鹦　[˩]银寅营迎赢盈荧萤　[˧˩]引隐瘾饮_{动词；~汤：米汤}影　[˥]印应~该；~付 映　[˩˧]蝇苍~ 应答~

uən

k[˧˩]滚磙　[˥]棍

kʰ[˧]昆坤　[˧˩]捆　[˥]困~难；~觉：睡觉

x[˧]昏荤婚　[˩]魂馄浑_{污浊：~水} 横~行霸道　[˥]混

ɲ[˧]温瘟　[˧˩]稳　[˩]文蚊纹雯炆_{~蛋：茶叶蛋} 闻[˥]问

yn

tʂ[˧]准肫军君均菌

tʂʰ[˧]春椿□_{整齐；把衣服牵~着}　[˩]唇纯_单 鹑群裙唇　[˧˩]蠢

ʂ[˧]醺熏~鱼 [˩]纯_{顺：头毛特别~}　□_{熟悉；熟练：小狗养~着} 旬 中 寻_{(文)~人启事} 循~规蹈矩 [˩˧]顺瞬训汛训讯

ɲ[˧˩]晕~车　[˩]云匀　[˧˩]允　[˥]运韵孕酝熨

oŋ

p[˧˩]绷崩嘣　[˥]蹦迸蚌~埠 埲_{尘土飞扬}

pʰ[˧]嘭砰怦　[˩]朋棚鹏蓬_{头毛~着} 篷　[˧˩]捧　[˥]碰喷~香

m[˧˩]蒙_{覆盖；欺骗}　[˩]蒙~古；启 檬朦盟萌　[˧˩]猛懵朦_{腌菜、酱油等食物表面长的白色醭儿} [˥]梦孟

f[˧]风枫疯封丰蜂峰锋烽　[˩]逢缝~衣服 冯　[˧˩]讽　[˥]凤奉缝~条~棒

t[˧]东咚冬　[˧˩]董懂桐_{晃动；坐好着，别~}　[˥]动洞冻~鱼 栋

tʰ[˧]通嗵　[˩]同铜桐筒_{竹~子} 童　[˧˩]桶捅统□_{挪移；往里头~一点} 筒_{笔~}　[˥]痛

n[˧˩]□_{马马虎虎地做事；衣服~下子就算洗好着；凑合} 哝隆_{轰~}　[˩]农浓脓龙笼聋珑胧隆~重

[˩]拢垄垅 [ˈ]弄□物体软脆:豆腐太~;人太懦弱:这伢子太~

　　ts[˩]宗棕综踪鬃枞~阳 [˨]总 [ˈ]粽纵起皱纹:~眉头;衣服压~着

　　tsʰ[˩]匆葱聪囪 [˦]从丛崇

　　s[˩]松 [˨]耸上抬:肩膀老往上~;攃上提;上推:把伢子往上~ [ˈ]送宋颂诵讼□吸:~鼻子

　　tʂ[˩]中钟盅忠衷终 [˨]种~子肿肠 [ˈ]众中~奖种~树重~体

　　tʂʰ[˩]冲~动充 [˦]重~复 [˨]宠 [ˈ]冲~人

　　k[˩]工功公攻蚣躬宫恭供~应 [˨]拱巩汞 [ˈ]共供~品贡~进

　　kʰ[˩]空~虚 [˨]孔恐 [ˈ]空填~控

　　x[˩]轰烘哄~堂大笑揈赶走 [˦]红宏虹鸿 [˨]哄~骗 [ˈ]讧~内~哄起~嗅用鼻子闻、嗅

ioŋ

　　tɕʰ[˦]穷琼

　　ɕ[˩]胸凶兄 [˦]雄熊狗~;训斥:~他一顿

　　ɲ[˩]庸臃慵拥 [˦]容绒融溶熔荣蓉茸榕□浓稠:稀饭~得很 [˨]勇蛹永泳咏
[ˈ]用佣

uoŋ

　　ɲ[˩]翁嗡 [ˈ]瓮~声~气

安徽安庆方言"着"的虚词用法

鲍 红

安庆位于安徽省西南部,皖河与长江的交汇处,安庆城区东、北、西三面分别与枞阳、桐城、怀宁三县接壤。安庆方言属于江淮官话,除郊区语音和城区略有差别外,内部一致性较强。安庆方言中的"着"字十分活跃,使用频率极高,"着"作动词用时读作入声 [tṣo˥]①,与普通话动词"着"无太大差异,本文不讨论。"着"作虚词用时,读轻声 [tṣɔ˩],可分四种用法,本文分别称为"着$_1$、着$_2$、着$_3$、着$_4$"。此外,安庆方言的语气词"了"和"着$_4$"用法差异较大,呈互补分布,动态助词"过"能与"着"同现,也能与"着、了"同现。

一、介词"着$_1$"

安庆方言的"着"字可以紧跟在一个动词之后,连接一个处所宾语或一个受事宾语,构成"V+着+O"格式,"着"是介词,起引出处所宾语或受事宾语的作用。根据V的性质,"着$_1$"可分为下列两类:

(一)当V为能够产生"附着"状态的"垫、丢、塞"等单音节动词时,"着$_1$"的功能是引出放置物体的处所。如:

① 把毯子垫着底下,暖和些 把毯子垫在下面,暖和些。
② 那伢子总欢喜把落索丢着楼梯口 那孩子总爱把垃圾丢在楼梯口。
③ 家婆总把背褡子塞着老拐上 外婆总把背心塞在角落里。

---

① 安庆方言有5个声调:阴平 [˧˩] 31,阳平 [˧˥] 35,上声 [˨˩˧] 213,去声 [˥˧] 53,入声 [˥] 55。

(二) 当 V 为具有较强移动义的"跑、飞"等动词时,"着₁"的功能是引出动作使物体到达的处所。如 (当句子里有两个或多个"着"时,在要讨论的"着"字下加线,下同):

④ 一下班,他就跑着家里来着_{一下班,他就跑到家里来了。}
⑤ 你那个八句儿飞着么落里去着_{你那只八哥儿飞到哪里去了?}

二、动态助词"着₂"

"着₂"[tṣɐ˧]是动态助词,表示动作性状的实现或完成,也可以用在动词、形容词之后表示动作的完毕,还可以表示动作行为的进行或状态的持续。

(一)"着₂"表完成貌。附在动词、形容词之后表示动作完成或性状实现。如:

⑥ 昨个下昼儿,他伯伯到学校去着三次,都没有看到他_{昨天下午,他爸爸到学校去了三次,都没有看到他。}
⑦ 他困着两个钟头_{他睡了两个小时。}
⑧ 家婆烧着一桌菜,叫我们家去吃_{外婆烧了一桌菜,叫我们回家去吃。}
⑨ 累着一天,也该歇歇了。
⑩ 这裤子大着一点儿,下午到商场调_换去。

"着₂"可以表示动作将来完成或性状将来实现。例如:

⑪ 明朝放着假,你们要吆着一阵回来_{明天放了假,你们要约着一起回来。}
⑫ 候五月节边上桃子熟着再家去摘_{等到端午节前后,桃子熟了再回家去摘。}

(二)"着₂"表动作完毕貌。用在动词、形容词后面。如:

⑬ 开先_{以前},老张问我家借着十个挑子_{汤匙},一直没有还把我。
⑭ 去年冬天只冷着几天,我连棉袄都没有穿。
⑮ 毕业十几年了,我只见着她一次。

"着"的这种用法不很普遍,一般只出现在动作性较强的单音节动词如

"借、订"和表性状的单音节形容词如"冷、晴"等谓词之后,一般有时间词语作状语。安庆方言中,以上例句的"着"都可以换成"过"。目前,中老年人用"着"稍多点,青年人受普通话的影响大,用"过"更普遍。

（三）"着₂"表持续貌。表示某种动作正在进行、某种状态正在持续或某种动作完成后的状态正在存续,也可以表示某种动作行为的主从伴随状态。此与普通话同,例略。还可以表示祈使,命令或请求某人持续某种动作或某种状态,如"别又把棍,听着 别打岔,听着！/捉着 拿着！"还可以表示提醒、警告、劝阻等祈使义,如"莫跑,跌倒着！/对着电扇吹！感冒着！"这两句是用肯定的形式表达否定的意义,加上"小心"、"别"、"不要"等词意思不变,但一般不加。①

三、结构助词"着₃"

（一）"着₃"[tʂɤ]作为结构助词,用在动词、形容词和它们的补语之间,充当补语的标志。

1. 用在动词和它的程度补语或状态补语之间,如：

⑯ 这肉冻着梆硬的,么样烧 这肉冻得硬邦邦的,怎么烧?

⑰ 这饺子蒸着烂哆哆的,不好吃 这饺子蒸得太烂,不好吃。

⑱ 一上街,钱就花着一大夸拉 一上街,钱就花得太多。

2. 用在形容词和它的状态补语之间,如：

⑲ 小张热着大汗披流的 小张热得满身是汗。

⑳ 我冷着直打亘 我冷得直哆嗦。

㉑ 他抠着要命,一分钱都不舍得花 他小气得要命,一分钱都舍不得花。

"着₃"的使用受到音节数目的影响：一、充当谓语中心的动词、形容

---

① 普通话表祈使的"着"有三种形式："V着"、"V着点儿"、"A着点儿",如"拿着"、"好好学着点儿"、"步子大着点儿"。安庆方言中的"着"只有第一种形式,另外两种形式则分别作"VV"和"A点",如"好好学学/多跑跑"、"步子大点/手轻点"。

词以单音节为主。二、补语一般是多音节的,如果是单音节的,就不能用"着",而要用"得",例如:"奶奶没有事情做,就急着发慌/奶奶没有事情做,就急得慌。"只有"好"字例外,可以说"搞着好/考着好"。

(二) 可能补语前的结构助词不能用"着₃",只能用"得"。如:

㉒ 这小妹儿软肌肌_{软绵绵}的,箱子咯抬得动?
㉓ 这么大海呆_{满满}的一碗饭,咯吃得下去哟?
㉔ 老糊头面疙瘩现前个_{前天}的,咯吃得?

安庆方言中的"得"有时可以省略,如"我拿动,你拿不动吧/还有好多路,你走动啊"。

四、语气词"着₄"

"着₄"[tʂɔ˩]作语气词,用于句末或分句句尾,表示各种语气,并有成句作用,若去掉则不成句。近似普通话的"了₂"。

(一) 用在谓词性词语之后,表示陈述语气,肯定事态有了变化,出现了新情况。如:

㉕ 孬子来着,莫做声_{傻子来了,不要吱声}。
㉖ 现饭馊着,不能吃了_{剩饭馊了,不能吃了}。
㉗ 伢子大着,这下子好着_{孩子大了,这下好了}。
㉘ 跟朝早上一大早,母舅就急抓抓地跑来着_{今天一大早,舅舅就急慌慌地跑来了}。
㉙ 这么高的山,李爹爹都爬上去着_{这么高的山,李爷爷都爬上去了}。
㉚ 你来晏着,鲤拐儿早就卖完着_{你来迟了,鲤鱼就早卖完了}。
㉛ 这水翻开的,把大妈的手都烫红着_{这水滚烫的,把伯母的手都烫红了}。

例㉕—㉛中的"着"跟在动词、形容词或中补短语之后,表示动作性状的完成或实现,同时位于句末,也表示事态出现了变化,因此,既是动态助词又是语气词,与普通话语气词"了₁₊₂"的情形相仿。"着₄"表示陈述语气时一般不跟在动宾短语之后,但少数简单的动宾结构(即动词+名词)位于句尾时,可以后接"着",如"我吃饭着/变天着_天变了_,多穿点衣服/今天我买菜着",而且动词通常是单音节动词。这种用法不常用,更常见的用法是说"我吃着饭了/天变着/今天我买着菜"。

(二) 用于感叹句中,表示感叹语气,可以表达喜怒哀乐、厌烦惊讶等各种情绪。如:

㉜ 烦死着!

㉝ 太好着!

㉞ 真舒服!舒服透着_舒服极了_!

㉟ 完着!完着!又没考好!

一般用于形容词性词语之后,如例㉜至㉞,少数用于动词之后,如例㉟。

(三) 用在以"把"字句、"给/让"字句表示警告、提醒等语义的否定形式的祈使句中。如:

㊱ 莫把肉烧烂很着_不要把肉烧得太烂了_。

㊲ 莫把围颈搞掉着_不要把围巾弄掉了_。

㊳ 莫把菜一伙吃掉着_不要一个劲地把菜全吃掉了_。

㊴ 不要给同学看到着_不要让同学看到了_。

㊵ 莫让狗咬着_不要被狗咬了_。

五、"着"与"了"和"过"

(一) 安庆方言中也有一个表事态变化的语气词"了"[liau˧],相当于普通话的"了$_2$"(安庆方言中没有既表实现又表变化的"了$_{1+2}$")。这个"了"和"着$_4$"都位于句末,但使用中不能自由替换,大体呈互补分布。以下几种情况下都只用"了"不用"着"。

1. 表示陈述语气,肯定事态将有变化,前面常有"快、要、会、可以、就要"等副词或助动词时,用"了"(比较:"着$_4$"表示已出现变化)。如:

㊶ 快七点了|水要开了|就要家去了|可以烧锅_{烧饭}了。

2. 表示陈述语气,不但肯定而且强调事态出现了变化,动词一般带名词性宾语。如:

㊷ 起大风了|落雪_{下雪}了。

3. 或者宾语虽然没有限制,但动词要么是"喜欢、同意、晓得"等心理动词,要么动词前有"会、敢、能"等能愿动词作状语,这时句末用"了"不用"着"。如:

㊸ 他同意去了|他也喜欢上网了|大妈喜欢这只小狗了|儿子晓得发狠_{用功}了|我会开车了|他敢骑马了|这小妹儿_{小姑娘}能做事了。

4. 具有[+推移性]语义特征的名词性短语构成"NP+语气词"格式时,句尾语气词用"了"(比较:"着₄"前面总是谓词性词语)。如:

㊹ 大姑娘了|都高中生了|十二点了|老夫老妻了。

5. 当句中有表时量、物量的量词短语作宾语或表动量的量词短语作补语,并且动词后已有一个表完成的"着"时,句末用"了"不用"着"。如:

㊺ 这本书我看着三天了|你买着十几本书了(不能再买了)|跑着好几趟了(不想跑了)|他病着好多天了(还没好)。

6. 表示否定义时,或者用在祈使句中,要求听话人即刻做什么事或不做什么事时,句尾用"了"(比较:"着₄"只用于以"把"字句和"给/让"字句表否定的祈使句中)。如:

㊻ 不吃了|没有菜了|时候不早了|该困觉_{睡觉}了|别说话了|莫打了。

"了"不能表示感叹语气。读音上不同于普通话的"了₂",读[liau˧]。

(二)安庆方言中,句末有"着"的句子还可以再加上一个"了",如:

㊼ a. 他的病好着。　　　　　b. 他的病好着了。
㊽ a. 作业做好着。　　　　　b. 作业做好了着了。
㊾ a. 伢子困着[tsoʔ]着。　　b. 伢子困着着了。
㊿ a. 炉子点着[tsoʔ]着。　　b. 炉子点着着了。

各句的a与b句意基本一样,但有细微差别:a句在表示完成的同时,侧重于客观地肯定事态出现了变化，b 句则带有一定程度的主观性，表示完成的同时，着重强调事态出现了新变化。如例㊽"作业做好着"只是报告一种新情况的出现，"作业做好着了"则是强调一种新情况的出现或发生。从"着"的性质说，a 句的"着"是"着$_{2+4}$"，而 b 句的"着"却是表完成或实现的动态助词"着$_2$"。例㉕至㉛中，"着"后也可以加"了"，性质一样。b 句与例⑲⑳形式一样，但性质不完全一样。b 中"着"是表完成的"着$_2$"，例⑲⑳的"着"是表动作完毕义的"着$_2$"，例⑲⑳为了格外强调完毕义，以引起听话人注意，"了"要重读，读 [liau˧˩]，而 b 中"了"轻读，读 [liau˨]。

（三）安庆方言的"过 [koˀ]"、"着"、"了"可以同现，而且很常见。

1."过"、"着"同时出现在一个句子中。如：

㊾ 这本书我看过着。

㊿ 这个问题将才$_{刚才}$讨论过着。

㉛ 菜秧子$_{小白菜}$洗过着。

㊴ 都下昼晚上了，吃过着饭再走$_{已经傍晚了，吃了饭再走}$。

前三例中的"过"和"着"同时出现在句尾，其中"过"是表示动作完毕的动态助词，"着"既表完成又表语气，是"着$_{2+4}$"。后一例实质上一样，不过是出现于紧缩句。

2."过"、"着"、"了"同时出现在一个句子中。如：

㉟ 地板我拖过着了。（不用拖了）

㊱ 这个电影我看过着了。（不想看了）

㊲ 院子门爹爹锁过着了。（你不要再去锁）

㊳ 我吃过着了。（莫忙了）

㊴ 小两口已经登记过着了。（不用催了）

以上例句有一些共同之处：一、受事作主语，或者主语虽然是施事，但可以根据语境补充出一个受事充当全句的大主语，如例㊳可以在"我"前补出"早饭"或"晚饭"充当大主语，例㊴在"小两口"前补出"结婚证"作大主语。二、谓语动词都是动作性强的典型动词，如"拖、看、锁、吃、登记"等。

此外,例㊺至㊾还隐含着一个否定句,强调自己或听话人不必再做什么事。这说明"着、了、过"同现虽常用,但并不自由。

以上例句中,"过"是动态助词,重读,表示动作的完毕。"了"是强调事态变化的语气词,那么,例㊺至㊾中的"着"是语气词"着$_4$"还是动态助词"着$_2$"呢?笔者认为是表完成的"着$_2$"。这是两个动态助词"过"和"着"连用。这些句子中的"了"都可以去掉,意思不变(只是去掉"了",就不一定隐含一个否定句)与例㊶至㊴同。这时"着"位于句末,既是表完成的动态助词,又是语气词,即"着$_{2+4}$"。

(本文原载《方言》2007年第3期)

文字研究

《词语札记两题》辨正

刘敬林

读何山《词语札记两题》[①]（以下简称《两题》），觉得其中有两处文字有辨正的必要，现略陈管见如下，以就教于何先生和其他方家。

一、"'耶耶（爷爷）'作'祖称'的用法见于北魏"的说法似有疑义

《两题》之一"'耶耶（爷爷）'作'祖称'的用法见于北魏"一节文字，在简述学界目前有关"爷"用作祖称始于宋金间碑文的说法后，说："我们依靠新出土的碑刻材料，可以将'爷爷'作祖称的时代大大提前"到"北魏永安二年"。然而，细绎《两题》所立论的"新材料"，觉得其误解了"新材料"。

《两题》所说的"新材料"，指迻录于《书法丛刊》2005年第3期《近年所见北魏书迹二则》之《四耶耶骨棺盖墨书》所示"棺盖上墨书墓记7行"的如下文字（抄录于《两题》）：

> 明堂西南正是四耶耶骨。/
> 长男蒋公全，次男蒋公寿；/长孙蒋愿，次孙蒋润，/次孙蒋建喜，次孙蒋通喜，/次孙蒋通□。/
> 永安二年十一日。/

---

① 何山：《词语札记两题》，《中国语文》2009年第5期。

蒋润为三阆之孙。/

《两题》论证说:"从碑文'长孙蒋愿'、'次孙蒋润'等的称谓可以得知,'耶耶'当为祖称。再看墓记于作碑时间之后又补记'蒋润为三阆之孙','阆'通'郎',三郎应是四耶耶兄弟行中的第三位长兄,则'四耶耶'系祖父辈,'耶耶'表祖称无疑。碑刻作为出土新材料,原始保留着当时语言的实际使用状况,为'耶耶'这一称谓的断代研究提供了新的证据,将'耶耶(爷爷)'作"祖称'的用例提前到了北魏永安二年。"

其实,这个只看到"孙"而无视"男"的分析,是对碑文所表述的人物关系的误解。碑文"男"即儿子。《汉语大字典·田部》:"男:❷儿子。"书证引有《左传》、《汉书》、唐·杜甫《石壕吏》、清·黄遵宪《邻妇叹》四例。① 在我国传统丧葬习俗碑文人物关系的表述中,立碑文者与被立碑文者(碑主)之关系的称谓表述以最亲近的血缘为"主"者,且历来是有"男(儿)"不显"孙",也就是说碑文是以与碑主血缘最近且辈分年龄长老的儿辈口气撰写的,孙辈则为从者。具体到上引碑文,就是为"耶耶"立碑的应是他的两个儿子即"长男蒋公全""次男蒋公寿",余孙辈五人皆为从者。碑文人物关系的表述"耶耶",是儿子对父亲的称呼,而不是孙辈对"爷爷"的称谓。这与今天儿孙辈为亡父祖所立碑文近同:落款所述立碑人,一般是上栏自右向左以长幼为序竖排儿辈名字,下栏亦自右向左以长幼为序竖排孙辈名字(若碑主有重孙辈则分上中下三栏排版),但碑文主题"亡父讳××之墓"对应的只是儿辈。

此外,墓记所补记的"蒋润为三阆之孙"一语,亦能证明碑文"耶耶"是以儿辈的口气说的。"阆"确如《两题》所言,通"郎",而且三郎也确是"四耶耶兄弟行中的第三位长兄",但能称"四耶耶"的三兄为"三郎"者,则只能是"耶耶"的儿辈,而非孙辈。《汉语大词典·邑部》:"郎:❽北朝人子呼其父称郎。《魏书·节义传·汲固》:'宪(李宪)即为固长育至十余岁,恒呼

---

① 汉语大字典编辑委员会编纂:《汉语大字典》,崇文书局、四川辞书出版社2010年版,第2708页。

固夫妇为郎婆。'清顾炎武《日知录·郎》：'又按北朝人子呼其父,亦谓之郎。'"①《汉语大字典·邑部》"郎"义项❻释义、引例并同。②"蒋润为三阆之孙",言蒋润是(我)三爸的孙子。若将"耶耶"释作祖称与孙辈而非"男(儿)"辈对应,则对"阆"的称谓义难解。

可见,以此碑文而将"耶耶(爷爷)"的祖称用例提前到北魏的说法似不稳妥。

二、量词"边"的语源或是"絣"

《两题》之二"量词'要、幡、互、边'",对"要""幡""互"的讨论可从,但对"边"的看法有补说的必要。《两题》在列举晋《潘氏衣物券》量词"边"书证"故杂缯二边"后说："《说文·辵部》：'边,行垂崖也。'段玉裁注：'行于垂崖曰边,因而垂崖谓之边。'石券用于量丝织品,可能是由'崖边'之意而来,真正的量词语源待考。"

"待考"的治学态度值得肯定,但"石券用于量丝织品,可能是由'崖边'之意而来"的推测,则缺乏语言学上的理据。我们认为,用本义同布帛无关的"边"作丝织物品匹端量词,当是音近通假,其本字或是"絣"。《说文·糸部》："絣,氐人殊缕布也。"段玉裁注："殊缕布者,盖殊其缕色而相间织也。""絣"本指用杂色线织成的布。如果给这种织物品命以匹端量名,很自然应作"絣"。宋·周邦彦《如梦令·思情》词："尘满一絣文绣,泪湿领巾红皱。"明·楚石《怀净土诗》："风前鹦鹉琴三叠,水面芙蓉锦一絣。"此乃"絣"作丝绵布帛一段量词的明证。这个解释又可与用同为布帛量词的"纯"作同向比证。"纯"原指同一颜色的丝织品。《正字通·糸部》："纯,帛之粹者。"《汉书·五行志中之上》："服其身,则衣之纯。"颜师古注："一其色。"又用作匹端量词。凡丝绵布帛等织物一段为一"纯"。《战国策·秦策

---

① 罗竹风主编：《汉语大词典》(缩印本),汉语大词典出版社1997年版,第6179页。
② 汉语大字典编辑委员会编纂：《汉语大字典》,崇文书局、四川辞书出版社2010年版,第4019页。

一》:"锦绣千纯,白璧百双,黄金万溢。"鲍彪注:"四端曰纯。"《史记·张仪列传》:"乃以文绣千纯,妇女百人遗义渠君。"司马贞索隐:"凡丝绵布帛等一段为一纯。"《穆天子传》卷三:"乃执玄珪白璧,以见西王母。好献锦组百纯,□组三百纯。"郭璞注:"纯,匹端名也。"其中,最具有比较的是"一絣文绣""锦一絣"和"文绣千纯"。原本指同一颜色丝织品的"纯",用作物量词可泛指丝绵布帛等的一段,同理相推,本为杂色线所织成布的"絣",用作量词时自然也可泛指丝绵布帛等的一段。而从"边(絣)"在例句所指"杂缯(杂色丝线织成的丝织品)"看,当是表杂色线织成的布的名词初虚化为物量词的用法。

此外,从语音看,"边"古音帮纽元韵,"絣"帮纽耕韵,帮帮双声,耕元皆阳声韵旁转,有通假的语音条件。

总之,把"边"解作"絣"的通假字,既有语言学上的理据,又同文句密合。

(本文原载《中国语文》2015年第1期)

《说文》"法"与其古文"佥"及"乏"之形义关系辨

刘敬林

《说文解字》卷十"法"字古文佥,构形理据为何,《说文》学家一直没有令人信服的解释。近年来,古文字学者据发现的秦汉简帛和古玺"乏"字形,对佥提出了两种不同看法。一是黄锡全先生以古玺字为"乏"而将古玺佥字释为从宀乏声的形声字,进而认为佥为佥之讹。①持类似看法的还有何琳仪先生。②一是刘乐贤先生在他新近发表的《〈说文〉'法'字古文补释》(以下简作《补释》)中,以李学勤先生相关说法为据而进一步"补释"说:"《说文解字》所收法字古文实际上只是'法'的通假字,其本字当为'乏'。"③我们认为这两种说法都有商榷的余地。

黄先生释《说文》佥为佥之讹,是仅就字形近似而作的推论,若从汉字构形系统看,值得怀疑。在汉字中"宀"、"人"作为文字的构件,是两个不同"字素",从"宀"皆为屋舍字,若佥为从宀乏声的形声字,则须有字形的"造意"理据和屋舍"实义"为证,而从古玺佥和《说文》佥为"法"古文和帛书用例看,形义同屋舍字均无任何联系。而从"从人"构形系统看,字上作"人"则能得到"从人"字系统的承认(详下文)。《补释》不同意黄先生的解释是有道理的。但《补释》的说法,亦似不可靠。

《补释》先引李学勤先生语:"近些年发现的秦至汉初简帛有'乏'字,

---

① 黄锡全著:《汗简注释》,武汉大学出版社1990年版,第107页。
② 何琳仪著:《战国古文字典——战国文字声系》,中华书局1998年版,第1438页。
③ 刘乐贤:《〈说文〉"法"字古文补释》,中国古文字研究会、中山大学古文字研究所编:《古文字研究》(第二十四辑),中华书局2002年版,第465页。

其形和'法'字古文接近。'法'字古属叶部,缉、叶旁转,实例不少,或许其古文就是'乏'的通假字。"之后,《补释》写道:"李先生是在讲'乏'字的古韵分部时提到这一问题的,故没有进行字形方面的分析论证。下面,我们想引用马王堆帛书的几条材料为李先生说法略作补充。"接下来,《补释》在讨论了金与金同,金在帛书中当以音近读为"废",定与金、金相近,亦"应释'法'读'废'",和认定马王堆帛书整理小组将企释为"乏""最为合理"基础上,推论说,"现在看来,李学勤先生说企为《说文解字》法字古文金的意见十分精当,我们以前对此说没有予以重视是一明显疏忽。这里,不妨就此略作补充。试比较金、金、定、企,可以看出金、金比定中间多一横,定又比企中间多一横,字形的演变痕迹一目了然。既然金、金、定是法字古文,则企也应是法字古文。企可释为'乏',则金、金、定也应释为'乏'。也就是说,《说文解字》所收法字古文实际上只是'法'的通假字,其本字当为'乏'。"据我们的理解,李先生的"或许其古文就是'乏'的通假字",是说简帛文中所用之法的古文金是"乏"的通假字,也就是说简帛文借法之古文金作"乏"。而《补释》"《说文解字》所收法字古文实际上只是'法'的通假字,其本字当为'乏'"的结论,则与李先生说法不是一回事。

《补释》为了给自己的看法进一步提供支持,下文又推论金形与乏形的关系说:"乏字最早见于战国文字,作乏形。这种写法,与'乏'在隶书中的流行写法基本一致,都是在'止'的上部加一撇。这与本文所论金、金、定、企等形状的'乏'字是有明显区别的。我们推测,这两种不同的写法的'乏'字可能是流行于古代不同地域的两个系列。乏形一系因为被隶书沿袭,故易于辨认。金形一系以前只见于传抄古文,与'乏'的关系不易看出,只有结合马王堆帛书金、定、企等形,我们才知道它们也是'乏'字。值得注意的是,企形的'乏'与'企'字在形体上很难区分,容易造成混乱。大概是为了避免这一混乱,便在字的中间增加一横写作定形。但定又容易与'定'字相混,于是就在其中再增一横而写作金、金形。或许,这就是由 ⿱ 演变至 ⿳、⿳ 的大致过程。"①

其实,《补释》这个字形演变过程的"推测",完全是个人主观人为的次序安排,而不是文字形体先后发生的次序实事。⿱ 是马王堆帛书字,⿳ 是古文字。马王堆帛书字为汉人所写,而古文字是战国时代东方诸侯国的文字,后出的 ⿱ 怎会成为早有的 ⿳ 之增繁基础字呢?再说《补释》在"推测"中既未说明 ⿳、⿳ 的任何构形理据,也未探讨 ⿳ 之"字素""⿱"在字中的作用,故欠说服力。

我们认为,《说文》"法"与其古文 ⿳,从字形义角度看是异体关系,帛书用 ⿳ 作"乏",就是李学勤先生所说的 ⿳"是'乏'的通假字",而非《补释》所说的同词异字。要弄明白这些问题,只要弄清楚"乏"、⿳ 的形义就可以了。

先说"乏"字形义。《说文·正部》:"乏,《春秋传》曰:'反正为乏'。"段玉裁注:"此说字形,而义在其中矣。"徐灏笺:"乏盖本为不正之称。"皆认为正、乏在形义方面相反。《说文·正部》:"正,是也。"又"是,直也。"递训。《说文》所说"正"的本义为正直、不倾斜。而"反正"的"乏"之本义也就是倾斜、不平正。从"乏"的初文和"从乏"字看,《说文》的说法是确当的。

就目前掌握的材料看,殷周甲金文未见有"乏",现所见最早者为东周《中山王䁇壶》。而《中山王兆䁇域图》"乏""正"并存,其"正"作 ⿱ 形,"乏"作 ⿱ 形。审视字形便得构形之义,字的表义是以各自的表反义的反向字符互为参照物来进行的,"正"字上一平横,表平正无倾,而"反正"之"乏",则以字上倾斜一笔示不平正之意。以"乏"形"反正",表与"正"字义相对立。所以《金文编》卷二说:"以正字倾首为乏。"《说文》"乏"下段玉裁注:"《礼》受矢者曰正,拒矢者曰乏。"此正、乏义相对之明证。《尚书·洪范》:"无反无侧,王道正直。"《汉语大字典·又部》:"反:③与'正'相对。"《字汇·人部》:"侧,不正也。"又:"侧,倾也。""反""侧"与"正直"

---

① 刘乐贤:《〈说文〉"法"字古文补释》,中国古文字研究会、中山大学古文字研究所编:《古文字研究》(第二十四辑),第466页。

相对义反。"不正"盖徐灏所说的"乏"。此"正""乏"义反又一证。

"乏"之"不平"义还可取证于"从乏"之字。《说文·缶部》:"䍃,下平缶也。"段玉裁注:"下当不。字之误也。……以从乏之意求之,当是不平缶。反正为乏也。又以读若'曩'求之。曩与替双声,替者,一偏下也。"朱骏声《说文通训定声》径作"不平缶也。"又,贾谊《论积贮疏》:"残贼公行,莫之或止;大命将泛,莫之振救。"颜师古注:"字本作覂,此通用也。"《玉篇·西部》:"覂,《汉书》:'大命将覂。'谓覆也。"《广雅·释诂上》:"覂,弃也。"王念孙疏证:"覂,谓败弃之也。《汉书·武帝纪》云'泛驾之马',泛与覂通。《庄子·天地篇》'子往矣,无乏吾事',《释文》云'乏,废也。'乏与覂亦声近义同。""泛""覂"义皆为倾覆。其倾覆义亦当本于"乏"。

次说灋。《说文·廌部》:"灋,刑也。平正如水,从水;廌,所以触不直者,去之,从去。法,今文省。佱,古文。"对佱形义,《说文》未释,《说文》学家也一直认为其形体怪异而不能释。我们认为,正确理解佱字形体的关键在字上"△"。近年来,笔者运用时贤所倡汉字构形系统分析考字法①②,对《说文》"△"部字和见于他部《说文》明确指出为"从△"字、《说文》收有其字虽没有指出"从△"而实际同"△",以及他书一些与"△"相关字,如食、令、禽、雀崔(二形为一字)、念、佲𠇗㐫(皆"怨"之异体)、余、合、僉、俞龠(甲文时为同词异字)、今(曰的倒形)、舍等,进行了全面测查,系统比较,综合分析,得出"△"是人口字倒形之结论。刊于《励耘学刊》2006年第1辑的拙作《从"从△"字构形系统看〈说文〉"△"部字的形义》,对此有详论,此不赘。准此,则从口从正之佱的形义就有了令人可信的解释。言从口出,言不离口,故在汉字构形中,口言作字偏旁通用无别。③佱字上口即言之义,下"正"即"乏"之形反义对字,其常义即平正、不偏斜、合规范、合标准,也就是《说文》"法"下所云"平之如水"之意。口正者,言词平正也。言词平正即为佱。造字方法同"不正"为"歪","不

---

① 李运富:《楚国简帛文字丛考(一)》,《古汉语研究》1996年第3期。
② 李运富著:《楚国简帛文字构形系统研究》,岳麓书社1997年版。
③ 木言:《"言为心声"及其相关的古汉语现象》,《古汉语研究》1994年第1期,第94页。

好"为"孬","巧言"为"誓"等同途。金字的构形,是我国古代人们认为言词平正可为金的中庸观念在文字构形上的反映。

《礼记·中庸》:"是故君子动而世为天下道,行而世为天下法,言而世为天下则。"朱熹注:"动,兼言行而言;道兼法则而言。法,法度也。则,准则也。"君子的"中庸"言词为天下法则,这个观念反映在文字构形上,就成了言词平正就是金了。宋俞文豹《吹剑外录》:"今伊川、晦菴二先生,言为世法,行为世师,道非不弘,学非不粹,而动辄得咎,何也?"亦其例。《左传·成公十二年》:"今吾子之言,乱之道也,不可以为法。"言言词偏斜不能成为金。这是从否定角度讲的,换成肯定说法,即言词平正可为金。这个意思如通过文字构形来反映,不就是口正为金吗?

从《说文》可知,由"水"——"平正如水"、"廌"——"所以触不直者"、和"去"——"去之"构成的会意字"灋",同其古文"言词平正"之金,是造字者从不同角度用不同的"字素"材料,为表"平正"义的同一词造出的异体字。

弄清楚了"乏"、金的构形理据,对《补释》所谓的"'乏'字金、乏两系"构形关系也就明白了:二者根本不是同一字的不同写法。乏形就是《补释》所说的"乏"字,"止"上部的一撇,正表不平正之意,而金系即《补释》"金、金、宓、企是一字",皆为"言词平正"之金。同时《补释》的"金与企到底是什么关系?如是一字,那么孰正孰讹?如不是一字,又应如何解说"的困惑,也可得到合理解释:企即金,如同宓、企是金一样,当是不同书手对同一字的不同省写之字体。

我们同意《补释》"金、金、宓、企是一字"的看法,但不同意其"由企演变至宓至金、金"的过程推测(详上文)。从金的构形理据看,金、金是规范写法,宓是书手欠规范的省写(企也一样),而企则是在宓基础上的进一步省写。也可看作金、金是正体,宓、企、企是俗体。

最后,谈谈我们对有关帛书企的隶定看法。为便于讨论,请允许先将《补释》所引帛书《老子》甲本卷前古佚书《九主》、《明君》,和《刑德》甲本相关文字抄录如下:

礼数四则曰天纶,唯天不失企,四纶□则。

后曰:"天企何也?"

伊尹对曰:"天企无□,复(覆)生万物,生物不物,莫不以名,不可为二名。此天企也。"

后曰:"大矣才(哉)!大矣才(哉)!不失企。法则分明,何也?"

冣(聚)天下之良而独有之,故能企强。

天(夫)故迁天子之企臣、【诸】侯之君,天下之请□□□也,不得已于其有胜李(理)也。雨师发气,岁有米,至刑德不雨,岁企无实。

《补释》在论定《刑德》"岁企无实"释为"岁乏无实""最为合理"后说:"上引将企释为'乏'和'法'的两种说法并不矛盾。至于企在帛书《九主》和《明君》中的用法,应作具体分析。《九主》的'天企'、'不失企',整理小组将企释为'范',李学勤先生将企读作'法'。这两种读法都可以讲通,而且意思基本一致。按,乏、范、法三字古音相近,可以通假。至于《明君》的两个企,由于上下文义不是十分清楚,确切用法难以确定。整理小组将它们分别读为'氾'和'凡',似大致可从。"

我们认为,《补释》这个说法混淆了"字构"与"字用"的界线。整理古抄写文字,首先应根据字形作出隶定,既然大家都认为企与金是同字的不同写法,那么就应按"字形"将字隶定作金,即隶定为李学勤先生所说的"企读作'法'"。"范""法""都可以讲通,而且意思基本一致",只能表明是二字是同义词。"乏、范、法三字古音相近,可以通假"属"字用"范畴,都不是隶定"字形"的依据。《九主》"天企"、"不失企",当从李学勤先生说法作金,使所隶定字之形既与帛书字形一致,义又相合。《明君》"企强""企臣",也须按"字构"隶定为金,至于把金读作"氾"、"凡",那是"字用"范畴事,即金通"氾"、"凡"。《刑德》"岁企无实"也须隶定为"岁金无实",释作金通"乏",义为"荒"才妥。

(本文原载《古汉语研究》2011年第1期)

《本草纲目》"䤄"字音义

刘敬林

《本草纲目·草部·凤仙》："【集解】[时珍曰]凤仙人家多种之，极易生。……人采其肥茎汋䤄，以充莴笋。"刘衡如校点、人民卫生出版社1982年版《本草纲目》第1209页校曰："䤄：字书无，疑'挹'或'脆'之误。"今按"䤄"字，不仅《本草纲目》校点本问世前的"字书无"，就是后出的《汉语大字典》亦未收录。校点本为之出校是对的，但"挹"或"脆"于此义不可通，而"䤄"与"挹"、"脆"字形相去也较远，不易相混，恐非其误。

笔者以为"䤄"为"醃"的异体，今从共时平面看也可以说是"腌"异体。《集韵·业韵》："腌，《说文》：'渍肉也。'或从邑。"从邑之字即"䤄"。"奄"、"邑"作字声符通用无别，还有他字例。《广韵·狎韵》："鸭，水鸟。或作䳜。""䳜"又异作上下结构"䳜"，《玉篇·鸟部》："䳜"，同"鸭"。又"鸭，水鸟。鹌，古文。"《篇海类编·鸟兽类·鸟部》："鹌，古文鸭字。""䳜（䳜）"、"鹌"互为异体，"邑"、"奄"在字中均为声符，作用当近同无疑。《集韵·业韵》："鮷，鱼名。一曰河豚，一曰渍鱼也。或从邑。"从邑字即"䱉"。《集韵·业韵》："䱉，鱼名。"又"䱉，河豚。"《玉篇·鱼部》："䱉，盐渍鱼也。"《汉书·货殖传》："鲐鲍千钧。"唐颜师古注："鲍，今之䱉鱼也。"清王先谦补注："沈钦韩曰：《玉篇》：'䱉，盐渍鱼也。'鲍，渍鱼也。"从前人对"鮷""䱉"形义关系的说释，不难看出"鮷"、"䱉"也是一对异体字，声符"奄"、"邑"在字中作用亦完全相同。准此，则"䤄"、"醃"中的"邑"、"奄"亦必相同，"䤄"乃"醃"之异体似可肯定。

《说文·肉部》："腌，渍肉也。"清段玉裁注："肉谓之腌。""腌"为腌肉字。《集韵·严韵》："醃，渍藏物也。"清王念孙《广雅》疏证："醃之言淹，渍也。""醃"为泛指浸渍食物字。北魏贾思勰《齐民要术·作鱼鲊》引《食经》曰:"取鲤鱼二尺以上……盐二合,醃一宿"。宋陆游《晚兴》:"山童新斫朱藤杖,伧婢能醃白苣蒩。"《水浒全传》第四五回:"宰了牲口醃了罢。"皆其例。而"腌"在现代汉语里也演变为浸渍食物字。《现代汉语词典》把"醃"作为"腌"的异体。可见,今从共时平面看,"醃"、"腌"亦为异体关系。

再从《本草纲目》"汋醃"结构看,"醃"亦当解作腌渍字。"汋"用同"瀹",义即浸渍。《集韵·药韵》:"鬻,《说文》:'内肉及菜汤中薄出之。'通瀹、汋。"《尔雅·释天》"夏祭曰礿"晋郭璞注:"新菜可汋。"《汉书·郊祀志下》"东邻杀牛,不如西邻之瀹祭"唐颜师古注:"谓瀹煮新菜以祭。"《说文·水部》:"瀹,渍也。"《仪礼·既夕礼》"其实皆瀹"贾公彦疏:"黍稷皆淹而渍之。"准此,"汋"亦当有浸渍义,"汋醃"为同义连用。"人采其肥茎汋醃,以充蒝笋",言人们采择水仙的肥壮茎腌渍,用以充当蒝笋。非这样解释,不仅句子不可通,连"汋"字也不好讲。

综上所述,《本草纲目》中的"醃"字,当与"醃(腌)"音义同。

(本文原载《中国语文》2011年第3期)

《〈食疗本草〉译注》商补

李 明

由郑金生、张同君译注,上海古籍出版社2007年12月出版的《〈食疗本草〉译注》(下简作《译注》),存在着一些误校、误注、误译之处,这既影响了这部名著的整理质量,也影响了读者对该书内容的把握和使用。现不揣浅陋,商补于下,以求教于该书译注者及同好。

下文每条商补前所引物品名称及原文,均来自《译注》,后引"[注释]"为《译注》所设的注释文字,"[译文]"为《译注》用白话对原文的翻译,引文下另起段为笔者所议。

《石燕》:又,治法:取石燕二十枚,和五味炒令熟,以酒一斗,浸三日,即每夜卧时饮一两盏,随性多少也。甚能补益,能吃食,令人健力也。[注释]二十:底本作"二七",此据《大观本草》。①

此是以参校本改底本之例,然这个校改或是将正确的改成错误的了。李时珍《本草纲目·禽部·石燕》"主治"作"诜曰:治法:取石燕二七枚"。可见李时珍所引文亦为"二七"。而从石燕功能主要为"壮阳""添精补髓",和古人看病用药多与阴阳五行相关看,作"二七枚",或更合古人意。在古人眼中"三"是阳数,"九"亦为阳数,"二七"为"三""九"两个阳数相乘所得之数,亦为阳数。制作壮阳药,用阳数"二七",正与壮阳之"阳"一致。又《食疗本草》"吴茱萸"条:"又方,夫人冲冷风欲行房,阴缩不怒者,可取

---

① 〔唐〕孟诜原著,〔唐〕张鼎增补,郑金生、张同君译注:《〈食疗本草〉译注》,上海古籍出版社2007年版,第2页。

文字研究 159

二七粒,嚼之良久,咽下津液,并用唾涂玉茎头,即怒。"是可供比证。又,"七"因与"十"手写体形近而讹误为"十"的现象较常见。今仅举一例:敦煌卷子本《食疗本草》"莲子"条:"若雁腹中者,空腹服之七枚,身轻,能登高陟远。"《嘉祐本草》作"空腹服十枚"。是亦可供比证。

  《昆布》:下气,久服瘦人。无此疾者,不可食。海岛之人爱食,为无好菜,只食此物。服久,病亦不生,遂传说其功于北人。北人食之,病皆生,是水土不宜尔。[译文]下气,长期食用使人体瘦。没有(阳痿、疝气之类)疾病的人,不可食用。①

从译文与原文对应关系看,原文中的"此"被翻作"阳痿、疝气之类"了。但这个"阳痿、疝气"是从哪里来的?从"昆布"整条文字是看不出来的。其实,这个"此"字乃承前而指代需"下气"之疾者。"无此疾者",即无需"下气"的病人。"下气"为中医治法名称。中医所说的气泛指人体脏器组织的机能,不同的脏器的气走向不一,有的宜升,有的宜降。该向下运动的气不下降反而上升,就会出现病症。如胃气宜降,如上升就会出现气滞腹涨,结气作痛等。治疗此病的常法就是"下气"。准此,译文中的"疝气"当是气滞之疾,治疗当用下气之药。而"阳痿"在中医学多认为是由精气亏耗,肾阳虚衰所致,治宜补益肾气,如再"下气",何益于病?《本草纲目·草部·昆布》"主治"下所列病有:十二种水肿,瘿瘤聚结气,瘘疮,破积聚,治阴肿,利水道,去面肿,治恶疮、鼠瘘等。所治都是气滞或因气滞造成之病,而无治"阳痿"一说。可见,译文"阳痿"一语未安。

  《栗子》:谨按:宜日中暴干,食即下气、补益。不尔犹有木气,不

---

① 〔唐〕孟诜原著,〔唐〕张鼎增补,郑金生、张同君译注:《〈食疗本草〉译注》,第17页。

补益。就中吴栗大，无味，不如北栗也。［译文］谨按：最好在太阳底下曝晒栗子，使其干燥。(这样的栗子)食用后就会有顺气、补益作用。否则，(栗子还会)带有栗木的气味，没有补益作用。现在吴地的栗子虽大，但没什么味道，不如北方所产的栗子。①

按：从译文与原文对应关系看，"就中"被翻作"现在"了，然这个翻译与文理不可通。从文意看，是拿"吴栗"与"北栗"作不同地域物品生长之不同的对比，而非是作时间上的古今比较，怎会是"现在"呢？其实，"就中"当解作"其中"。唐杜甫《丽人行》："就中云幕椒房亲，赐名大国虢与秦。"言其中云幕椒房亲。元曾瑞《留鞋记》楔子："人都道我落第无颜，羞归乡里，那知就中自有缘故。"言哪知其中自有缘故。郭沫若《苏联游记》："东方古典文学家安得力夫报告，指示了各种古文书，就中有蒙古的资料。"言其中就有蒙古的资料。《食疗本草》"就中"即"其中"，也就是那里面，指产栗子的地方。

《覆盆子》：平：右主益气轻身，令人发不白。其味甜、酸。五月麦田中得者良。采其子于烈日中晒之，若天雨即烂，不堪收也。江东十月有悬钩子，稍小，异形。气味一同。然北地无悬钩子，南方无覆盆子，盖土地殊也。虽两种则不是两种之物，其功用亦相似。［注释］然北……殊也：本条卷子本所载语义不明。今参《嘉祐本草》所引"是土地有先后，非两种物也"，加入括号中文。［译文］江东一带十月间出产一种悬钩子果实，(与覆盆子相比)个儿稍小，形状也不相同，但气味完全相同。不过北方不产悬钩子，而南方又没有覆盆子。这是因为地区的不同，(果实成熟有前有后)的缘故。虽然悬钩子、覆盆子是两个不同的名字，它们实际上也是两种不同的植物。但功用也很相似。②

---

① 〔唐〕孟诜原著，〔唐〕张鼎增补，郑金生、张同君译注：《〈食疗本草〉译注》，第55页。
② 〔唐〕孟诜原著，〔唐〕张鼎增补，郑金生、张同君译注：《〈食疗本草〉译注》，第56页。

首先要说的问题是，[注释]"本条卷子本所载语义不明"的说法，是未从全条文字着眼的误说。上文"五月麦田中得者良"，说的就是北方的"覆盆子"，因为麦多生长于北方，此是以"麦田"曲折地表示北方；下文"江东十月有悬钩子"，说的是南方的悬钩子。其后的"然北……殊也"一语，正是承上文"五月麦田中得者良"、"江东十月有悬钩子"而言南北土地之"殊"的，语义哪有"不明"之处呢？其次，将"虽两种则不是两种之物，其功用亦相似"译作："虽然悬钩子、覆盆子是两个不同的名字，它们实际上也是两种不同的植物。但功用也很相似"，是对原文误解之译。"虽两种则不是两种之物"之"则"，为转折连词"却"，把原文直译下来就是：虽然（悬钩子、覆盆子是）两个不同的名称，却不是两种不同的植物。而不是[译文]所译的"它们实际上也是两种不同的植物"。如果《食疗本草》作者认为二者不同，怎会把"悬钩子"归在"覆盆子"条呢？

最后附带说说原文与译文标点之对应关系问题。一般说来，原文的标点是"主"，译文的标点是"客"。对原文如何进行标点，是由对原文的理解决定的，译文一般应从原文。但从上引译文与原文看，差距却甚大（这种现象在整部书中较普遍）。而这种情况的存在，除表明注译者对原、译文把握不到位外，也易给读者带来理解上的困惑。当标点符号已成书面语言不可分割的有机体后，更是如此。

《樝子》：平。右多食损齿及损筋。唯治霍乱转筋，煮汁饮之。与木瓜功相似，而小者不如也。昔孔安国不识，而谓之不藏。[注释]不藏：《说文解字》郑注："樝，梨之不藏者"；"藏"，善也。①

释"藏"作"善"，是。但"不藏：《说文解字》郑注：'樝，梨之不藏者'"的说法，则为不明《说文解字注》体例而大误。

---

① 〔唐〕孟诜原著，〔唐〕张鼎增补，郑金生、张同君译注：《〈食疗本草〉译注》，第61页。

"梨之不藏者"一语，本是郑玄为《礼记·内则》"柤（"樝"的异体字）"作的注解①，清人段玉裁在他的《说文解字注》"樝"下引郑注曰："《内则》：'柤梨注曰：柤，梨之不藏者。'"②译注者由于不明《说文解字注》体例，误将段玉裁为注《说文解字》"樝"而引的《内则》郑注语径作为郑玄为《说文解字》"樝"所出的注语。

　　《樝子》：平。右多食损齿及损筋。唯治霍乱转筋，煮汁饮之。与木瓜功相似，而小者不如也。昔孔安国不识，而谓之不藏，今验其形小，况相似。江南将为果子，顿食之。其酸涩也，亦无所益。俗呼为樝梨也。
　　［注释］顿食之：于义不通。考此段文《嘉祐本草》略引作："江外常为果食"，故疑卷子本"顿食之"原为"顿顿食之"，传抄时有漏字。今据《嘉祐本草》所引。③

说卷子本"顿食之"于义不通，而疑是"'顿顿食之'传抄时有漏字"所致，是误解"顿"义而误"疑"。其实，"顿食之"于义甚通，只是译注者不明"顿"义而无法讲通；而"顿顿食之"则与原文不合。"顿顿"者，每顿也。"樝子"条明明说"其酸涩""无所益"，既然如此，谁还会经常食用它呢？此"顿"不是名量用于饭的餐数词，亦非用于吃饭的动量词，而是"贮藏"。《正字通》："顿，贮也。"《三国志·魏志·高句丽传》："女父母乃听使就小屋中宿，傍顿钱帛，至生子已长大，乃将妇归家。"言傍贮钱帛。明马欢《瀛涯胜览·满剌加国》："盖造库藏仓廒，一应钱粮顿在其内。"言全部钱粮贮藏在其内。"顿食之"，言贮藏下来食它。《汉语大字典》："樝：果木名，即山楂，后作'楂'。"我们知道山楂之为物，其特点是酸涩，而刚从树上收下的不仅酸涩，且果质也较硬。如果要食用，最好是贮藏下来存放一段时间（北方作糖葫芦

---

① 〔清〕阮元校刻：《十三经注疏》，中华书局1980年版，第1464页。
② 〔汉〕许慎撰，〔清〕段玉裁注：《说文解字注》，上海古籍出版社1981年版，第238页。
③ 〔唐〕孟诜原著，〔唐〕张鼎增补，郑金生、张同君译注：《〈食疗本草〉译注》，第61页。

文字研究　163

的,有将其贮藏至次年春的),待其绵软时酸度就会有所下降,涩度则几近于无,食之才佳。"江南将为果子,顿食之",翻成白话就是:江南人把(樝子)作为果品,贮藏起来食用它。

《芋》:又,煮生芋汁,可洗垢腻衣,能洁白(如玉)。[注释]如玉:卷子本脱,据《嘉祐本草》补。①

按:以《嘉祐本草》补"如玉"二字,不仅于义无补,反有蛇足之嫌。"洁白"即干净。原文是说煮的生芋汁液,可以洗除衣服上的污垢油腻,能使(衣服)干净。意足。如说成洗后的衣服干净得像玉石一样,不符合汉语习惯说法。

《樱桃》:又云,此名"樱",非桃也。不可多食,令人发闇风。[注释]闇风:闇指目不明,然闇风似指另一种疾病。本书"梨"条有"卒闇风,失音不语者",可知不是以目不明为主症的病症,疑即"喑俳",因肾虚气夺,舌不能语,足不能行。闇与喑字形相近。②

说"闇风"为"舌不能语"病,是。但说"闇风"即"喑俳"则误。至于本条注释在讨论病名本字及本字与借字字际关系等方面,则更有可商之处。先说字际关系:一是"闇指目不明"的说法恐无据。《说文·门部》:"闇,闭门也。从门,音声。"钱坫斠诠:"今掩门字如此。"若"闇"确有如译注者所说有"指目不明"的用法,从造字理据而言,那也不是本字本用,而只是借用。所以,"闇指目不明"的说法,似不成立。二是所引"本书'梨'条有'卒闇风,失音不语者'"的说法粗疏。因为,本书第75页"梨"条作"卒暗风,失音不语者",与"闇"字形的说法不相照应。又李时珍《本草纲目·果部·梨·实》"主治"和"附方"两处引《食疗本草》作"暗风",亦可证。三是说"闇与暗字形相近",

---

① 〔唐〕孟诜原著,〔唐〕张鼎增补,郑金生、张同君译注:《〈食疗本草〉译注》,第63页。
② 〔唐〕孟诜原著,〔唐〕张鼎增补,郑金生、张同君译注:《〈食疗本草〉译注》,第71页。

未当。《说文·口部》:"喑,宋齐谓儿泣不止曰喑。从口,音声。"从口音声的"喑",与从门音声的"闇"形态相去甚远。其实,在"闇风"、"暗风"、"喑俳"中,"闇""暗""喑"三字都是"瘖"的同音(均以"音"为声符字。《说文·日部》:"暗,日无光也。从日,音声。")通假字。三字在记录"[an]风"词中,只是音的关系,而与形无关。《说文·疒部》:"瘖,不能言也。从疒,音声。"《素问·宣明五气论》:"搏阳则巅疾,搏阴则为瘖。"王冰注:"邪内搏于阴则脉不流,故令瘖不能言。"《素问·脉解篇》:"内夺而厥,则为瘖俳,此肾虚也。"王冰注:"俳,废也……肾气内夺而不顺,则舌瘖足废,故云此肾虚也。"高世栻注:"瘖痱者,口无言而四肢不收。"《医宗金鉴·杂病心法要诀·中风》:"四肢不收无痛痱,偏枯身偏不用疼……甚不能言为瘖痱,夺厥入藏病多凶。"原注:"甚者不能言,志乱神昏则为瘖痱。"又,《史记·吕太后本纪》:"太后遂断戚夫人手足,去眼,煇耳,饮瘖药,使居厕中。"郑观应《学校上》:"即下至聋、瞽、瘖、哑、残疾之人,亦莫不有学。"皆其证。

从疾病称名理据言,"瘖俳(痱)",按王冰及高世栻注的说法,是由"舌瘖足废"来。换句话说,"不能言"病为"瘖","足废"称"俳(痱)"。而"闇(暗)风",则只指"失音不语者"之"不能言",或也是由"风"引起失音病。"闇风"、"喑俳"所指之病,当大不一样。

> 《胡桃》:初服日一颗,后随日加一颗。至廿颗,定得骨细肉润。[译文]一开始每天吃一颗,以后每天增服一颗,到了每天可服二十颗时,一定会使人骨骼致密、肌肤细腻润泽。①

从译文与原文对应关系看,"骨细肉润"被译作"一定会使人骨骼致密、肌肤细腻润泽"了。但原文的"细"、"润"被分别译为"细腻"、"润泽",作"肌肤"的谓语了,那"骨骼"的谓语"致密"是由哪个词翻过来的?其实,原

---

① 〔唐〕孟诜原著,〔唐〕张鼎增补,郑金生、张同君译注:《〈食疗本草〉译注》,第80页。

文"骨细"不合事理。疑"骨细肉润"是"骨肉细润"的误译。"骨肉"连用,为偏义复词,"骨"只起衬音作用,词义偏重在"肉"上,句言一定能使人肌肤细腻光滑。《译注》本句[注释]:"初服……肉润:此方《嘉祐本草》作:'又,服法:初日一颗,五日加一颗,至二十颗止之。常服骨肉细腻光润。'此服法似乎更合情理。"译注者看到了《嘉祐本草》所说服法较《食疗本草》更合理,但却忽视了与"骨细肉润"对应的"骨肉细腻光润"。又《本草纲目·果·胡桃》在记述其主治功能时引孟诜曰:"食之令人能食,通润血脉,骨肉细腻。"在说到"服胡桃法"时又引孟诜曰:"初日服一颗,每五日加一颗,至二十颗止,……常服令人能食,骨肉细腻光润。"皆是其证。

《熊》:脂:微寒,甘滑。冬中凝白时取之,作生无以偕也。[注释]作生无以偕也:考古代熊脂以熊白(即背上的脂肪)为佳。《本草经集注》载:"其腹中肪及身中膏,煎取,可作药,而不中啖。"作生,似指未经加工处理。[译文]熊的脂肪:性微寒,味甘而滑。待到冬季熊背上的脂肪凝聚时才可杀熊取用。(熊身上别处的脂肪)不能和直接从熊背上取用的脂肪相比。①

此乃不明词义,进而误察句意而大误。下面我们紧扣原文句子细论之。先说"冬中"。"冬中"不是泛指冬季,而是确指冬季三个月之"中"月,即十一月。李时珍《本草纲目·兽部·熊》"集解":"别录曰:熊生雍州山谷。十一月取之。弘景曰;今东西诸山皆有之。"是其直接的明证。词又作"中冬"。《周礼·夏官·大司马》:"中冬,教大阅。"《汉书·元帝纪》:"(永光三年)冬十一月,诏曰:'乃者己丑地动,中冬雨水,大雾,盗贼并起。'"颜师古注:"中,读曰仲。"是亦其证。

其次,把"白"解作"熊白",把"凝白"译作"脂肪凝聚"亦误。因为,

---

① 〔唐〕孟诜原著,〔唐〕张鼎增补,郑金生、张同君译注:《〈食疗本草〉译注》,第84页。

"白"若为"熊白","凝"为"凝聚",则"凝白"只能译作"凝聚熊白"。然如此作解,不可通,就只好无视原词"凝+白"结构而译为"白(脂肪)+凝(凝聚)"。但译文于事理亦不可通,因为熊脊背处的脂肪不是春、夏、秋三季散开,到冬季才"凝聚"。其实,"凝白"是积雪的同词变说,于此泛指下雪时节。宋苏轼《二月望日雪》诗之二:"老翁衰病不忧花,百口唯须麦养家。闻道田中犹要雪,兼收凝白试山茶。"《汉语大词典·冫部》释此"凝白"作"积雪"。是其证。而从句子语义承接关系看,"白"也不可解作"熊白":熊背上的脂肪。在"脂:微寒,甘滑。冬中凝白时取之,作生无以偕也"中,"脂"为"微寒,甘滑",和"冬中凝白时取之"的共用主语,换句话说,"微寒,甘滑"是说"脂"的药性药味,"冬中凝白时取之"讲的是采"脂"的最佳时间。若"白"指熊背上的脂肪,则与主语"脂"相抵牾。

再次,说说"作生"。"作"指使用,例多容不引。"生"为新鲜的。《诗经·小雅·白驹》:"生刍一束,其人如玉。"向熹《诗经词典》:"生,新鲜。"《汉书·东方朔传》:"生肉为脍,干肉为脯。"言用新鲜的肉作脍。宋胡仔《苕溪渔隐丛话·杜子美三》:"余观蔡君谟《荔枝谱》云:'东京交趾七郡贡生荔枝,十里一置,五里一堠,昼夜奔腾。'"言进贡新鲜荔枝。可证。

综上所述,"冬中凝白时取之,作生无以偕也",翻成白话就是:冬季十一月下雪时获取的脂肪,使用新鲜的(是任何时候的脂肪)都不能与之相比的。

(本文原载《河南师范大学学报(哲学社会科学版)》2013年第5期)

"～应"、"伊～"等并非附加式双音词

李 明

王云路《中古诗歌附加式双音词举例》(以下简作"王文")新说词头"伊"、"於"、"为"、"试";词尾"应"、"已"、"云"、"来"、"其"、"取"等,总共十个。[①] 刘敬林曾撰《论与"取"字词缀说相反的实事》[②],对"取"词尾说予以否定。本文对王文例句从宏观与微观结合作细致准确研究,结论是所认定的词头、词尾都不能成立。下面按王文的顺序一一申说。

一、附加式副词

王文在本节开始部分说:"有与'当'结合的双音词(唯当、终当、行当、定当、长当、还当、比当、要当、且当、宁当、甫当、但当、今当、会当、奈当、得当、方当等)。"但都没有例句。其实,其中许多的"当"都是"应当"的意思。而"应当"就是同义词语素联合式构词。因为"当"就有"应"的意思。王文举例中特意不举"应当",就是知道是复合式,而不是附加式,但没有拿这个标准来统一其他词语。这里笔者就几个词语的例句略说"当"字有实际意思,不是词尾。

刘义庆《世说新语·言语第二》:"韪曰'小时了了,大未必佳。'文举曰:'想君小时,必当了了'。"是说:必应了了。

宋大曲《满歌行》:"命如凿石见火,居世竟能几时?但当欢乐自娱,尽心极所嬉怡。"是说:只应。

[①] 王云路:《中古诗歌附加式双音词举例》,《中国语文》1999年第5期,第370—376页。
[②] 刘敬林:《论与"取"字词缀说相反的实事》,《徐州师范大学学报》2006年第2期,第56—58页。

陆云《与杨彦明书》:"戴会稽如是便发,分别怅然。一时名士唯当有此君耳。"是说:只应有此君是名士。

史宗《咏怀》:"方当毕尘累,栖志老山丘。"是说:正应。

刘令娴《题甘蔗叶示人》:"唯当夜枕知,过此无人觉。"是说:只应夜枕才知。

陶渊明《归园田居》:"人生似幻化,终当归空无。"是说:终应。

吴质《思慕》:"念蒙圣主恩,荣爵与众殊。自谓永终路,志气甫当舒。"是说:志气才应舒。

可比较《汉语大词典》:"会应:犹会当。"① 如果说"当"是词尾,那"会应""必应""唯应""定应"等的"应"也就是词尾了。

(1) ～应

实际上王文全部例句中的"应"都是有实义的,即表示判断:应当、必应。

鲍泉《秋日》:"旅情恒自苦,秋夜渐应长。"是"应渐长"的事理,"应"与"渐"是"长"的两层状语。为求对偶而变序。

又《寄丘三公》:"菊秀空应夺,兰芳几时坚?长恐握手毕,黯如光绝天。"是说:菊花必定从繁盛改变成一空而无有。"空"应是形容词:空了;没有了。而不是副词。"应"更不是副词后缀。

释亡名《五苦·死苦》:"池台既已没,坟垅向应空。"是说:坟垅中必定将是空的,即连尸骨都朽化不存了。《汉语大词典》:"向:❹面临;将近。《后汉书·段传》:'余寇残烬,将向殄灭。'晋陶潜《饮酒》诗之三:'道丧向千载,人人惜其情。'《旧唐书·颜真卿传》:'吾今年向八十,官至太师。'茅盾《虹》四:'十月向尽的时候,梅女士已经回复健康'。"② 这个"向"是时态助词,不是副词,也就无所谓附加式副词。诗的最后两句"惟当松柏里,千年恒劲风",王文未引,意是:只应是松柏林里,才是千年恒有劲风。这个"当"与

---

① 罗竹风主编:《汉语大词典(缩印本)》,汉语大词典出版社1997年版,第3069页。
② 罗竹风主编:《汉语大词典(缩印本)》,第1500页。

"应"呼应。王文说:"向应"即向、渐渐。但"向"没有"渐渐"的意思。

梁元帝《细草》:"漫生虽欲遍,人迹会应开。"是说:人的足迹必定在草中开出道路。"会"与"应"复说。杜甫《望岳》:"会当凌绝顶,一览众山小。"其中"会"与"当"复说,可以比证。

鲍照《拟行路难》:"莫言草木委冬雪,会应苏息遇阳春。"如果再理解的细致些,就是说:会遇阳春,必定遇阳春。把"必定会"分成两次来说,递进的修辞。

李白《永王东巡歌》:"帝宠贤王入楚关,扫清江汉始应还。"是说:扫清江汉才应当归还。即不扫清江汉就不应当归还。

杜甫《雨不绝》:"舞石旋应将乳(按,王文原误为:数)子,行云莫自湿仙衣。"是说:燕儿必定带着乳燕飞旋。"应"与"莫"对言。仇兆鳌《杜少陵集详注》对"应"字特注"平声",就是说它是应该义的助动词。"旋"是飞旋,动词。而不是"旋即",也就无所谓附加式副词。

李贺《嘲雪》:"久别辽城鹤,毛衣已应故。"是说:雪色一定像那仙鹤的故色。

可见所有的例句,"应"都是实义的。看成无义的后缀,不参加句子意思,仅只是句子意思通达,却不细致完全,泯失了强调"必定"的一层。比如"应该"词,你要说"该"字没有意义,是凑足音节的;或说"应"字没有意义,是凑足音节的。也都是句子意思不受影响,以此为根据而说"应"是词头,又说"该"是词尾。这当然是错误的。

(2) ～已

《古诗·李陵录别诗》:"双凫相背飞,相远日已长。"按,"日已"是"日以"的别写借字。"以"是状语与谓语间的垫音助词。如"日以严重""日以疏远"之类。"已"与"以"在上古就通用,成为一个强势,直到元明清小说中也还有通用的。王文所举同类的后缀构词又如:"稍已"、"甫已"、"行已"、"纷已"、"定已"、"良已"、"渐已"、"忽已"、"俄已"、"既已"。其实都是"以"的通假。如陆龟蒙《初入太湖》:"才迎沙屿好,指顾俄已失。"俄而已经消失。而"既已"是同义不避复的联合结构,意思就是:已经。王文举孟郊《感怀》:"常恐今已没,须臾还复生。"说其中的"今已"也是同类的后缀构词,此也不确。同诗:"五情今已伤,安得自能老。"都是"已经"义。"已没"、"已伤"为意。"今"与"已"是两个状语。

(3) ～云

谢灵运《入东道路》:"心胸既云披,意得咸在斯。"按,《入东道路》中没有这两句诗,而是《酬从弟惠连》之二的首两句。诗是顶针体。第一首末句"开颜披心胸",最后两字是"心胸",所以第二首首句开头也就是"心胸既云披"。但"云"是"说"的意思,与"披"复说。有"披陈"、"披情"、"披诚"、"披述"、"披肝胆"等系列词,都是开诚相见的述说。所以"云"不是词尾。还可对比谢灵运《命学士讲书》:"烁金既云刃,凝土亦能钟。"其中"既云"也是"既说"的意思。这又是承《周礼·冬官·考工记序》"烁金以为刃,凝土以为钟"而言的。等于说:古人已经说过。

鲍照《松柏篇》:"祖葬既云及,圹隧亦已开。"是说:我已经吩咐把我的坟与祖葬相连,于是就开土动工了。本当说"既云及祖葬",为求与"亦已开"对偶而变序。诗有《序》:"于危病中见长逝词,恻然酸怀抱。如此重病,弥时不差,呼吸乏喘,举目悲矣。火药间阙而拟之。"可见这个"云"字是指吩咐葬地,绝对不能说是虚义的。"既云"与"已开"是因果、先后关系。如果"云"字没有意义,那"亦"字就没有所承,而仅"祖葬既及,圹隧亦开",就会误导读者,以为是把祖葬再挖开。

刑邵《七夕》:"秋期忽云至,停梭理容色。"是说:秋天已经到七夕了。"云"是"运"的通假记写,犹如说时令运行。《诗经·小雅·正月》:"婚姻孔云。"毛传:"云,旋也。"《左传·襄公二十九年》:"晋不邻矣,其谁云之?"杜预注:"云,犹旋也。"《吕览·圜道》:"云气西行云云然。"高诱注:"云,运也。周旋运布。"《管子·戒》:"故天不动,四时云下,而万物化。"尹知章注:"云,运动貌也。"都是通假"运"。"云"是"运"的通假,是很多见的。

庾信《拟咏怀诗》:"吉士长为吉,善人终日善。大道忽云乖,生民随事

文字研究　171

蹇。"是说：大道忽然运行得乖戾了。"云"是"运"的通假。庾肩吾《岁尽应令》："岁序已云殚，春心不自安。"是说：一年的节序运行已经要完了。"云"是"运"的通假。

王俭《春日家园》："徙倚未云暮，阳光忽已收。"是说时光还未运行到晚暮，而阳光已经收敛。"云"是"运"的通假。

谢灵运《初往新安至桐庐口》："感节良已深，怀古亦云思。"通假说"运思"，指想念的深切。"亦云"二字异文作"徒役"，而"役思"犹如"运思"。王文说此例"良已""亦云"都是后缀构词。其实"已深"是强调"已经深"。

沈约《长歌行》："衔恨岂云忘，天道无甄别。"是说：岂能说把衔恨忘记了。又《和左丞庾杲之移病》："岁暮岂云聊，参差忧与疾。"是说：岂能说是快乐的。

谢瞻《答谢康乐秋霁》："独夜无物役，寝者亦云宁。"是说：也能说是安宁的。

刘孝绰《酬陆长史倕》："幽谷虽云阻，烦君计吏过。"是说：虽说道路阻碍。

二、附加式名词与代词

(4) 伊～

词例是：伊尔、伊余、伊予、伊我、伊谁、伊何。这是在代词前面用"伊"的。例句可略。

对于说"伊"是名词与代词词头，可以先用学者已定论的句首助词来否定。杨树达《词诠》"伊：语首助词，无义。《尔雅·释诂》：'伊，维也。'郭注云：'发语词。'"[1]

引例有《诗经·小雅·正月》："有皇上帝，伊谁云憎？"《诗经·小雅·何

---

[1] 杨树达著：《词诠》，中华书局1954年版，第343页。

人斯》:"伊谁云从？惟暴之云。"《诗经·邶风·谷风》:"不念昔者,伊余来塈。"《楚辞·九思·守志》:"伊我后兮不聪,焉陈诚兮效忠。"对陆云《太尉王公以九锡命大将军让公将还京邑祖饯赠此》"伊谁之飨",王文说是源于《诗经·小雅·何人斯》"伊谁云从"。其实所有"伊～"式都是源于先秦的。又如王文所举晋代程晓《赠傅休奕》:"厥客伊何？许由巢父。"其实也是有先源的。《诗经·小雅·小弁》:"何辜于天,我罪伊何？"《诗经·小雅·弁》:"有頍弁,实维伊何？"而这种"伊何"不在句首。所以杨伯峻把这样的"伊",改称为"语词前的助词"①。"伊"还有用为句中助词的(例略),二者有一致性。

对这种曾被称为发语词、句首助词、语词前的助词的"伊",还应另有细致而准确的解释。就是《经传释词》卷三"伊、繄"的第一义项:"伊,维也;常语也。字或作'繄'。"②例句是《左传·襄公十四年》:"王室之不坏,繄伯舅是赖。"《正义》:"王室之不倾坏者,维伯舅是赖也。"《左传·隐公元年》:"尔有母遗,繄我独无。"而"繄我"也就是《诗经》等的"伊我"。《小雅·正月》:"伊谁云憎？"郑笺:"伊读为繄,繄犹是也。"在后来通俗小说中一脉相传的,有"是你""是我",意思仅是:你;我。可见,古代的"繄",近代的"是"都是表示肯定和强调语气的。

王文所举名词例句,王融《大惭愧门》:"兰室改蓬心,旃崖变伊草。"卢谌《赠刘琨》:"伊谌陋宗,昔遘嘉会。"谌,即卢谌。《古诗·李陵录别诗》:"清凉伊夜没,微风动单帱。"谢灵运《答中书》:"伊昔昆弟,敦好闾里。"按,《诗经·召南·何彼矣》:"其钓维何？维丝伊缗。"《诗经·曹风·鸤鸠》:"其带伊丝,其弁伊骐。"《诗经·大雅·凫鹥》:"尔殽伊脯。"可见类型相同,即主体语素没有约定的封闭性而散乱不一,只能是临时组合,而不是词缀的固定性构词。

还可对比《诗经·大雅·召旻》:"维昔之富,不如时；维今之疚,不如

---

① 杨伯峻著:《古汉语虚词》,中华书局1981年版,第248页。
② 〔清〕王引之著:《经传释词》,岳麓书社1985年版,第73页。

兹。"而刘琨《扶风歌》:"维昔李骞期,寄在匈奴庭。忠信反获罪,汉武不见明。"可见"伊昔"与"维昔"相同。王文对何逊《达丘长史》"伊我念幽关,夫君思赞务"设注:"'夫君'犹言你,为第二人称敬称,与'伊我'为同类构词方式。"即认为"夫"也是前缀,显然也是不能成立的,由于仅举此孤证,本文不作多说。

(5) ～来

王文所举例词:"夜来"即夜晚、"今来"即现在、"昔来"即过去、"朝来"即清晨、"年来"即今年或近来、"比来"即以往、"昨来"即昨天、"小来"即小时,等等。王文说:"来"是一个极活跃的虚语素,与表示时间的单音节语素广泛结合,既可以与春、夏、秋、冬组合,又可与朝、暮、晨、昏组合,可与今、明、古、昔组合,还可与年、月、老、小组合,可与"比"、"顷"等特殊表示时间的语素结合。

按王文思路,还可以补充"将来"、"后来"、"早来"、"晚来"、"先来"等例词。但考虑到"自来"、"从来"、"历来""……以来"等,则王文所举这些词语中应当也是"……以来"的省说。可对比:"夜来"=夜晚,似乎"来"字没有词汇意义,但"小来"≠小,而=小时=从小以来。近来≠近,而=近时=最近以来。又如"老来"=老时候,≠老。因为"我老(你年轻)""我老了"都不能说成"我老来。"但可以说"我老来眼花了",即年纪大以来,可见"夜来"实际应是入夜以来。严格说来,那些词语都是指时段的。

刘淇《助字辨略》:"来:语助辞。"[①]有《晋书·石勒载记》例:"吾幼来在家,恒闻如是。"结合"来"的其他助词用法,还是统一定性为"助词"为好。

王文说:又有"聿来"词,值得讨论,有两例。王僧达《答颜延年》:"聿来岁序暄,轻云出东岑。"刘骏《游覆舟山》:"束发好怡衍,弱冠颇流薄。素想终勿倾,聿来果丘壑。""聿来"词较少见,味其义当指近来。因"聿"有迅速、将要等义,如陆机《思亲赋》:"年岁俄其聿暮,明星烂而将清。"故"聿

---

① 〔清〕刘淇著,章锡琛校注:《助字辨略》,中华书局1954年版,第166页。

来"似乎也是词尾构词,与"比来"等相同。

此说未确。此"聿"字一般认为是助词,准确来说,是从《诗经·唐风·蟋蟀》"蟋蟀在堂,岁聿其莫"仿说的。《思亲赋》"年岁俄其聿暮"就是明显的例句,其中的"聿"并不是迅速、将要等义,而是"律"的通假。《汉语大词典》:"岁律:岁时;节令。"①《魏书·乐志》变作"岁聿云暮"。"云"是"运"的通假。岁聿云暮:岁律运暮,岁时节令运转到年终。

王文所引王僧达例苟简,难以看出曲折,把例句引足全,则是:"寒荣共偃曝,春酝时献斟。聿来岁序暄,轻云出东岑。"即从冬而说到春的岁时变迁。刘骏例是说从束发到弱冠,理想才实现,则"聿来"也应从"岁聿其莫"而化典,与《答颜延年》"聿来"同类,无非是一者指一年之内的时令变异,一者指历年之久的时令变异。陆机《顺东西门行》:"桑枢成,蟋蟀鸣。我今不乐岁聿征。迨未暮,及时平,置酒高堂宴友生。"沈约《晨征听晓鸿》:"怅春归之未几,惊此岁之云半。"这些都可参证"聿"并不是迅速、将要等义,而是"律"的通假。

三、附加式形容词

王文所说的"而"与"如"自然是正确的。笔者可补言的是:"而"是"尔"的别写;"如"是"然"的音变。例如"镇定自然"或作"镇定自如"。

但王文新说"其""於"也是词尾则可商。所举"其"作词尾例,是郭遐叔《赠嵇康》:"思言君子,温其如玉。"曹摅《答赵景猷》:"嗟行伊久,慨其永叹。"

对此应当对比《经传释词》:"其:状事之词也。有先言事而后言其状者:若'击鼓其镗'、'雨雪其雱'、'零雨其濛'之属是也。有先言状而后言其事者:若'灼灼其华'、'殷其雷'、'凄其以风'之属是也。"②

---

① 罗竹风主编:《汉语大词典(缩印本)》,汉语大词典出版社1997年版,第2885页。
② 〔清〕王引之著:《经传释词》,岳麓书社1985年版,第108页。

《汉语大词典》"其"的助词义项下列有五类：(1) 用于定语之后或主谓之间，犹如"之"。(2) 用于动词之后，相当于"着""了"。(3) 用于形容词后，相当于"然"。《诗经·郑风·溱洧》："溱与洧，浏其清矣。士与女，殷其盈矣。"《诗经·秦风·小戎》："言念君子，温其如玉。"唐吴筠《别章叟》："今日成远别，相对心凄其。"(4) 用于疑问代词前后，起强调作用。(5) 用于句中，无义。①对用于形容词后，虽然说相当于"然"，但并不说是词尾，仍然说是助词。就是从各项统一考虑而确的。"然"虽然是词尾，但构词也是封闭性的，而用于形容词后的"其"，却不是封闭性的，证明不是词尾。再从《离骚》看，"百神翳其备降兮，九疑缤其并迎。""纷总总其离合兮。""路漫漫其修远兮。""老冉冉其将至兮。""其"字显得更是灵活。又如陆机《思亲赋》："年岁俄其聿暮，明星烂而将清。"

王文所谓词头"於"的例句，班固《明堂》"於昭明堂"，又《辟雍》"於赫太上"。王文说："於昭"与"昭昭""昭然"义同，"於赫"与"赫赫""赫然"义同。还有"於穆""於明"也是前缀构词。但《诗经·商颂·那》"於赫汤孙"、《诗经·大雅·文王》"於昭于天"、《诗经·周颂·清庙》"於穆清庙"等，从来都说"於"是叹词。而《尚书·尧典》："於！鲧哉！"《诗经·周颂·赉》："时周之命，於绎思。"即"於"单用也是叹词。汉魏而来的例句都是仿古措句。又如《诗经·小雅·伐木》"於粲洒扫"，而苏轼《潮州韩文公庙碑》："於粲荔丹与蕉黄。"更是迟后的仿古。这样的"於"实际上是"於乎"即"呜呼"的省略。

关于所谓词头"载"。王文："动词、形容词有时候可以有相同的附加成分。"孙拯《赠陆士龙》："有灌重渊，载清其波。"王羲之《兰亭》："欣此暮春，和气载柔。"阮彦《皇太子释奠会》："永言念兹，旧章载焕。"陶渊明《命子》："群川载导，众条载罗。"陶渊明《答庞参军》："昔我云别，仓庚载鸣。"谢灵运《赠安成》："明政敦化，袊恤载怀。"

---

① 罗竹风主编：《汉语大词典（缩印本）》，第781页。

按，诸例"载"字实际是"始"之义，犹如"才"。或认为就是"才"的通假。《尔雅·释诂》首条即："初、哉、首……始也。"而"哉"就是"载"的别写。王瑶编著《陶渊明集》对《命子》设注："[群川二句]载，开始。群川导始于长源，众条罗列于洪柯。"对《答庞参军》"仓庚载鸣"设注："载，始，仓庚始鸣于春日。"

孙拯《赠陆士龙》共十首。第一首是"五龙戢号，云鸟纂纪。淳化既离，义风载始。轩冕垂容，文教乃理。奕奕洪族，圣德丰祀。"可见"义风载始""文教乃理"就是"载清其波"的具体所指。兰亭会是三月三日，与初春的乍暖还寒比较，就是和气才柔。阮彦《皇太子释奠会》第二首："五帝继作，三王代新。教蔼隆周，轨灭荒秦。兴之用博，替之斯堙。"是作历史对比的。引例的一首说："睿机钦典，式寅昧旦。永言念兹，旧章载焕。习习胥圹，济济师赞。"所以是说：皇太子释奠会使得旧章才炳焕。

王文此节又从"有"是名词前缀（如"有周"即指周朝）对比，而说："汉魏六朝诗中'有'还可以作形容词或动词的前附加式成分。"举例如阮籍《咏怀诗八十二首》："素景垂光，明星有烂。"潘尼《献长安君安仁》："峨峨嵩岳，有严其峻。"潘岳《金谷集作》："亲友各言迈，中心怅有违。"任昉《奉和登景阳山》："物色感神游，升高怅有阅。"

《汉语大词典》"有"的义项❶❹"助词。无义。"又分成(1)"作名词词头"、(2)"作动词词头"、(3)"作形容词词头"三类。形容词词头例句是，《诗经·周南·桃夭》："桃之夭夭，有蕡其实。"《孟子·滕文公上》："其颡有泚。"《文心雕龙·章表》："辞令有斐。"严复《原强续篇》："病乃有瘳。"[①]《汉语大词典》："有如：犹如，好像。"[②]《诗经·大雅·召旻》："昔先王受命，有如召公。"曹禺《北京人》第一幕："待曾家的子女，有如自己的骨肉。"又如鲁迅《药》："微风早经停息了；枯草支支直立，有如铜丝。"已经明确说是三种词头，却又统称为"助词"。细作斟酌。还是"助词"的定性准确，理由很

---

①② 罗竹风主编：《汉语大词典（缩印本）》，第3865页。

文字研究 177

简单,也就是主体语素没有约定的封闭性而散乱不一,只能是临时的组合,而不是词缀的固定性构词。

王文说:"伊"也可以是名词、形容词共同的前缀。如挚虞《雍州》:"嘉生惟繁,庶类伊阜。""阜"的意思是多。张率《短歌行》:"我酒既盈,我肴伊阜。"《诗经·小雅·弁》:"尔酒既旨,尔殽既阜。"又,孙绰《秋日》:"澹然古怀心,濠上岂伊遥。"孙拯《赠陆士龙》:"清徽伊铄,钻之弥坚。""伊遥""伊铄"是否属于附加式形容词,未敢确定。按,"伊铄"中应是叹词"於"的仿变。《诗经·周颂·酌》:"於铄王师,遵养时晦。"后来一般都继用此词,如曹操《度关山》:"於铄圣贤,总统邦域。"陶渊明《祭从弟远文》:"於铄吾第,有操有概。""於"本音"鸣"。但"yi""wu""yu"三个音节或可通转。后来"於铄"就便写成为"伊铄"。可比较,《诗经·周颂·武》:"於皇武王,无竞维烈。"而柳宗元《道州文宣王庙碑》:"庭燎伊煌,有焕其容。"而"伊遥""伊阜"中应当是"繄"的通假,即是系词,表示判断。详见《经传释词》"伊,是也"条①。《词诠》:"不完全内动词,是也。"②《尚书·文侯之命》:"惟祖惟父,其伊恤朕躬?"类似的又如北齐郊庙歌辞《昭夏乐》(牲出入奏):"执从伊竦,刍饰惟慄。"

《汉语大词典》"伊:❺且,又。"③例句是唐柳宗元《平淮夷雅·皇武》:"蔡凶伊寙,悉起来聚。"章士钊《柳文指要·体要·平淮夷雅》:"伊,以也。《皇武》:'蔡凶伊寙',谓蔡凶且寙,伊字从中连及之也。与《方域》'寇昏以狂'句法相类,伊、以二文,直可互用。"说"伊"有并列连词的用法是错误的。句子是说蔡贼虽凶,但已经穷途末路。"凶"与"寙"不是同类并列的。也没有其他例句。仅从与"寇昏以狂"对比而认定"伊"与"以"相同,求词义的方法是错误的。

---

① 〔清〕王引之著:《经传释词》,岳麓书社1985年版,第73页。
② 杨树达著:《词诠》,中华书局1954年版,第343页。
③ 罗竹风主编:《汉语大词典(缩印本)》,第515页。

四、附加式动词

(6) 为~

王文:"'为'本是一个应用很广泛、含义较抽象的动词,当某些单音节动词需要构成双音词而苦于找不到同义词时,往往把'为'字拉来作为附加成分。"但是,某个人在某个时候,可能有这种情况,难道古今所有作家遣词造句都这么低能?而这种低能的措辞竟然成为一种造词方法?

无须具体引录王文的例句,仅列举例词,共有"为待"、"为照"、"为别"、"为忖"、"为断"、"为插"、"为叹"、"为戚"、"为陈"(以上是汉魏六朝例句中的)"为听"、"为凭"、"为拂"、"为照"、"为唤"(以上是唐宋例句中的)。

特别解释了"为报"、"为问"。

刘瑞明教授《论"作、为"的泛义动词性质及使用特点》[①]、《论"为"字的泛义语法结构及相关误解》[②]在更广阔的范围内论证上述及其他大量的词语,都是泛义动词后附于意思具体的动词而复说的联合结构。也还有泛义动词前附于意思具体的动词而复说的联合结构。而这样的前附与后附,又都是以泛义动词可以单独使用而指称意思具体的动词为基础的。仅从后附的局部来看,似乎是后缀,这却是不周全的。

(7) 试~

李白《金陵酒肆留别》:"请君试问东流水,别意与之谁短长?"王文说:"试问"即问,询问,"试"作为前附加成分,其姑且、尝试的意味已较虚化了。《汉语大词典》把"试问"解释成:"试着提出问题。"又分两种情况。(1) 试探性地问。《晋书·孙绰传》:"沙门支遁试问绰:'君何如许?'"牛僧孺《玄怪录·张左》:"左甚异之,试问所从来,叟但笑而不答。"(2) 用于质问对方

---

① 刘瑞明:《论"打、作、为"的泛义动词性质及使用特点》,《湖北大学学报》1992年第1期,第62—70页。
② 刘瑞明:《论"为"字的泛义语法结构及相关误解》,《湖北大学学报》1993年第6期,第54—60页。

或者表示不同意对方意见。苏轼《又和刘景文韵》:'试问壁间题字客,几人不为看花来?'"①"试举:试着举例。梁启超《南海康先生传》:'故其一切条理,皆在于社会改良,今试举其特色者,略条论之'。"②

(8) ～取

王文所举词例:问取、览取、识取、看取、呼取、吹取、听取等等,说"这些双音节动词中'取'的含义都虚化了,只是一个构成双音节动词的虚语素而已。"但刘敬林《论与"取"字词缀说相反的事实》对王文此说异议。刘文列举从汉代起大量词语,论证说:"取"字有独立宽泛用法,即用"取"字代替众多表义更具体、准确、明快的动词,有极大的普遍性,长久性。又在此基础上形成"取"与表义具体的动词前后复合。朱庆之《佛典与中古汉语词汇研究》第三章第三节《中古汉语特殊构词语素释例之一》,列举了如下一些"取V"式词语:取别、取决、取著、取摘、取打、取杀、取遣、取害、取击、取会、取闹、取累。并且论言:"诸词里的'取'也都不是表意所必需的语素,其作用同样是帮助单音节动词双音化。这类'取'有时候好像有实在的意义,……但就表意需要上说,仍然是羡余成分。"③刘文的结论:不能只看到"V取"式一种情况,而无视与它平行的"取V"式,以及作为二者的基础的"取"字独立宽泛用法。只能高度概括,把"取"的所有"所指"用法作为一种动词的"宽泛用法"或动词的"泛义化"④。

词缀的研究是很薄弱的,议说新的词缀,应当作细致的论证。而即令认定而误,也需要对所说的词语及例句作细致的研究,才有可能正确的否定。这样的研究必定会接触到许多未曾认识的问题,而有许多进展。

(本文原载《新疆大学学报(哲学·人文社会科学版)》2014年第6期)

---

①② 罗竹风主编:《汉语大词典(缩印本)》,第6565页。
③④ 刘敬林:《论与"取"字词缀说相反的事实》,《徐州师范大学学报》2006年第2期,第56—58页。

《万篆楼藏契》契约标题校读札记

张 丽 储小旵

20世纪80年代以来,全国各地不断发现并刊布自宋至中华人民共和国初期巨量民间契约文书,为学界提供了珍贵的第一手研究资料。这些海量契约文书"所载是日常生活中发生的经济关系、社会关系、人身关系的个案事实,同时也直接反映了历代政治经济、法律制度在基层社会的运作,可以补充正史、典章、史志和其他文献的缺漏,因此具有史学、法学、经济学、文献学、社会学、民俗学、语言学等学科的研究价值"[1]。作为各学科的研究对象——契约文书,文本整理质量的高低将会直接影响研究成果价值的大小。因此,宋元以来契约文书的基础性研究值得学界关注。

当前,有关宋元以来契约文书标题文字校勘释读性研究取得了一些成果[2],但这些成果与巨量契约文书来说,还远远不够。由易福平先生主编整

---

[1] 黑维强:《论古代契约文书的文献特点及词汇研究价值》,《合肥师范学院学报》2011年第5期。
[2] 相关研究主要有,储小旵:《徽州契约文书校读释例(一)》,《古籍研究》2008下卷(2009年);储小旵、张丽:《徽州契约文书校读释例(二)》,《黄山学院学报》2009年第1期;储小旵:《〈徽州千年契约文书〉契名考校》,《安徽史学》2009年第3期;储小旵、张丽:《徽州契约文书契名考校》,《徽州文化研究》2011年第3期;储小旵:《〈石仓契约〉字词考校八则》,《浙江大学学报》2013年第2期;储小旵:《〈田藏契约文书粹编〉安徽契约校读札记》,《古籍研究》2013年第1期;唐智燕:《〈石仓契约〉俗字释读疏误补正》,《宁波大学学报》2013年第6期;唐智燕:《〈石仓契约〉俗字校读十则》,《宁波大学学报》2014年第5期;唐智燕:《〈石仓契约〉俗字校读十五则》,《宁波大学学报》2015年第2期;杨继光:《〈石仓契约〉第三辑校读释例》,《伊犁师范学院学报》2016年第4期;杨继光:《〈石仓契约〉第三辑校读札记》,《中国农史》2017年第2期;储小旵、汪曼卿:《〈徽州文书〉契名考辨四题》,《皖西学院学报》2017年第4期;储小旵:《徽州契约文书文字考六则》,《中国训诂学报》第3辑,商务印书馆2018年版;储小旵、汪曼卿:《〈云南省博物馆藏契约文书整理与汇编〉校读十则》,《安庆师范大学学报》2018年第2期;高雅靓:《徽州婺源秋口镇契约文书契名考校》,《皖西学院学报》2019年第1期;储小旵、张丽:《〈徽州文书〉(第五辑)契名考校二十题》,《近代汉字研究》第2辑,河北大学出版社2020年版;储小旵、赵凤:《论清水江文书标题构拟中的六个主要问题——以〈清水江文书〉(第三辑)等文书标题为例》,《安庆师范大学学报》2020年第1期等。

理的《万篆楼藏契》①（以下简称《万篆》）收藏了从明崇祯五年（1631）至中华人民共和国初期以山东地区为主的近1 600件契约文书，具有珍贵的农史、经济史、汉语史和法学史等多学科价值。该书对近1 600件契约拟定的标题绝大部分准确无误，然而由于这批契约主要为清代以来各地百姓手抄而成，文书中含有大量异写字形、部分契约文字模糊不清或残缺，而且其文本具有一些与传世文献不同的独特的写本文献特征②，因此，契约文书在整理拟定标题过程中难免出现少量文字讹误或未能识读出来的文字。为该书将来再版提供一些语言文字参考借鉴，也为该书的史学等研究提供更为精确的文本，笔者不揣浅陋，将该书契约标题中的文字讹误和未能识读出来或失校的文字归纳为五种主要类型，结合徽州、贵州、浙江等地明清以来契约文书和明清古本小说，参照多种字典、词典，进行校勘释读，纠正契约标题中的讹误和不足，提高该书整理的质量，为这批契约文书的史学等相关研究扫清语言文字障碍，并求教于方家同好。

一、因不明契约行文特征而误

宋元以来契约文书在行文方面具有独特的方式，如果不深入了解契约文书的文本特征，在契约整理和相关研究中往往出现不必要的文字讹误，从而大大降低研究成果的质量。契约文书中，有时立契人有两人或多人，此时的姓名往往用小字双行做一列，如果姓名中有同字的，往往将共同的文字省写作一字放在这一列的正中间，如果姓名中无相同的字，就按各自的位置排列。

1.《清康熙十七年（1678）十二月二十八日陈赐佑立转业契》（上/11）③

按：上揭契约标题中文字讹误有二：一是立契人名有误。原契末尾花

---

① 易福平主编：《万篆楼藏契》，广西师范大学出版社2018年版。
② 储小旵、高雅靓：《论徽州契约文书文本的主要特征》，《安庆师范大学学报》2019年第1期。
③ 《万篆》共有上、中、下三册，括号内，"/"前表示上、中、下册数，"/"后的数字表示该契约标题所在的页数。每种错误类型的标题按契约页码从小到大的次序排列。

押处"立断业人"后的"赐(押)""佑(押)"并排列于正中间的共同姓氏"陈"字之后,故立契人非"陈赐佑",应为"陈赐""陈佑"二人;二是"转"字误,原契图版作"奖",此乃"断"的繁体"斷"的草书简省字,徽州契约文书中经见,如《清光绪十八年(1892)十月吴辑堂立杜断卖田契》:"恐口无凭,立此杜⿰卖契永远存据。"(《徽一》1/386)①《民国二十四年(1935)十月休宁汪福年等立杜卖断屋基地骨赤契附民国二十六年(1937)五月买契》:"立此杜卖⿰屋基地骨契人汪族长:汪福年(押)。"(《徽黄》6/169)②可证。故上揭契约标题当校正作《清康熙十七年(1678)十二月二十八日陈赐、陈佑立断业契》。

2.《清乾隆五十七年(1792)闰四月二十六日郑钦天、郑钦轴立取银约》(上/83)

按:上揭契约标题中的立契人"郑钦轴"误,原契图版"立取银人""郑"字下右列为"钦天",左边单列一"轴",此二人仅共一姓"郑"字,而名中的第一个字一人为"钦",一人为空,名字中的第二字分别为"钦天""轴",由此可知,立取银人当为"郑钦天""郑轴"二人。故上揭契约标题当校正作《清乾隆五十七年(1792)闰四月二十六日郑钦天、郑轴立取银约》。

二、因不明书法知识而误

因《万篆》乃清代以来各地民间百姓手抄而成,故契约中的文字以楷书或草书为主,间或出现少量的隶书字体,而掌握一定的书法理论知识,可以提高契约整理的质量。《万篆》整理中有少量契约标题因不明草书和隶书知识而误读了原契。

---

① "《徽一》1/386"指刘伯山主编:《徽州文书》第1辑第1卷,广西师范大学出版社2005年版,第386页。下仿此。
② "《徽黄》6/169"指黄山学院编:《中国徽州文书·民国编》第6卷,清华大学出版社2010年版,第169页。下仿此。

文字研究 183

(一)因不明草书知识而误

1.《清乾隆五十一年(1786)四月初六日方启矣、方启万立卖契》(上/73)

按：上揭契约标题中的"矣"原契图版作"🈳"，此乃"贤"的繁体"賢"的草书简省俗字，明清以来契约文书中经见，如《明万历四十一年(1613)洪应鳌卖地契》："出卖与族侄洪国边为业。"(《田藏》🈳3/12)①《民国二十一年(1932)腊月立汪银生〈曲本〉之三》："🈳侄，老汉吕伯奢，与你父有捌拜之交，难道你忘怀了么？"(《徽三》10/61)②《乾隆四十五年(1780)六月族长汪嘉喜率汪一响、汪一种等立议墨合同》："犹虑人事参差、🈳愚类别。"(《徽三》6/445)中的"🈳""🈳""🈳"皆为"贤"的草书简省俗字，可证。明清古本小说中亦见"贤"的简省俗字，如《古本小说集成》良辰本《脂砚斋重评石头记》第七十七回："你是头一个出了名的至善至🈳的人。"③可资参照。"贤"的草书，唐李怀琳《绝交书》作"🈳"，宋赵构《真草千字文》作"🈳"，明文彭《千字文》作"🈳"④，其字形与上揭契约中的"贤"的草书形近，皆可证明。故上揭契约标题当校正作《清乾隆五十一年(1786)四月初六日方启贤、方启万立卖契》。

2.《清光绪二年(1876)五月二十九日段法元立典基地字》(上/421)

按：上揭契约标题中的"法"原契图版作"法"，此乃"德"的草书，明清以来契约文书中经见，如《清同治二年(1863)毛永和卖地连三契》："央中立契卖与毛法恒名下为业。"(《田藏》1/80)《民国九年(1920)十二月歙县张心斋立杜卖大买田赤契附民国验契纸》："凭中人：张五伍(押)。"(《徽黄》1/105)中的"法""伍"乃"德"的草书，字形与上揭契约图版"法"近

---

① "《田藏》3/12"指田涛、[美]宋格文、郑秦主编：《田藏契约文书粹编》第3册，中华书局2001年版，第12页。下仿此。
② "《徽三》10/61"指刘伯山主编：《徽州文书》第3辑第10卷，广西师范大学出版社2007年版，第61页。下仿此。
③ 曾良、陈敏编著：《明清小说俗字典》，广陵书社2018年版，第667页。
④ 李志贤、蔡锦宝、张景春编著，范韧安校订：《中国草书大字典》，上海书画出版社1994年版，第1131页。

同,可证。"德"的草书,明程敏政《陆游自书诗跋》作"[德]",明王宠《千字文》作"[德]"①,皆与上揭契约"德"的图版相近,可资比勘。故上揭契约标题当校正作《清光绪二年(1876)五月二十九日段德元立典基地字》。

3.《清光绪六年(1880)三月十八日王淂昇立永远租地契》(中/465)

按:上揭契约标题中的"淂"原契图版作"[淂]",此乃"得"的形旁"彳"草书作两点的简省字形,清代以来契约文书中经见,如《清同治二年(1863)方煌遗嘱》:"我父亦安身不朽也。"(《田藏》[淂]3/101)《清同治九年(1870)四月朱炳文立典屋契》:"身[淂]分法西边通衢壹半,至厅中心。"(《徽一》1/175)《清嘉庆二十三年(1818)九月许日德立退小买熟地柴山批》:"三面言定[淂]受退价足钱伍仟文正。"(《徽三》4/382)《王玉山断卖栽手字(光绪十二年(1886)二月初六日)》:"日后卖主不[淂]异言。"(《清一》1/67)②例不胜举。故上揭契约标题当校正作《清光绪六年(1880)三月十八日王得昇立永远租地契》。

4.《清光绪十一年(1885)十二月十五日邢狼汉立卖地契》(中/517)

按:上揭契约标题中的"狼"原契图版作"[振]",此乃"振"的误读。将"振"误读作"狼",其原因也可以说得清楚。古籍中"扌"旁手写有时与"犭"旁相近,又因"振"的声旁"辰"上面的一横手写有时简省作一点,故导致整理者误认作"狼"。"振"的草书清代以来契约文书中经见,如《清光绪十一年(1885)十一月汪开衢立推单》:"推入二都四啚胡丕[振]户……"③《清乾隆六十年(1751)六月立〈十二都一图四甲祁德振户亲供归户〉之二》:"四甲一户祁德振成丁一口。"(《徽三》2/8)《朱本和立断卖田契约》:"自买之后,任从众等取土[振]埂修沟照旧管业。"④中的图版皆为"振"的草书字形。《万篆》中亦有"振"的草书语例,如《民国七年(1918)

---

① 李志贤、蔡锦宝、张景春编著,范韧安校订:《中国草书大字典》,第458页。
② "《清一》1/67"指张应强、王宗勋主编:《清水江文书》第1辑第1册,广西师范大学出版社2007年版,第67页。下仿此。
③ 刘伯山主编:《徽州文书》第2辑第4卷,广西师范大学出版社2006年版,第452页。
④ 张应强、王宗勋主编:《清水江文书》第2辑第4册,广西师范大学出版社2009年版,第323页。

十一月二十一日王振山立永远退地契》中的"振"作"振"(中/999),可参。敦煌文书中亦有"振"的手写字形,如津艺38《大方广佛华严经卷第十七》:"振动一切魔宫殿。"①亦可证明。而且作为姓名"狼汉"语义不通。故上揭契约标题当校正作《清光绪十一年(1885)十二月十五日邢振汉立卖地契》。

5.《清光绪十二年(1886)十一月十七日宋继宝立卖地契附光绪十四年(1888)五月□日山东等处承宣布政使司发给朱志申民户契尾附民国□年□月□日山东国税厅筹备处发给朱志申买契》(中/522)

按:上揭契约标题中的"继"原契图版作"继",此乃"从"的繁体"從"的右边构字部件草书简省字形,清代以来契约文书中经见,如《清乾隆五十一年(1786)三月汪吴氏立出佃田批》:"其田听从朝旗耕种无异。"(《徽三》6/448)《清咸丰四年(1854)六月江元全立杜断典屋约》:"并下厅栏厢等处通眷(脊)厅堂路道,听浅出入。"(《徽一》2/55)《民国八年(1919)冬月江开达等立附押字》:"于进手契据无从检查,未知藏匿何人之手。"(《徽一》5/310)《民国三十二年(1943)八月休宁汪韵颉立杜卖屋赤契附民国三十二年(1943)十月买契》:"自卖之后,无论亲属暨宗族亲属及任何人等,不得从中阻拦及节外生枝一切等情。"(《徽黄》6/173)"從"的草书简省,元鲜于枢《千字文》作"从",元赵孟頫作"从"②,亦可证明。敦煌文书中亦有"從"草写简省的语例,如S.6557《南阳和尚问答杂征义》:"自徒佛法东流已来,所有大德,皆断烦恼。"③可资比勘。故上揭契约标题当校正作《清光绪十二年(1886)十一月十七日宋从宝立卖地契附光绪十四年(1888)五月□日山东等处承宣布政使司发给朱志申民户契尾附民国□年□月□日山东国税厅筹备处发给朱志申买契》。

---

① 黄征主编:《敦煌俗字典》,上海教育出版社2005年版,第548页。
② 李志贤、蔡锦宝、张景春编著,范韧安校订:《中国草书大字典》,第452页。
③ 黄征主编:《敦煌俗字典》,第67页。

6.《清光绪三十一年(1905)三月十五日伊宗令立卖地官契附光绪三十二年(1906)十二月□日山东等处承宣布政使司发民户契尾》(中/731)

按：上揭契约标题中的"令"原契图版作"㐃"，此乃"苓"的艹头草书简省作两点加一横的俗字，清以来徽州契约文书中经见，如《清乾隆五年(1740)八月王子敬、子如、祖锡等立议约》："倘有私自刁桠堆苓，公议罚银壹两以作醮坟使用。"(《徽三》3/246)《民国三十四年(1945)十一月休宁吴叶氏等立出当草田据》："立出佃苓田人吴叶氏，率媳吴周氏，今将……皈(板)田壹坵……出佃与游有福承种。"(《徽黄》7/261)中"草"的艹头手书与上揭契约中"苓"的图版艹头相近，可资比勘。故上揭契约标题当校正作《清光绪三十一年(1905)三月十五日伊宗苓立卖地官契附光绪三十二年(1906)十二月□日山东等处承宣布政使司发民户契尾》。

7.《民国元年(1912)十二月初十日张广瑞、洪叔父立卖场园地契之一》(中/870)

按：上揭契约标题中的"洪叔父"费解，"洪"原契图版作"㳅"，此乃"从"的繁体"從"的草书简省字，徽州契约文书中经见，如《清光绪二十年(1894)十一月鲍阿苏同男锦时立退青苗顶首交业批》："㳅前至今并无重复交易，亦未质押他人。"(《徽三》1/254)《清咸丰元年(1851)三月曹德松立出佃田批》："倘有欠少，听㳅业主提回另召无辞。"(《徽三》3/431)《民国十一年(1922)三月徽州叶镒和立租屋批》："并园地尽行一并出内，听㳅住居取用。"(《徽黄》9/142)例不胜举。敦煌文书中亦有"從"的草书简省字形，如敦研035 (2-1)《妙法莲华经》："是时日月灯明佛㳅三昧起，因妙光菩萨说大乘经。"[1]亦可证明。再看上揭契约中写有："立卖契人张广瑞，从叔父命有家前场园一段。""从叔父命"即遵从叔父的命令，语义通畅。故上揭契约标题当校正作《民国元年(1912)十二月初十日张广瑞立卖场园地契之一》。

---

[1] 黄征主编：《敦煌俗字典》，第67页。

8.《民国癸醜年(1913)七月二十六日贺和彤立典押山场约》(中/883)

按：上揭契约标题中的"醜"乃"丑"之误录；"彤"原契图版作"𣲾"，此乃"彬"的"林"旁合体与"彡"的草书简省字，民国徽州契约文书中经见，如《民国二十二年(1933)十二月休宁宋灶彬立出卖浮苗及杉木松树苗竹契》："立出卖浮苗及杉木松树苗竹等契人：宋灶𣲾（押）。"（《徽黄》10/220）《民国三十四年(1945)六月休宁陈聚隆等立出当茶园地契附民国三十七年(1948)九月陈裕隆取赎收领批》："东至本家𣲾元地订（钉）石为界。"（《徽黄》8/158）可证。近人潘伯鹰《临书谱》"彬"草作"𣲾"，亦可比勘①。盖因"林"旁草写简省合体后与"彤"的"丹"旁形近而导致编者误录原契。故上揭契约标题当校正作《民国癸丑年(1913)七月二十六日贺和彬立典押山场约》。

9.《民国二十五年(1936)□月□日卢专荣田赋第一期串票凭单附民国二十七年(1938)□月□日卢专荣田赋第一期串票凭单》(下/1265)

按：上揭契约标题中的"专"原契图版作"𠂌"，此乃"长"的繁体"長"的草书，其他地方契约文书中经见，如《清康熙二十年(1681)六月江应良立还议墨》："族𠂌劝谕谅罚，自情愿将续置田租壹拾玖䂢……以造众词（祠）。"（《徽一》2/3）《中华民国三十四年(1945)张玺瑞卖地契》："南𠂌一石四十工（弓）零七分九七五。"（《田藏》2/63）《民国八年(1919)三月歙县程秋苟立押契》："其利年贰分生息。"（《徽黄》𠂌10/168）例不胜举。《万篆》中亦有"長"草书简省的语例，如《民国七年(1918)十一月二十一日王振山立永远退地契》："东西正𠂌。"（中/999）可证。"長"的草书，宋文天祥《木鸡集序》作"𠂌"，宋赵构《真草千字文》作"𠂌"②，亦可比勘。故上揭契约标题当校正为《民国二十五年(1936)□月□日卢长荣田赋第一期串票凭单附民国二十七年(1938)□月□日卢长荣田赋第一期串票凭单》。

---

① 李志贤、蔡锦宝、张景春编著，范韧安校订：《中国草书大字典》，第460页。
② 李志贤、蔡锦宝、张景春编著，范韧安校订：《中国草书大字典》，第1306—1307页。

10.《民国□五年正月二十二日李宋化、李逢光等立写合同字据》(下/1409)

按：上揭契约标题中的"光"原契图版作"&"，此乃"吉"的"口"旁草书简省字，徽州文书中有其例，如《民国九年(1920)十月歙县叶炳吉立杜卖田赤契附民国十七年(1928)验契纸》："立杜卖契人：叶炳&(押)。"(《徽黄》1/103)可证。"吉"的草书，隋智勇《千字文》作"&"，唐欧阳询《千字文》作"&"，明詹景凤《千字文》作"&"①，其下"口"旁的草写与上揭契约中的"&"相近，亦可证明"光"乃"吉"之误读。故上揭契约标题当校正作《民国□五年正月二十二日李宋化、李逢吉等立写合同字据》。

（二）因不明隶书知识而误

《万篆》中的契约，行文以楷书、行草为主，偶尔出现极少数隶书字体。个别契约标题存在因整理者不识隶书字体而误录原契的情况。

《清乾隆四十二年(1777)七月初九日权基祯、权基溥立合同文约》(上/63)

按：上揭契约标题中的"祯"原契图版作"祥"，此乃"祥"的隶书，汉碑有其例，宋洪适《隶释·隶续》卷一《济阴太守孟郁修尧庙碑》："乃招祯祥。"②"祥"即"祥"之隶书，可证。又北齐《马天祥造像》"祥"隶写作"&"，汉《樊敏碑》作"&"③，亦可资比勘。"祥"的隶书清代以来契约文书中经见，如《清咸丰十年(1860)十二月汪汇川立杜断卖坦契》："中见人：胡润详(押)。"(《徽一》1/133)《井东山分山文书》："姜映祥三家占贰两贰钱五分。"④《民国七年(1918)十二月休宁冯林祥立出当荒田契》："立出当荒田契人：冯林科(押)。"(《徽黄》7/168)《黄帝纪元四千六百零九年十二月

---

① 李志贤、蔡锦宝、张景春编著，范韧安校订：《中国草书大字典》，第202页。
② 〔宋〕洪适撰：《隶释·隶续》，中华书局1985年版，第11页上。
③ 范韧庵、李志贤、杨瑞昭、蔡锦宝编：《中国隶书大字典》，上海书画出版社1991年版，第828页。
④ 陈金全、杜万华主编：《贵州文斗寨苗族契约法律文书汇编——姜元泽家藏契约文书》，人民出版社2008年版，第566页。

(民国元年(1912)元月)休宁方祥进立出当骨租契》:"立出当骨租契人:方㪳进(押)。"(《徽黄》7/144)四契中的图版皆其例,可以比勘。故上揭契约标题当校正作《清乾隆四十二年(1777)七月初九日权基祥、权基溥立合同文约》。

三、因不识文字或重文符号而失读

《万篆》中的契约标题,有少量因不识契约图版中的文字或符号而未能识读出原文的情况,从学术价值的角度看,这种本可以识读出但实际未能录出文字的标题,降低了该书整理的学术质量,也对该批契约的研究和利用造成一定的不便,从而影响研究成果质量的提高。因此,笔者将标题中未能识读出来的文字逐一对照契约图版,运用文献学和文字学理论,结合明清以来其他地方契约文书和相关字书,补正其未能识读出来的文字或符号,希望对该批契约将来进一步整理和相关研究提供一点语言文字学借鉴和参考。

(一)因不识文字而失读

1.《清康熙四十七年(1708)十月初二日方□立卖房屋契》(上/21)

按:上揭契约标题中的未识字"□"原契图版作"𥫗",此乃"管"的竹头草书简省作"𥫗"和下构字部件"官"草书简省作"又"的俗字,徽州契约文书中经见,如《明洪武十九年(1386)七月十五日祁门李茂怡卖山契约(赤)》:"今从卖后,一听买人自行闻官受税、永远管业,本家即无阻当。"①《民国二年(1913)十二月歙县江日坤立卖大小买田赤契附民国三年(1914)卖契执照》:"其银当即收楚,其业即交管业经耕种。"(《徽黄》1/30)《民国五年(1916)二月歙县张仁房六安堂支下张香法等立卖大买田契》:"其洋当即收足,其大买田随即交明经管收租。"(《徽黄》1/61)《民国二十一年(1932)十一月休宁程忠兆立出佃皮田批附民国二十八年(1939)

---

① 周向华编:《安徽师范大学馆藏徽州文书》,安徽人民出版社2009年版,第3页。

立加价佃皮田批》："其田即交受佃人![产]业耕种交租无异。"(《徽黄》7/221)例不胜举。故上揭契约标题可补正作《清康熙四十七年(1708)十月初二日方管立卖房屋契》。

2.《清乾隆十年(1745)十一月二十七日权□益立卖空基契》(上/39)

按：上揭契约标题中的未识字"□"原契图版作"![主]"，此乃"廷"的草书。"廷"的"壬"旁草书中间一竖有时下拉出头，如传三国皇象《急就章》作"![日]"，元赵孟頫《急就章》作"![廷]"[①]，可证。清代以来契约文书中亦见"廷"的草书字形，如《清乾隆四十九年(1784)八月盛廷遂等立典田约》："立典约人盛![廷]遂，今因无银支用，自情愿托中将承父阄分民水田壹号……出典与邱有功名下前去入田耕种交租管业。"(《徽一》6/51)《清光绪十七年(1891)徐正身卖房产山场连山契》："中人：吴![廷]林。"(《田藏》1/113)《光绪十一年(1885)九月八日刘樟廷立讨田札》："立讨田札字人刘樟![廷]，今因无田耕种，自情愿问到石苍源……"(《石一》7/106)[②]《民国十三年(1924)四月歙县黄廷辉等立杜卖小买田塘赤契附民国二十六年(1937)三月买契》："立此杜卖小买田塘契人：黄廷![耀]（押）。"(《徽黄》1/148)例不胜举。故上揭契约标题可补正作《清乾隆十年(1745)十一月二十七日权廷益立卖空基契》。

3.《清嘉庆二十二年(1817)二月初三日武希□、武套桂立写租约》(上/141)

按：上揭契约标题中的未识字"□"原契图版作"![永]"，此乃"贤"的繁体"賢"的草书，前文《清乾隆五十七年(1786)四月初六日方启贤、方启万立卖契》(上/73)条已有论述，此不赘。故上揭契约标题可补正作《清嘉庆二十二年(1817)二月初三日武希贤、武套桂立写租约》。

---

① 李志贤、蔡锦宝、张景春编著，范韧安校订：《中国草书大字典》，第441页。
② "《石一》7/106"指曹树基、潘星辉、阙龙兴编：《石仓契约》第1辑第7册，浙江大学出版社2011年版，第106页。下仿此。

文字研究　191

4.《清咸丰六年(1856)十二月十五日蔡永□、蔡得元立卖园子契附民国□年□月□日山东国税厅筹备处发给蔡全买契》(上/285)

按:上揭契约标题中的前一未识字"□"原契图版作"㳾",此乃"清"的形旁"氵"草书作一竖、声旁"青"的简省字,清代以来契约文书中有其例,如《清宣统二年(1910)赵生杨卖地连二契》:"当日交㳾,并不欠少。"(《田藏》1/143)《民国元年(1912)十二月歙县章盛卿立卖大买田赤契附民国税契执照》:"其洋比即收㳾。"(《徽黄》1/20)《民国二十八年(1939)一月歙县郑仙洪立出典大小买田赤契附民国二十八年(1939)七月典契》:"若有租谷不㳾,听凭起业另佃他人。"(《徽黄》7/114)例不胜举。"清"的草书,元张雨《题画诗》作"㳾",明张瑞图《陶渊明诗》作"㳾",清黄慎《夜深诗帖》作"㳾"①,均可参照比勘。故上揭契约标题可补正作《清咸丰六年(1856)十二月十五日蔡永清、蔡得元立卖园子契附民国□年□月□日山东国税厅筹备处发给蔡全买契》。

5.《清同治十四年(1875)正月初六日田□生立卖地契附民国□年□月□日山东国税厅筹备处发给谭松亭买契》(上/408)

按:上揭契约标题中前一未识字"□"原契图版作"望",此乃"望"的草书,清代以来契约文书中经见,如《清光绪二十八年(1902)巧月彭永顺抄照兆成宝号付款单》:"付舍弟手收是荷。"(《徽一》3/187)《民国九年(1920)季春月嫂程氏立继书》:"在淦亦当善事夫弟娣妇如亲生父母,则厚望焉。"(《徽一》1/258)《民国二十六年(1937)六月歙县胡臣运公会支下胡义罴等立合同》:"俾愿较前更盛,是为厚。"(《徽黄》10/85)例不胜举。"望"的草书,明王宠《自书诗》作"望",明祝允明《前后赤壁赋》作"望"②,皆可资比勘。故上揭契约标题可补正作《清同治十四年(1875)正月初六日田望生立卖地契附民国□年□月□日山东国税厅筹备处发给谭松亭买契》。

---

① 李志贤、蔡锦宝、张景春编著,范韧安校订:《中国草书大字典》,第702页。
② 李志贤、蔡锦宝、张景春编著,范韧安校订:《中国草书大字典》,第606—607页。

6.《清光绪七年(1881)六月二十六日张国□立卖地契附民国三年(1914)一月□日山东国税厅筹备处发给张庆云买契》(中/478)

按：上揭契约标题中前未识字"□"原契图版作"选"，此乃"选"的繁体"選"的草书简省俗字，其他地方契约文书中经见，如《同治三年(1864)一月阙汉成立收单》："玖都一户阙汉成一收本都王廷透户田贰亩正。"(《石一》7/219)《择日(时间不详)》："张炳兴先生选择扞(迁)移公婆之吉期。"(《清一》1/126)《民国癸丑年(1913)祁门〈摘信便考〉之十四》："时已立夏，宜逐细嫩干庄者为要。"(《徽三》9/404)例不胜举。故上揭契约标题可补正为《清光绪七年(1881)六月二十六日张国选立卖地契附民国三年(1914)一月□日山东国税厅筹备处发给张庆云买契》。

7.《清光绪十五年(1889)十月初五日李玉□立分单》(中556)；《清光绪十六年(1890)十月二十日王孟□立卖地文契附民国四年(1915)□月□日山东财政厅发给侯振山验买契附民国□年□月□日山东财政厅发买契》(中/577)

按：上揭二契标题中前未识字"□"原契图版分别作"朩""廾"，此皆乃"林"的二"木"合体草书简省字，其他地方契约文书中经见，如《清道光十年(1830)金邵氏立卖茶山契》："土名单坦朩。"(《徽一》4/64)《清同治元年(1862)二月鲍文秋立退小卖田批》："土名汪家廾。"(《徽三》1/233)《民国三十五年(1946)十月休宁曹瑞祥立出替断山契》："小土名竹朩头。"(徽黄》5/292)例不胜举。《万篆》中亦有"林"的草书语例，如《清光绪十七年(1891)十二月二十二日李芳林立卖空宅契附民国三年(1914)二月□日山东国税厅筹备处发买契》中的"林"图版作"朩"(中/593)可证。"林"的草书，元赵孟頫《六体千字文》作"朩"，明宋克《杜甫壮游诗》作"廾"[1]，均可参照比勘。故上揭契约标题可分别补正为《清光绪十五年(1889)十月初五日李玉林立分单》《清光绪十六年(1890)十月二十日王孟林立卖地文

---

[1] 李志贤、蔡锦宝、张景春编著，范韧安校订：《中国草书大字典》，第745页。

契附民国四年（1915）□月□日山东财政厅发给侯振山验买契附民国□年□月□日山东财政厅发买契》。

8.《清光绪十五年（1889）十一月初九日李□禄立卖地契附民国四年（1915）三月□日山东财政厅发给侯振山验买契附民国□年□月□日山东财政厅发买契》（中/557）

按：上揭契约标题中前未识字"□"原契图版作"官"，此乃"官"的草书简省字，敦煌文书中有其例，如S.2144《韩擒虎话本》："前后不经所（数）旬，裏（果）然司天大监夜官（观）虔（乾）象，知随州杨坚限百日之内，合有天分，具表奏闻。"①可证。其他地方契约文书中亦见"官"的草书字形，如《清乾嘉年间汪神佑等立承佃兴山约》："今承到屋东程加灿官名下己山壹号。"（《徽一》8/16）《清光绪十二年（1886）丙戌冬月宋观成订〈乡音集要解释〉下册之六八》："尹：伊尹，令尹，官名；又治也。"（《徽三》10/258）皆其例。"官"的草书，唐怀素《小草千字文》作"官"，宋赵构《真草千字文》作"官"②，可资比勘。故上揭契约标题可补正为《清光绪十五年（1889）十一月初九日李官禄立卖地契附民国四年（1915）三月□日山东财政厅发给侯振山验买契附民国□年□月□日山东财政厅发买契》。

9.《民国二年（1913）三月四日李邦□立永远退契》（中/881）

按：上揭契约标题中未识字"□"原契图版作"尧"，此乃"尧"的繁体"堯"的草书简省字，清以来契约文书中经见，如《民国二十九（1940）年冬月汪讨饭立出佃田批》："今凭中立批尽行出佃与汪相尧名下为业。"（《徽三》3/453）《宣统元年（1909）十月四日祝兰根立卖断截田契》："代笔：祝祖尧（押）。"（《石一》7/277）可证。故上揭契约标题可补正为《民国二年（1913）三月四日李邦尧立永远退契》。

10.《民国四年（1915）三月十六日陈锡□立杜卖水田契》（中/941）

按：上揭契约标题中未识字"□"原契图版作"周"，此乃"周"的草书，

---

① 黄征主编：《敦煌俗字典》，第137页。
② 李志贤、蔡锦宝、张景春编著，范韧安校订：《中国草书大字典》，第287页。

唐孙过庭《书谱》"周"作"囗",宋赵构《真草千字文》作"囗"①,可资比勘。故上揭契约标题可补正为《民国四年(1915)三月十六日陈锡周立杜卖水田契》。

11.《民国十四年(1925)三月囗日山东财政厅发给吕囗学买税契》(下/1093)

按:上揭契约标题中后未识字"囗"原契图版作"囗",此乃"从"的繁体"從"的草书简省字,清以来契约文书中经见,如《清乾隆四十九年(1784)三月叶达安立转当山分约》:"日后得便,听囗原价取续(赎)。"(《徽三》5/343)《姜凤至卖山场杉木字》:"自卖之后,任囗陆氏修理管业,卖主父子不得异言。"(《清一》5/102)《乾隆四十一年(1776)二月十三日周应利等立绝找田契一契尾》:"其银当日亲收完足,其田任猛银主易佃起耕,周边不得二三言说,亦无伯叔兄弟争执之理。"(《石一》1/10)例不胜举。故上揭契约标题可补正为《民国十四年(1925)三月囗日山东财政厅发给吕从学买税契》。

12.《民国十四年(1925)十一月三十日发给张囗买契》(下/1101)

按:上揭契约标题中未识字"囗"原契图版作"囗",此图版虽有印章覆盖,但能辨认出为"积"的繁体"積"字。故上揭契约标题可补正为《民国十四年(1925)十一月三十日发给张积买契》。

13.《民国十九年(1930)正月初六日李囗生立当地契》(下/1152)

按:上揭契约标题中未识字"囗"原契图版作"囗",此乃"我"的草书简省字,历代草书作品中经见,唐怀素《真草千字文》作"囗",明陈淳《古诗十九首》作"囗",清黄慎《自书诗册》作"囗"②,皆可资比勘。徽州契约文书中亦有"我"的草书简省字形,如《民国古黟胡义方抄〈日莫闲初集〉上册之二》:"愧囗才疏荒笔砚。"(《徽三》9/436)《民国古黟胡义方抄〈日莫闲初集〉上册之六十》:"祇因孔方縻人,是囗奔走他乡。"(《徽三》9/465)可

---

① 李志贤、蔡锦宝、张景春编著,范韧安校订:《中国草书大字典》,第213—214页。
② 李志贤、蔡锦宝、张景春编著,范韧安校订:《中国草书大字典》,第642页。

证。敦煌文书中亦有"我"的草书简省语例,如 P.2133《金刚般若波罗蜜经讲经文》:"世间如有一个众生是如来度,如来即有𢆶、人、寿者也。"① 均可资证明。故上揭契约标题可补正为《民国十九年(1930)正月初六日李我生立当地契》。

14.《民国二十年(1931)九月十二日王华□立卖地契附民国三十六年(1947)五月十七日山东省阳信县政府发给王振信契纸》(下/1172)

按:上揭契约标题中的未识字"□"原契图版被契纸遮盖了一半,但可以看出左边为"木"旁,但该契右边《山东省阳信县政府契纸》中有"前业主姓名、地址:王华林、阳信县"等字,据此可知上揭标题中未识字为"林"。故上揭契约标题可补正为《民国二十年(1931)九月十二日王华林立卖地契附民国三十六年(1947)五月十七日山东省阳信县政府发给王振信契纸》。

15.《民国二十三年(1934)阴历正月十六日吕鸿恩、吕懋□立卖地文契》(下/1211)

按:上揭契约标题中的未识字"□"原契图版作"𢆶",此乃"修"的草书,历代书法作品中有其例,(传)唐褚遂良《阴符经》作"𢆶",宋米芾《中秋登海岱楼诗》作"𢆶"②,可资比勘。故上揭契约标题可补正为《民国二十三年(1934)阴历正月十六日吕鸿恩、吕懋修立卖地文契》。

16.《民国三十二年(1943)五月十九日积德堂王柳氏立写截□字据》(下/1325)

按:上揭契约标题中的未识字"□"原契图版作"𢆶",此乃"头"的繁体"頭"的"頁"旁草书简省作三点俗字。契约文书中"头"的草书,"頁"旁有时简省作曲折的一笔,如《光绪十四年(1888)祁门胡廷卿立〈进出总登〉之一二》:"支钱十六文,剃𢆶。"③《清宣统辛亥年(1911)腊月吴簫

---

① 黄征主编:《敦煌俗字典》,第427页。
② 李志贤、蔡锦宝、张景春编著,范韧安校订:《中国草书大字典》,第89页。
③ 王钰欣、周绍泉主编:《徽州千年契约文书·清民国编》第15卷,花山文艺出版社1991年版,第6页。

亭立卖田契》:"并来⿰氵(?)水潦尽行立契出卖与本族吴有栢名下为业。"①或作"彡",如《清光绪二十七年(1901)十二月江光元立卖猪栏、牛栏契》:"上至砖彡瓦片,下至墙脚地皮。"(《徽三》3/536)或作三点,上揭契约标题中的"彡"即其例;书法作品中亦有"頭"的"頁"旁草写作三点的语例,如宋陆游《自书诗》作"𩑺",近人邓散木《赌取联》作"𩑺"②,皆可资比勘。上揭契约中的"截头",《汉语大词典》释作"齐头"③,结合原契内容,可知"截头"有"同样"义,"截头字据"就是与原契具有同样法律效力的字据。故上揭契约标题可补正为《民国三十二年(1943)五月十九日积德堂王柳氏立写截头字据》。

17.《一九五四年十二月五日肖□雅立分析契》(下/1563)

按:上揭契约标题中的未识字"□"原契图版作"存",此乃"存"的草书,其他地方契约文书中经见,如《清咸丰六年(1856)九月妇徐余氏等立杜断卖田契》:"今欲有凭,立此杜断卖契永远存照。"(《徽一》3/69)《中华民国二十八年(1939)王孟群换领新印连二契》:"为此立字查。"(《田藏》2/47)《民国三十一年(1942)三月歙县吴启水掉换地基契》:"今出换契贰张,各存壹张存照。"(《徽黄》9/250)中"存"的图版与上揭契约标题中的"存"近同,可资比勘。故上揭契约标题可补正作《一九五四年十二月五日肖存雅立分析契》。

(二)因不识重文符号而失读

何谓重文符号?《辞海》对"重文"的解释为:"汉字竖写时,如遇有两字重叠,不重写,作一小'='字于前一字之下,亦称重文。"④古籍中记录重叠文字中前一字的符号就是重文符号。其实古籍中重文符号不仅用"=",

---

① 刘伯山主编:《徽州文书》第4辑第9卷,广西师范大学出版社2011年版,第412页。
② 李志贤、蔡锦宝、张景春编著,范韧安校订:《中国草书大字典》,第1349页。
③ 罗竹风主编:《汉语大词典》第5卷,上海辞书出版社2011年版,第255页右。
④ 夏征农主编:《辞海》(1999年版缩印本),上海辞书出版社2002年版,第220页。

还可用许多不同的符号来表示,敦煌写本文献中已使用多种重文符号[①];就拿徽州契约文书来说,重文符号主要有"㇅""㇑"":"""和小写的"又"等符号表示[②]。《万篆》中存在个别契约标题因不识重文符号而失读原契的情况。兹举1例。

《清宣统元年(1909)腊月十五日王和□立卖平地文约》(中/824)

按:上揭契约标题中的未识字"□"原契图版作"㇑",此乃重文符号,如徽州契约文书《民国二十五年(1936)三月徽州冯天全等立合墨》:"后事发生管业等事项㇑,以致合墨为重。"(《徽黄》10/128)中的"等㇑"即"等等"。故此,上揭契约标题中的"王和㇑"即"王和和"。故上揭契约标题可补正为《清宣统元年(1909)腊月十五日王和和立卖平地文约》。

四、因字形相近而失校或误认

由于《万篆》中的契约为手抄而成,部分契约文字潦草,文中含有大量异体字、讹字或别字,因此,极易造成少数形体相近的文字混淆,不易分辨,从而导致编者在拟定少数契约标题时录错原文,实属难免,但降低了契约的学术价值。我们在认真核对契约图版后,对该书在整理契约时由于字形相近而产生的文字讹误进行考校,可提高契约整理的质量。

(一)因字形相近而失校

《清同治元年(1862)□月□候振太立卖场园契附光绪二十九年(1903)又五月□日山东等处承宣布政使司发给赵志学民户契尾》(上/317)

按:上揭契约标题中的"候"原契图版作"候",楷书当作"候"字,此乃书契时"侯"之误写,而编者在整理过程中未能将原契"侯"的讹字"候"校正,不妥。故上揭契约标题当校正为《清同治元年(1862)□月□侯振太立

---

① 张涌泉著:《敦煌写本文献学》,甘肃教育出版社2013年版,第415—416页。
② 储小旵、高雅靓:《论徽州契约文书文本的主要特征》,《安庆师范大学学报》2019年第1期。

卖场园契附光绪二十九年（1903）又五月□日山东等处承宣布政使司发给赵志学民户契尾》。

（二）因字形相近而误认

1.《清嘉庆二十一年（1816）一月初七日赵门候氏立卖地契附嘉庆□年□月□日发给庄大亮契尾之一》（上/136）

按：上揭契约标题中的"候"原契图版作"俟"，此乃"侯"的构字部件"矢"之"丿"手书位移作一竖的俗字，而整理者将其认作"候"，误。故上揭契约标题当校正作《清嘉庆二十一年（1816）一月初七日赵门侯氏立卖地契附嘉庆□年□月□日发给庄大亮契尾之一》。

2.《清嘉庆二十二年（1817）十一月二十六日高目培立卖地契附道光元年（1821）七月□日山东等处承宣布政使司发给王申契尾》（上/145）

按：上揭契约标题中的"目"原契图版作"目"，此乃"因"的俗字。唐颜元孙《干禄字书·平声》："囙因：上俗下正。"敦煌文书中有"因"俗写作"囙"的语例，如P.2173《御注金刚般若波罗蜜经宣演卷上》："何故上座须菩提发斯问耶？有六目缘。"①可证。徽州契约文书中亦有"因"俗写作"囙"的语例，如《清光绪十二年（1886）丙戌冬月宋观成订〈乡音集要解释〉上册之二六》："因：因由，因循，原因；又从也，依也。目、㷆、囙：并仝。"（《徽三》10/217）《民国十五年（1926）十二月休宁程起高立出佃田批》："今囙缺少正用，自愿将身己业……出佃与刘炳发名下为业。"（《徽黄》7/195）亦可比勘。明清古本小说中亦有"因"俗写作"囙"的语例，如《古本小说集成》明嘉靖刊本《三国志通俗演义》卷五《曹公分兵拒袁绍》："月此曹公唤吕布手下降将臧霸，守把青徐。"②可资证明。盖因"因"的俗写与"目"形近，从而导致编者误认。故上揭契约标题当校正作《清嘉庆二十二年（1817）十一月二十六日高因培立卖地契附道光元年（1821）七月□日山

---

① 黄征主编：《敦煌俗字典》，第500页。
② 曾良、陈敏编著：《明清小说俗字典》，第745页。

东等处承宣布政使司发给王申契尾》。

3.《清道光十九年(1839)十一月十八日杨登弟立卖地契附民国三十六年(1947)四月二十六日山东省乐陵县政府发给杨承几契纸》(上/205)

按：上揭契约标题中的"弟"原契图版作"第"，此乃"第"的误读。"登第"本为固定词语，《汉语大词典》"登第"条："犹登科。第，指科举考试录取列榜的甲乙次第。"①此契中"登第"作为人名，有一定的寓意。编者盖因"第""弟"手书形近而误读。故上揭契约标题当校正作《清道光十九年(1839)十一月十八日杨登第立卖地契附民国三十六年(1947)四月二十六日山东省乐陵县政府发给杨承几契纸》。

4.《清道光二十六年(1846)十一月二十六日田迁弼立卖宅子文契》(上/234)

按：上揭契约标题中的"迁"原契图版作"廷"，此乃"廷"的草书形变字，前文已有论述，此不赘。盖因"廷"的手书与"迁"形近而导致编者误读原文。故上揭契约标题当校正作《清道光二十六年(1846)十一月二十六日田廷弼立卖宅子文契》。

5.《民国十七年(1928)十月二十六日高乃河立卖宅契附民国十八年(1929)三月□日发给高廉儒买契》(下/1131)

按：上揭契约标题中的"乃"原契图版作"九"，此乃"九"的草书形变字，《万篆》之《民国十九年(1930)十二月十六日高九河立卖地契附民国二十一年(1932)三月□日山东省政府财政厅发给高廉儒买契》(下/1164)中即有"高九河"，亦可证"高乃河"为"高九河"之误录。故上揭契约标题当校正作《民国十七年(1928)十月二十六日高九河立卖宅契附民国十八年(1929)三月□日发给高廉儒买契》。

6.《民国三十二年(1943)新正初六日赵养诚立卖地契附卖契附民国三十三年(1944)五月十二日晋冀鲁豫边区政府冀鲁豫边区行署发给赵京

---

① 罗竹风主编：《汉语大词典》第8卷，上海辞书出版社2011年版，第533页右。

秀买契纸之二》(下/1314)

按：上揭契约标题中的"诚"原契图版作"![]"，图版显然无"言"旁，故此乃"成"字，而非"诚"字。故上揭契约标题当校正作《民国三十二年(1943)新正初六日赵养成立卖地契附卖契附民国三十三年(1944)五月十二日晋冀鲁豫边区政府冀鲁豫边区行署发给赵京秀买契纸之二》。

7.《一九五四年十二月十一日于长清立卖地契报查》(下/1550)；《一九五四年十二月十一日张长清立卖地契存根》(下/1552)

按：上揭二契标题中的"清"原契图版皆作"青"，此乃编者误读。故上揭二契标题当校正作《一九五四年十二月十一日于长青立卖地契报查》、《一九五四年十二月十一日张长青立卖地契存根》。

五、因不明文字繁简而误

建国后推行了汉字简化的语言政策，过去部分本来意义、使用范围不同的字简化后合并成同一形体的简化字，我们称之为"多对一"的简化现象。所以反之，今由简化字变为繁体字，就存在"一对多"的繁化文字选择问题，故此，我们在由简变繁时需要特别小心，否则会出现张冠李戴的用错字问题。《万篆》在整理过程中，每件拟定的契约标题均使用繁体字，绝大部分标题用字准确无误，但也存在极少数契约标题误用繁体字的现象。为该书将来再版修订提供参考，下面略举3例论述其误用繁体字的现象。

1.《清嘉庆七年(1802)十月十八日杨士杰立卖地契》(上/101)

按：上揭契约标题立契人姓名中的"杰"原契图版作繁体字"傑"，且《万篆》全书契约标题皆为繁体字编排，但此标题中的"傑"，盖因整理者疏忽误用了后起的简化字"杰"，不协调，需改正。

2.《民国□年□月□日许志髪立卖地契附民国□年□月□日山东省政府财政厅发给杨光明买契纸》(下/1425)

按：上揭契约标题中的"髪"原契图版作"![]"，此乃"發"的草书。古汉语中"髮""發"意义不同（简化字均作"发"），前者为"毛发"义，后者有"发展""发达""发财"等义，二者不能混用。而编者将本作"发达"的"發"录作"头发"的"髮"，误，当校正。

3.《一九五二年四月一日发给方振鬥等土地房产所有证》（下/1483）

按：上揭契约标题中的"鬥"原契图版作"斗"。古汉语中"鬥""斗"二字音、义本来不同，前者音dòu，为"打斗""斗争"等义，后者音dǒu，为量具或单位名，简化后皆作"斗"。盖因编者不明二字的音、义差别而直接将"斗"繁化为"鬥"，误，当校正。

六、结　语

以上从五个角度将《万篆》契约标题中的文字讹误和失读情况进行了详细地归类和考辨，恢复了契约的原貌。此研究也说明了在民间契约文书收藏、整理过程中需要具备一定的文献学和文字学的知识，这样才能做到尽量忠实原文、提高契约整理的质量，从而为契约文书的相关研究提供准确无误的第一手文献资料。

（本文原载《中国农史》2020年第2期）

《开母阙铭》"济洪"考

陈世庆

河南登封嵩山开母阙是研究东汉文字、书法、绘画、建筑和社会生活极为珍贵的实物史料,它对河南嵩山"天地之中"建筑群成功申报世界文化遗产起到了重要作用。

据研究,开母石阙当建于汉安帝延光二年(123),阳城太守朱宠所立。《开母阙铭》位于开母阙上部第二三层石块,由堂溪协以篆书书丹,约刻于延光二年至四年之间。开母即启母,因避汉景帝刘启讳而改。阙铭记述吏民在传说的启出生之地兴祠立阙、祭祀启母事功,歌颂大禹治水三过家门而不入的精神,宣扬汉德广布,天降祥瑞,护佑苍生,永乐无极。

对铭文中的核心字句"同心济㴰"历来多有分歧,其中王念孙释"㴰"字为"艰厄"之"厄"。笔者亲考原阙,将原铭、照片、拓本与历史文献相互对照,考定"㴰"字为"洪"字。"同心济㴰"即"同心济洪"。这一发现对《开母阙铭》的整理、对研究大禹治水故事的流传具有重要意义。

一、学界研究成果集要

据吕品《中岳汉三阙》《开母阙铭》颂辞叙述大禹功业:"洪泉浩浩,下民震惊。禹□大功,疏河写玄。九山甄旅,咸秩无文。爰纳涂山,辛癸之间。三过亡人,寔勤斯民。同心济㴰,胥建三正。"[①]

对于颂辞的核心字句"同心济㴰"的前三字,学界无歧见。但对第四

---

① 吕品编著:《中岳汉三阙》,文物出版社1990年版,第39页。

字(吕品隶定作"隘",原字见图一,笔者摹写作🈳)却众说纷纭。王昶摹作"𨹹"隶定作"阢"①,无考释;王念孙读作"厄"。陆增祥隶定作"隘"②,无考释;叶程义隶定作"溢"③,无考释;宗鸣安隶定作"洪"④,无考释;秦明隶定作"远"⑤,无考释。

图一 开母阙的"洪"字(笔者2012年拍)

以上六种意见中,王念孙的观点影响最大。清代陆增祥、当代学者高文⑥、吕品、汤保良⑦、毛远明⑧多从其说。王念孙《汉碑拾遗》云⑨:

"济"下一字篆作"🈳",读为"艰厄"之"厄"。《说文》:"䧢,(乌懈切),陋也。从𨸏,𢇲声(𢇲,籀文嗌字)。籀文作䧢"。碑则省"䧢"为"🈳",又借为"艰厄"之"厄",字或作"陀"。言开母与禹同心,以济厄运也(崔瑗《司隶校尉箴》曰:"以济艰陀",《魏都赋》曰"能济其厄")。

---

① 〔清〕王昶辑:《金石萃编》(第1册卷六),中国书店1985年版,第4页。
② 〔清〕陆增祥撰:《八琼室金石补正》,文物出版社1985年版,第11页。
③ 叶程义著:《汉魏石刻文学考释》,新文丰出版公司1997年版,第1211页。
④ 宗鸣安著:《碑帖收藏与研究》,陕西人民美术出版社2008年版,第54页。
⑤ 秦明:《黄易的汉魏碑刻鉴藏》,《中国书法》2012年第2期,第90页。
⑥ 高文著:《汉碑集释》(修订本),河南大学出版社1997年版,第52页。
⑦ 徐玉立主编:《汉碑全集》(第2册),河南美术出版社2008年版,第338页。
⑧ 毛远明校注:《汉魏六朝碑刻校注》,线装书局2008年版,第1、105页。
⑨ 容媛辑录,胡海帆整理:《秦汉石刻题跋辑录》,上海古籍出版社2009年版,第340页。

二、原阙刻铭及照片、拓本研究

(一) 笔者所见《开母阙铭》重要照片有：1907年8月7日拍摄的《嵩山三阙老照片》，2012年4月30日登封嵩阳书院展出，以下简称《1907照》；1922年左右拍摄的《嵩山开母庙石阙旧影》，见于日本平凡社《书道全集》①，以下简称《1922照》；2012年4月29日笔者赴登封考察开母阙拍摄的照片，以下简称《2012照》

图二：1　《1907照》"济洪"　　图二：2　《1922照》"济洪"　　图二：3　《2012照》"济洪"

(二) 笔者所见《开母阙铭》重要拓本有：古鉴阁藏《汉开母石阙》宋拓本，上海艺苑真赏社印②，以下简称"古鉴阁"本；宗鸣安《碑帖收藏与研究》载本③，标注为："宗鸣安藏清乾隆年前拓本"，以下简称"宗鸣安"本；《蓬莱宿约——故宫藏黄易汉魏碑刻特集》载本④，标注为："黄小松手题《汉启母石阙铭》乾隆甲寅三月精拓本"，以下简称"故宫"本；《中国书法全集》载本⑤，标注为："山东又石斋藏艺风堂旧藏拓本"，以下简称"艺风堂"本；《汉

---

① [日]下中弥三郎编：《书道全集》（第2卷），平凡社昭和五年版，图4—5。
② 吕品编著：《中岳汉三阙》，第136—137页。
③ 宗鸣安著：《碑帖收藏与研究》，第53页。
④ 故宫博物院：《蓬莱宿约》，紫禁城出版社2010年版，第49页。
⑤ 刘正成主编：《中国书法全集》（第7册），荣宝斋出版社2009年版，第157、159页。

碑全集》载本①,标注为:"河南新乡博物馆提供",以下简称"新乡博"本;《北图拓本汇编》载本②,标注为"清乾隆、嘉庆年间拓本",以下简称"北图"本;日本平凡社《书道全集》载本③,以下简称"书道"本。

以上各照片、各拓本大约按年代远近排序,见图二:1—3、图三:1—7。

图三:1 古鉴阁"济洪"　图三:2 宗鸣安"济洪"　图三:3 故宫"济洪"　图三:4 艺风堂"济洪"

图三:5 新乡博"济洪"　图三:6 北图:"济洪"　图三:7 书道"济洪"

三、"瀁"字左部构件分析

原阙上"瀁"字左部构件起笔处的"短细竖划"极细浅、生硬,且与周边笔画不洽。此处的"短细竖划"在早期的照片和拓本上几近于无,在后期拓

---

① 徐玉立主编:《汉碑全集》(第2册),第338、347页。
② 北京图书馆金石组编:《北京图书馆藏中国历代石刻拓本汇编》(第1册),中州古籍出版社1989年版,第51页。
③ [日]下中弥三郎编:《书道全集》(第2卷),第63页。

本上虽有所增粗，但其不洽之处依然可辨。笔者怀疑此处"短细竖划"系浅人所为，原刻不当有此。去除"短细竖划"，此构件应当为"彡（隶书三点水旁的篆写）"。现考释如下：

（一）《开母阙铭》和《少室阙铭》现存可识的"防"、"除"、"陈"、"隅"、"阴（同字2出）"、"陵（同字2出）"、"降（同字2出）"、"阳（同字8出）"等18例左部从"阝"之字皆不作此形。在秦汉文字中，从"阝"与从"彡"的字或有混形。可能基于这方面原因，当代学者或以为"䜌"字从"彡"，叶程义释作"溢"、宗鸣安则释作"洪"。

（二）秦汉实物书刻文字中有许多"三点水旁"作"彡"的字：如《张迁碑》篆额之上的"汉"、"荡"二字（图四），汉印"任涷即印利身宜官富"之"涷"①等；汉陶戳"乐渠未央"见于殷荪《中国砖铭》②、王恩田《陶文图录》③，其"渠"字所从之"水"亦作此形（图五：1，2）可证。

图四：东汉《张迁碑》篆额　图五：1　陶戳"乐渠未央"　图五：2　陶戳"乐渠未央"
　　　　　　　　　　　　　　　　　（《中国砖铭》原标　　　　　（《陶文图录》原标
　　　　　　　　　　　　　　　　　作"渠贵未央"）　　　　　　作"乐？朱渠□"）

（三）《汗简》《古文四声韵》保存了不少"三点水旁"作"彡"形的字。如"𣱵（漆）"④、"𣱭（淮）"⑤、"𣱷（净）"⑥、"𣱸（洋）"⑦等，黄锡全《汗简注释》、

---

① 罗福颐著：《增订汉印文字征》，故宫出版社2010年版，第483页。
② 殷荪著：《中国砖铭》，江苏美术出版社1998年版，第860页。
③ 王恩田编著：《陶文图录》，齐鲁书社2006年版，第2427页。
④ 〔宋〕郭忠恕、夏竦编，李零、刘新光整理：《汗简·古文四声韵》，中华书局1983年版，《汗简》新码24。
⑤ 徐在国编：《传抄古文字编》，线装书局2006年版，第1089页。
⑥ 徐在国编：《传抄古文字编》，第1090页。
⑦ 徐在国编：《传抄古文字编》，第1091页。

徐在国《隶定古文疏证》多有论述，在此不再赘述。

（四）在汉字隶楷阶段，"水"及"氵"或被再次楷化作"弓"、"弓"形，如北魏《杨乾志盖》之"水"作"弓弓"①，北魏《温泉颂额》之"泉"所从之"水"作"张"②。北齐《许僎等卅人造像》之"孙洪珎"之"洪"作"䍐"③。陆增祥《八琼室金石补正》云："'䍐'字不见于字书，疑即'洪'之异文"④，臧克和《汉魏六朝隋唐五代字形表》⑤收入"洪"字条，甚是。

四、"䕺"字右部构件分析

（一）"䕺"字右部构件上从"廿"下从"艹"（象双手供奉物品之形）。"廿"和"艹"之间空隙较小。许多缩拓印刷品上，此处常"糊"在一起。然而笔者2012年4月29日亲考登封开母阙铭，发现此空隙依然存在。其"艹之右手"与"廿"之间的空隙比较明晰。其"艹之左手"与"廿"之间的部位形成了一个小拇指指甲盖大、深约一厘米的"黑洞"。笔者与登封市开母阙文物管理所李君红所长以手指亲历此处，均以为是。此"黑洞"在原刻上未被"涂白"，在一般照片上很难看清，有的拓本（如"书道"本）干脆失拓。

（二）"䕺"字的"艹之右手"的右上方笔画有"向外曲张"之势，这是汉篆的美术化所致。《开母阙铭》之"母"、"冀"、"民"、"福"、"萬"诸字都有这种美术化因素。按理，"䕺"字"艹之左手"的左上方也应有"向外曲张"的笔画，但"黑洞"损坏了这种笔画，所幸的是残存的些微笔画依然可见"向外曲张"之势。

（三）"䕺"的两"竖"上各有一个类似"父"形的构件。《说文·共

---

① 臧克和主编：《汉魏六朝隋唐五代字形表》，南方日报出版社2011年版，第690页。
② 臧克和主编：《汉魏六朝隋唐五代字形表》，第710页。
③ 毛远明校注：《汉魏六朝碑刻校注》，第9、81页。
④ 陆增祥撰：《八琼室金石补正》，第131页。
⑤ 臧克和主编：《汉魏六朝隋唐五代字形表》，第711页。

部》:"荞,同也,从廿、卝。……荞,古文共。"①《楚王酓前盘铭》"共"字作图六②(图六:1,2),与"荞"字非常相似。在传抄古文中,"共"或作"荞""荞""荞"③,或作"㷉"④(黄锡全曰:"讹似癸字"⑤);"洪"字或作"䢅""䢅"⑥;而"荞"、"㷉"相讹混则成"荞"。故知"荞"盖为传抄古文"共"的讹写。

 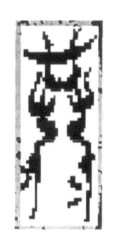

图六:1 《楚王酓前盘铭》"共"　　　图六:2 笔者摹写"共"

五、"荞"与"㲻"、"㲻"字比较

(一)"荞"字与同阙铭文"㲻"字比较

《开母阙铭》有"德洋溢"之句,其"溢"字见图七:5,6,笔者摹写作"㲻"。

《说文·口部》:"嗌(嗌),咽也。从口益声。荞,籀文嗌。"⑦《说文·阜部》:"䦿,陋也。从𨸏,荞声。荞,籀文嗌字。㲻,籀文䦿,从𨸏、

---

① 〔汉〕许慎撰:《说文解字》,中华书局1963年版,第59页。
② 李守奎编著:《楚文字编》,华东师范大学出版社2003年版,第160页。
③④ 徐在国编:《传抄古文字编》,线装书局2006年版,第262页。
⑤⑥ 黄锡全著:《汗简注释》,武汉大学出版社1990年版,第392页。
⑦ 〔汉〕许慎撰:《说文解字》,第30页。

益。"① "嗌",尸白簋铭作"▨"②,先秦货币铭文作"▨"③,侯马盟书作"▨"④,《说文》籀文作"▨"。"隘"《汗简》作"▨"⑤、《古文四声韵》作"▨"⑥。这些"隘"、"隘"所从"▨"的构件均不存在"▨"字所从"艹"形构件。王念孙以为"▨"字从"益",大约因为"▨"与"▨"形近而误识。

图七:1 开母阙"济洪"之"洪"　　图七:2 开母阙"济洪"之"洪"　　图七:3 开母阙"洪泉"之"洪"
　　　　　（现铭）　　　　　　　　　　　　（古鉴阁）　　　　　　　　　　　　（现铭）

(二)"▨"字与同阙铭文"▨"字比较

《开母阙铭》中有"洪泉浩浩"之句,其"洪"字作"▨"(图七:3,4)。"▨"、"▨"两字右部构件的"两竖"上类似"火"形附件近似,其区别只是"▨"所从"廿"、"艹"之间空隙稍小一些而已。故知,《开母阙铭》"济洪"之"▨"由"彡"(隶书三点水旁的篆写)、"▨"(古文"共"的带美术化倾向的讹篆形态)组合而成。《开母阙铭》"洪泉"之"▨"由"水"("水"的小篆形态)、"▨"(古文"共"的讹篆形态)组合而成。"▨"、"▨"构件相同,只是构件所处的形态不同而已。

---

① 〔汉〕许慎撰:《说文解字》,第307页。
② 高明、涂白奎编著:《古文字类编》(增订本),上海古籍出版社2008年版,第222页。
③ 臧克和、王平校订:《说文解字新订》,中华书局2002年版,第74页。
④ 高明、涂白奎编著:《古文字类编》(增订本),第222页。
⑤ 〔宋〕郭忠恕、夏竦,李零、刘新光整理:《汗简·古文四声韵》,《汗简》新码39。
⑥ 〔宋〕郭忠恕、夏竦,李零、刘新光整理:《汗简·古文四声韵》,《古文四声韵》新码57。

图七:4 开母阙"洪泉"之"洪"　　图七:5 开母阙"洋溢"之"溢"　　图七:6 开母阙"洋溢"之"溢"
　　　（古鉴阁）　　　　　　　　　　（现铭）　　　　　　　　　　　　（古鉴阁）

六、字义文意分析

王念孙《汉碑拾遗》将"㸚"篆作"㕁"释为艰厄之"厄"，缺少有力的证据链。而将此字改释为"洪"，不但在字形上得到合理的解释，而且与《开母阙铭》的"济洪"主题、语境、辞义密合无间。现在再简要补充两条资料以续其证：

（一）〔宋〕葛立方《韵语阳秋》云："《选》诗骈句甚多，如'宣尼悲获麟，西狩涕孔丘'……'多士成大业，群贤济洪绩'之类，恐不足为后人之法也。"[①]看来"群贤济洪绩"在宋代已成市井俗语不再具有诗的新意了。

（二）米芾《题潇湘八景·远浦归帆》云："有叶其舟，捷于飞羽。幸济洪涛，将以宁处。家人候门，观望容与。"其诗所表达的意境与大禹疏河济洪，三过家门而不入，家人候门盼望其归的故事又何其相似。

七、基本结论

东汉的篆书碑刻经常呈现篆隶杂糅面貌。《开母阙铭》从整体上看是比较纯正的篆书，但其中的许多字已经与小篆相差甚远。其中"济洪"之

---

① 〔宋〕葛立方撰：《韵语阳秋》，〔清〕何文焕辑：《历代诗话》，中华书局1981年版。

"洪"作"䜭",其左右构件分属于"隶书篆写"和"古文讹篆"两种形态,是深度糅合了古文篆体、隶书篆写、汉篆美术化等因素而造作的讹篆。

(本文原载《中原文物》2016年第2期)

上古汉语中的"肉"、"内"讹混现象研究

陈世庆

上古汉语中的"肉"与"内"字或相讹混,有的已经得到了校正,但还有不少没有被发现。所谓文字讹混,就是指"汉字系统中,本来文字形体并不相同,可是或因文字书体变化,或因人为错误,若干文字形体的某些部分甚至整字变得相同了"①。本文以汉以前的文献为中心,集中梳理辨析上古汉语中的"肉""内"讹混现象,归纳其特点,探讨其原因,以期为学界研究此类问题提供新的解决方案。

一、对"肉""内"讹混所作的初步梳理

(一)古代文献中"肉""内"讹混的条例

1.《管子·水地》:"五藏已具,而后生肉。脾生隔,肺生骨,肾生脑,肝生革,心生肉。五肉已具,而后发为九窍。"②戴望《管子校正》对"五藏已具,而后生肉"注曰:

丁(笔者按:丁士涵):"'生肉'之'肉'当作'内'。'内'上当有'五'字。'五内',谓隔骨脑革肉。'肉'亦'五内'之一,不得专举'肉'以包'五内'。《御览》[人事部]引作'五肉','肉'字虽误,而'五'字

---

① 毛远明著:《汉魏六朝碑刻异体字研究》,商务印书馆2012年版,第204页。
② 〔清〕戴望撰:《管子校正》,《诸子集成》(第5册),上海书店1986年版,第236—237页。

未经删去。下文'五肉已具','肉'亦'内'字之误。"①

2. 扬雄《太玄经》卷二:"《亲》:次二:孚其内,其志资戚。测曰:孚其内,人莫间也。"司马光《太玄集注》曰:"范本'内'作'肉'……王本'内'作'肉'……今从宋、陆本。"②

3. 陆德明《经典释文》卷六《毛诗音义中·楚茨》中"内羞"的注释为:"内羞,房中之羞,或作肉羞,非也。"③

4. 陆德明《经典释文》卷十三《礼记音义之三·乐记第十九》之"内败"的注释为:"或作骨肉之字者,误。"④

5. 《康熙字典》"鮾"字条:"《尔雅·释器》:鱼谓之鮾。注:肉烂。疏:鱼烂从内发,故云内烂。今本内作肉,恐误。"⑤

6. 段玉裁《说文解字注》"中"字条:"(中),内也。……宋麻沙本作'肉'也。一本作'而'也。正皆'内'之讹。"⑥

(二)古文字中"肉""内"形近讹混的字例

内　　　　　　内　　　　　　内　　　　　　内

图1　子禾子釜　　图2　侯马盟书　　图3　鄂君启舟节　　图4　西汉简

---

① 〔清〕戴望撰:《管子校正》,《诸子集成》(第5册),第245页。
② 〔汉〕扬雄撰,〔宋〕司马光集注,刘韶军点校:《太玄集注》,中华书局1998年版,第80页。
③ 〔唐〕陆德明撰:《经典释文》,上海古籍出版社2013年版,第326页。
④ 〔唐〕陆德明撰:《经典释文》,第773页。
⑤ 〔清〕张玉书等编纂:《康熙字典》,汉语大词典出版社2002年版,第1415页。
⑥ 〔汉〕许慎撰,〔清〕段玉裁注:《说文解字注》,上海古籍出版社1981年版,第20页。

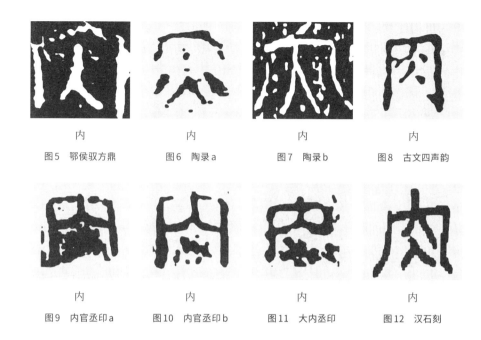

内　　　　　　内　　　　　　内　　　　　　内
图5　鄂侯驭方鼎　　图6　陶录a　　图7　陶录b　　图8　古文四声韵

内　　　　　　内　　　　　　内　　　　　　内
图9　内官丞印a　　图10　内官丞印b　　图11　大内丞印　　图12　汉石刻

在古文字资料中，"内"的写法经常与"肉"字形近，容易讹混。其一，齐文字（图1）①、晋文字（图2）②、楚文字（图3）③的"内"（字书隶定作肉④），与汉简中的"肉"（图4）⑤形近。其二，楚金文（图5）、齐陶文（图6）⑥、秦陶文（图7）⑦的"内"（隶定作肉），与传抄古文的"肉"（图8）⑧形近。其三，秦官印中"内"（如图9至11⑨，隶定作"肉"），与汉石刻武梁祠画像题字的"肉"（图12）形近，这类字可能是由"内"再加义符"入"而形成的增繁字。"肉""内"形近讹混最深层的原因可能正如黄德宽指出的那样，"'入'，晚周文字或加饰笔作大、人⑩，春秋战国齐、晋、楚文字的"入"与"大"字、"火"

---

① 张振谦作：《齐系文字编》，安徽大学2008年博士学位论文，第160页。
② 黄德宽主编，徐在国副主编，吴国升编著：《春秋文字字形表》，上海古籍出版社2017年版，第242页。
③ 李守奎编著：《楚文字编》，华东师范大学出版社2003年版，第321页。
④ 〔清〕张玉书等编纂：《康熙字典》，第53页。
⑤ 臧克和主编：《汉魏六朝隋唐五代字形表》，南方日报出版社2011年版，第1186页。
⑥ 张振谦作：《齐系文字编》，安徽大学2008年博士学位论文，第160页。
⑦ 黄德宽主编，徐在国副主编，单晓伟编著：《秦文字字形表》，上海古籍出版社2017年版，第212页。
⑧ 徐在国编：《传抄古文字编》，线装书局2006年版，第401页。
⑨ 王辉主编：《秦文字编》，中华书局2017年版，第642页。
⑩ 黄德宽主编：《古文字谱系疏证》，商务印书馆2007年版，第3851—3852页。

字形近相混(参见图13)而导致的。刘钊亦指出,"古文字中,凡下部作人形的字,常常可在左右加上对称的饰点",如囚加饰点而作㐫字①。

图13 春秋战国文字中"入"字(与"大"字、"火"字形近)

(三)古本《说文》"朒"作"朑"

今本《说文》"朒"字条:"朔而月见东方谓之缩朒。从月,内声。"②李善注《文选·月赋》引《说文》作"朑"(《康熙字典》"朑"字条引)。③段玉裁《说文解字注》④、现代学者饶宗颐均认为"朒"在古本《说文》中作"朑"⑤。正如李零所云:"过去研究《说文》的人都认为朑应照一般古书改为朒。"⑥上述"朒朑之辨",大约可以说明,在《说文》成书和流传的过程,确实存在"朒朑""内肉"通用或混用的现象,而且不是个别现象。

以上"文献条例""文字字形""古本《说文》"三个方面的资料足以证明:战国、秦汉时期"肉""内"常常讹混,既有共时讹混,又有历时讹混。另外,古文字"肉""内"讹混,可能延续到今文字的行书、草书中(参见图14)。反过来,这种后期书写形近讹混又影响人们对前期文献中"肉""内"的正确识读。以上梳理是下文研究的学理基础。

---

① 刘钊著:《古文字构形学》,福建人民出版社2006年版,第345页。
② 〔汉〕许慎撰,〔宋〕徐铉校定:《说文解字》,中华书局1963年版,第141页。
③ 〔清〕张玉书等编纂:《康熙字典》,汉语大词典出版社2002年版,第453页。
④ 〔汉〕许慎撰,〔清〕段玉裁注:《说文解字注》,第314页。
⑤ 徐在国编著:《楚帛书诂林》,安徽大学出版社2010年版,第387页。
⑥ 徐在国编著:《楚帛书诂林》,第388页。

图14 行书、草书中的"肉""内"形近的字例

二、《左传·昭公十三年》"犹子则肉之"

《左传·昭公十三年》记载:"叔鱼见季孙曰:'昔鲋也得罪于晋君,自归于鲁君。微武子之赐,不至于今。虽获归骨于晋,犹子则肉之,敢不尽情?归子而不归,鲋也闻诸吏,将为子除馆于西河,其若之何?'"①

公元前529年,晋昭公主办"平丘之盟",讨伐鲁国侵犯邾、莒国之罪,拘捕了鲁国执政官季平子。鲁国大夫子服惠伯游说晋国高层,放季平子归鲁。但是季平子却赖在晋国不愿回鲁,晋国只得派叔鱼(晋国代理司马)去说服他。叔鱼进见季平子说:"从前我得罪了晋君,跑到鲁国国君那儿去避难。如果没有您的祖父季武子的恩惠,就没有我的今天。'虽获归骨于晋,犹子则肉之',怎敢不为你尽力呢?"接着,叔鱼吓唬季平子说:"现在让你回鲁国你却不回去。我从一些官吏那里听说,将会为你在西河边修筑馆舍,到那时您该怎么办?"

---

① 〔清〕阮元审定:《十三经注疏》(第6册),艺文印书馆1985年版,第814页。

对于"犹子则肉之",杨伯峻注:"言其祖实使之返晋,感恩其祖,因及其孙,犹平子使之再生也。"①郭丹译文意从杨氏:"虽然让我这把老骨头回到晋国,但就如同是你使我获得新生。"②杨、郭之译均为意译,杨伯峻的解释十分勉强,故多费辞。笔者以为"虽获归骨于晋,犹子则肉之"之"肉"当为"内",释为"纳",其义为"接纳"。意思是说:我这把老骨头虽回到晋国,犹同您(鲁国)接纳我一样。这相当于说鲁国是第二故乡。以下申述之:

(一)"肉之"与"肉骨"表意不同

杨伯峻将"肉之"释作"使之再生"、郭丹释作"使我获得新生",可能受到"生死而肉骨"之类的古语的影响。上古汉语中的"生死而肉骨"及其异文见于以下文献:

1.《左传·襄公二十二年》记载:公元前551年,楚国的令尹蒍子冯有宠者八人,无禄而多马。楚大夫申叔豫告诫他不该宠之,否则将招来杀身之祸。令尹蒍子冯幡然醒悟,遂辞退八人说:"吾见申叔,夫子所谓生死而肉骨也。知我者如夫子则可;不然,请止。"杜预注:"已死复生,白骨更肉。"③笔者按:此处的"生死而肉骨",是说申叔豫对令尹蒍子冯有起死回生的恩惠。

2.《左传·昭公二十五年》记载:鲁昭公在位时,正卿季平子执政专权。公元前517年鲁昭公联合郈氏、臧氏讨伐季平子。季平子击败鲁昭公,鲁昭公逃到齐国。郈昭子见季平子,责怪他"以逐君成名",将留下骂名,季平子曰:"苟使意如得改事君,所谓生死而肉骨也。"杨伯峻注:"生死,使死者复生。肉骨,使白骨长肉。"④笔者按:此处的"生死而肉骨",意思是说,如果迫使我季平子(意如)改变态度以事昭公,就如同让枯骨长肉绝对不可能。

---

① 杨伯峻编著:《春秋左传注》,中华书局1981年版,第1362页。
② 郭丹、程小青、李彬源译注:《左传》,中华书局2012年版,第1806页。
③〔清〕阮元审定:《十三经注疏》(第6册),第600页。
④ 杨伯峻编著:《春秋左传注》,第1466页。

3.《国语·吴语》:"君王之于越也,繄起死人而肉白骨也。"韦昭注:"繄,是也。使白骨生肉,德至厚也。"①

4. 桓宽《盐铁论·非鞅》:"故扁鹊不能肉白骨,微、箕不能存亡国也。"②

笔者按:《左传》所载的楚令尹蓬子冯、鲁正卿季平子所言的"所谓生死而肉骨",文辞完全相同,且均加引证词"所谓"二字,这说明在春秋时"生死而肉骨"是习语。《国语》作"起死人而肉白骨",《盐铁论》作"肉白骨",大约是其异文。在不同语境中,这些条例表示恩惠极大、医术极高,或表示"太阳从西边升起绝对不可能"之类的意思。在这些条例中,"肉"限定在"骨(白骨)"之前,名词作动词用。就笔者目力所见,尚未见到上古汉语中把"肉骨""肉白骨"直接简化成"肉(肉之)"的例子,亦未见到"肉(肉之)"单独作动词用的例子。

(二)"归骨"与"白骨"表意不同

"归骨"一词《左传》中还有一例。《左传·成公三年》记载:公元前597年晋国将领知罃在邲之战中被楚国所俘,公元前588年因交换战俘得以回晋。临行前楚共王与知罃有一番对话非常著名,史称"楚归晋知罃"。知罃说:"以君之灵,累臣得归骨于晋,寡君之以为戮,死且不朽。"这段话大意是说:托君王您的福,我这把老骨头能得以回晋国。如果我的国君、我的宗庙以我被俘为耻把我杀死,死了也很光荣。

笔者按:《左传·昭公十三年》叔鱼讲他自己生前"获归骨于晋",《左传·成公三年》知罃讲他自己生前"得归骨于晋",文辞相同,这说明"归骨"盖是当时习语,可能是一种谦辞,表示"我这把老骨头生前得以回归故国(死后得以归葬故土)"。"老骨头"与"老朽"义近,是老年人自称的谦辞。此处"归骨"与"白骨(枯骨)"表意完全不同。

---

① 徐元诰撰,王树民、沈长云点校:《国语集解》(修订本),中华书局2002年版,第538页。
② 〔汉〕桓宽撰:《盐铁论》,《诸子集成》(第8册),上海书店1986年版,第8页。

(三)"内(纳)之"是古代习语,表示接纳(收纳)的意思

1. 《墨子·杂守》:"有诤人,有利人,有恶人……守必察其所以然者,应名乃内之。"① 孙诒让《墨子闲诂》指出"内"读如"纳"②。

2. 王符《潜夫论·卜列》:"呼鸟为鱼,可内之水乎?"③ 汪继培笺曰"内"读为"纳"④。

3. 班固《汉书·路温舒传》:"上奏畏却,则锻练而周内之。"⑤ 王念孙按:"内"读为"纳"⑥。

4. 魏收《魏书·外戚列传》:"不拘小节,人无士庶,来则纳之。"⑦

5. 孔颖达《毛诗正义》卷十八:"四牡骙骙,旟旐有翩。"孔颖达疏:"旌旐止则纳之㪚中。"⑧

6. 张廷玉《明史·志·舆服四》:"有事则受以出,复命则纳之。"⑨

综上所述,杨伯峻、郭丹将"获归骨于晋,犹子则肉之"的"肉之"释为"再(新)生",证据不足。郭丹把"获归骨于晋"译成"让我这把老骨头回到晋国"是正确的。笔者认为,将此处之"肉"改释为"内(纳)",将"获归骨于晋,犹子则肉之"释作"我这把老骨头虽回到晋国,犹同您(鲁国)接纳我一样",优于杨伯峻、郭丹的解释。

三、《列子·汤问》"尸膏肉所浸"

《山海经·海外北经》记载"夸父逐日"的神话:"夸父与日逐走,入日;渴欲得饮,饮于河渭;河渭不足,北饮大泽。未至,道渴而死。弃其杖,化为

---

①② 〔清〕孙诒让注:《墨子闲诂》,《诸子集成》(第4册),上海书店1986年版,第373页。
③④ 〔汉〕王符撰:《潜夫论》,《诸子集成》(第8册),第125页。
⑤ 〔汉〕班固撰,〔唐〕颜师古注:《汉书》,中华书局1962年版,第2370页。
⑥ 宗福邦、陈世铙、萧海波主编:《故训汇纂》,商务印书馆2003年版,第184页。
⑦ 〔北齐〕魏收撰:《魏书》,中华书局1974年版,第1819页。
⑧ 〔清〕阮元审定:《十三经注疏》(第2册),艺文印书馆1985年版,第654页。
⑨ 〔清〕张廷玉等撰:《明史》,中华书局1974年版,第1663页。

邓林。"①《列子·汤问》记作:"夸父不量力,欲追日影,逐之于隅谷之际。渴欲得饮,赴饮河渭。河渭不足,将走北饮大泽。未至道,渴而死。弃其杖,尸膏肉所浸,生邓林。邓林弥广数千里焉。"②后者可能是前者的扩充。

《山海经》中的"弃其杖,化为邓林",《列子》具体化为"弃其杖,尸膏肉所浸,生邓林",多出了"尸膏肉所浸"五个字。"尸膏肉所浸"究竟是什么意思,学界众说纷纭。

其一,来可泓《列子》译文:"他丢掉了手扙,手杖被他尸体的脂肪、筋肉滋润,长出一片桃林。"③他将"膏肉"译作"脂肪、筋肉",将"所浸"的对象理解为"手扙"。

其二,叶蓓卿《列子》译文:"他扔弃的手扙,浸润在他尸体的脂膏血肉之中,生长出一片桃林。"④他将"膏肉"译作"脂膏血肉",将"所浸"的对象理解为"手扙"。

其三,王力波《列子译注》译文:"他扔掉他的手扙,尸体的膏油和腐肉浸入土壤,化生了一大片桃林。"⑤他将"膏肉"译作"膏油和腐肉",将"所浸"的对象理解为"土壤"。

其四,南怀瑾《列子臆说》译文:"他的身体血肉烂在那个地方,就生了一种植物,就是有名的邓林。"⑥他将"膏肉"译作"血肉",将"所浸"理解为"烂在那个地方"。

以上四种译文的不足如下:

其一,将"膏肉"理解为夸父尸体的"脂肪筋肉""脂膏血肉""膏油和腐肉""血肉",虽表述有异,但都与"肉"有关。

以上译文均未解决"肉浸物"的问题,因为"膏"可以浸润他物,而

---

① 袁珂校注:《山海经校注》(最终修订版),北京联合出版公司2014年版,第215页。
② 〔东晋〕张湛注:《列子》,《诸子集成》(第3册),上海书店1986年版,第56页。
③ 来可泓译注:《列子》,上海辞书出版社2003年版,第89页。
④ 叶蓓卿译注:《列子》,中华书局2011年版,第126页。
⑤ 王力波译注:《列子译注》,黑龙江人民出版社2002年版,第118页。
⑥ 南怀瑾讲述:《列子臆说(中)》,东方出版社2011年版,第141页。

"肉"不可浸润他物。一些研究《夸父逐日》的论文,对"膏肉"的解释同样存在问题,或认为"泛指脂肉",或认为本当作"肉膏",或改写成"膏雨",如郭太平、张民的《〈夸父逐日〉新解》①。

其二,王力波、南怀瑾将"所浸"的对象理解为"土壤(地方)",译文偏离了《山海经》"弃其杖,化为邓林"的原意。

笔者认为,导致以上两个问题的关键是"尸膏肉"之"肉","肉"当为"内"字之误,"内"的本义即为"入",在此表"自外至内"之义。现申述如下:

第一,"膏"本义指油脂。《康熙字典》引《韵会》:"凝者曰脂,释者曰膏。"牛膏(牛脂)、羊膏(羊脂)等都是表示动物油脂的名词,"尸膏"应是指人尸体中的油脂,《说文解字注》云:"膏谓人脂。"②"膏"的引申义为精髓,《康熙字典》引《春秋元命包》:"膏者,神之液也。"③故而推之,"尸膏肉所浸"的"膏",当指夸父神尸体中的油脂、精髓——"神之液"。

第二,"肉"盖为"内"字之误。《说文解字》云"内"的本义为"入","自外而入也"④。《庄子·庚桑楚》:"不可内于灵台。"成玄英疏:"内,入也。"⑤《公羊传·庄公六年》:"其言入何?篡辞也。"何休注:"从外曰入。"⑥《大戴礼记·曾子制言下》:"君子不犯禁而入。"王聘珍解诂:"从外曰入。"⑦"尸膏内所浸"的意思是说,夸父神的尸体中的油脂、精髓"自外至内"浸润夸父遗落的桃木手杖。

第三,郭璞云,夸父之神"以一体为万殊,存亡代谢,寄邓林而遁形"⑧。在夸父追日的神话中,因夸父神的身心无法得到大量水(河渭不足)的滋润而焦渴而死,而夸父神的手杖得到"神之液"(夸父尸膏)的浸润复活而生,

---

① 郭太平、张民:《〈夸父逐日〉新解》,《许昌师专学报》1985年第1期。
② 〔汉〕许慎撰,〔清〕段玉裁注:《说文解字注》,第169页。
③ 〔清〕张玉书编纂:《康熙字典》,第958页。
④ 〔汉〕许慎撰:《说文解字》,第109页。
⑤ 〔清〕郭庆藩辑:《庄子集释》,《诸子集成》(第3册),第345页。
⑥⑦ 宗福邦、陈世铙、萧海波主编:《故训汇纂》,第182页。
⑧ 袁珂校注:《山海经校注》(最终修订版),第216页。

夸父的生命经过"存亡代谢",转换升华为"邓林千里",其核心机制是"河水"与"神液"的转换,应该与"肉"没有什么关系。

综上所述,"弃其杖,尸膏肉所浸,生邓林。邓林弥广数千里焉"中,"肉"盖为"内"字之误。此段文意为:夸父尸体的油脂精髓,浸润夸父遗落的桃木手杖,以致润杖成木(手杖重新复活蓬勃生长),润木成林(邓林),润林成森(邓林弥广数千里)。"(桃)杖"是内因,"尸膏"及"土地"是外因,"内(入)"和"浸"是内外因结合的条件和机制,"生邓(桃)林"是结果。

四、《孟子·离娄上》"率土地而食人肉,罪不容于死"

《孟子·离娄上》:"争地以战,杀人盈野;争城以战,杀人盈城。此所谓率土地而食人肉,罪不容于死。"① "此所谓率土地而食人肉,罪不容于死"的释义疑窦丛生,例如:

其一,赵岐注:"此若率土地使食人肉也。言其罪大,死刑不足以容之。"②

其二,朱熹《四书章句集注》引林氏曰:"则是率土地而食人之肉。其罪之大,虽至于死,犹不足以容之。"③

其三,杨伯峻《孟子译注》:"这就是带领土地来吃人肉,死刑都不足以赎出他们的罪过。"④

其四,方勇译注《孟子》:"这就是所谓带领土地来吃人,其罪连死都不足以宽恕。"⑤

其五,万丽华、蓝旭译注《孟子》:"这就叫带领土地吃人肉,死刑都不足

---

① 〔清〕阮元审定:《十三经注疏》(第8册),第134页。
② 〔清〕焦循注:《孟子正义》,《诸子集成》(第1册),上海书店1986年版,第303页。
③ 〔宋〕朱熹撰:《四书章句集注》,中华书局1983年版,第288页。
④ 杨伯峻注:《孟子译注》,中华书局2016年版,第189页。
⑤ 方勇译注:《孟子》,中华书局2010年版,第140页。

以惩罚他们的罪行。"①

笔者认为"率土地而食人肉罪不容于死"宜断句为"率土地而食人,肉罪不容于死"。此处的"肉"盖为"内"的误字。"内"应释为"入(纳)"。现申述如下:

(一)《孟子》抨击"人食人"

1.《孟子》中"率兽(而)食人"还见于《孟子·梁惠王上》:"庖有肥肉,厩有肥马,民有饥色,野有饿莩,此率兽而食人也。兽相食,且人恶之,为民父母,行政,不免于率兽而食人,恶在其为民父母也?"②《孟子·滕文公下》:"公明仪曰:'庖有肥肉,厩有肥马;民有饥色,野有饿莩,此率兽而食人也。'杨、墨之道不息,孔子之道不著,是邪说诬民,充塞仁义也。仁义充塞,则率兽食人,人将相食。"③这四个地方均作"食人"而不作"食人肉"。由此推之,《孟子·离娄上》所言的"率土地而食人肉",也极有可能是"食人"而不应是"食人肉"。

2."食人""食人肉"的残酷程度不同。孟子以"兽食兽""兽食人""地食人"为喻,抨击"人食人"的罪恶。"食人"比"食人肉"更符合《孟子》语词特点,更加符合《孟子》文意。

(二)"入(纳)罪"应与"赎刑"有关

赎刑制度始于上古,历代沿用。明清时期,赎刑细分为纳赎、收赎、赎罪三种。赎罪的赎物,上古用铜,汉代以黄金以主,兼用钱、缣、粟等。

1.《张家山汉简·二年律令·金布律》:"有罚、赎、责(债),当入金……"④

---

① 万丽华、蓝旭译注:《孟子》,中华书局2016年版,第160—161页。
② 杨伯峻译注:《孟子译注》,第9页。
③ 杨伯峻:《孟子译注》,第166页。
④ 张家山二四七号汉墓竹简整理小组:《张家山汉墓竹简》[二四七号墓](释文修订本),文物出版社2006年版,第67页。

2.《汉书·武帝纪》:"秋九月,令死罪(人)〔入〕赎钱五十万减死一等。"①

3.《后汉书·显宗孝明帝纪》:"天下亡命殊死以下,听得赎论:死罪入缣二十匹……其未发觉,诏书到先自告者,半入赎。"②

上述"入金""入赎钱""入缣"的"入",皆可释为"内(纳)",意即向官府交纳钱物以赎罪。由此推测,《孟子·离娄上》所言的"内罪"极有可能是"入(内)X物赎Y罪"的概称、简称。而到中古汉语中则或称之为"纳罪"。

4.《蒲氏世系》:"统辖辰州道,镇西苗,苗民拱伏纳罪。"③

5.余象斗《皇明诸司公案》第五卷《争占类·曾御史判人占妻》:"衙门无理有钱亦可横行,若有理无钱经受屈抑。韩旭……只得依拟纳罪,隐忍数年。"④

6.心远主人《二刻醒世恒言(下)》第四回《穷教读一念赠多金》:"见那阑干之上,有犀带二条、金带一条,是个妇人为夫受罪,借来纳罪救夫的,遗失在彼。裴度拾得,就还了那妇人。"⑤

笔者按:上文列举的赵岐、朱熹、杨伯峻、方勇、万丽华的五种释文中,唯杨伯峻释出"赎罪"之义。唯方勇释为"食人",其他四位释作"食人肉"。笔者认为"内(纳)罪不容于死"的释文为:"即使能纳钱赎罪,其罪连死都不足以宽恕"。"容",《汉书·五行志》:言"宽大包容"⑥也。

---

① 〔汉〕班固撰,〔唐〕颜师古注·《汉书》,中华书局1962年版,第205页。
② 〔南朝宋〕范晔撰,〔唐〕李贤等注:《后汉书》,中华书局1973年版,第98页。
③ 易网号:《蒲氏历史·西晃山、米贡山蒲姓开基祖蒲公天统简历》。https://dy.163.com/article/DDQAL3GF0511ATFD.html?referFrom=baidu,最后访问时间:2020-01-18。
④ 〔明〕余象斗编述:《皇明诸司公案》(《古本小说集成》第1辑第64册),上海古籍出版社1990年版,第390—391页。
⑤ 〔清〕心远主人编次:《二刻醒世恒言(下)》(《古本小说集成》第2辑第8册),上海古籍出版社1992年版,第507—508页。
⑥ 〔汉〕班固:《汉书》,第1441页。

五、《史记·伯夷列传》"肝人之肉"

《史记·伯夷列传》:"盗跖日杀不辜,肝人之肉,暴戾恣睢,聚党数千人横行天下。"①对于《史记》"肝人之肉"的解释,刘伯庄《史记音义》:"谓取人肉为生肝。"②司马贞《史记索隐》认为刘伯庄这一说法"非也"。司马贞引《庄子》:"跖方休卒太山之阳,脍人肝而餔之。"③但他对"肝"的含义没有作具体解释。笔者认为:"肝"通假作"干","肉"应是"内"的讹混,"肝人之肉"应释作"干人之内",义为"侵犯别人的居室和内眷"。

(一)"肝""干"通假

"肝""干"可通过两种途径通假:

1.《说文解字》:"肝,木藏也。从肉干声。"段注:"按《礼经》正胁谓之榦。《少牢》古文榦为肝。"④《康熙字典》引《释名》:"肝,幹也。"⑤笔者按:"干"是本字。"榦""幹"义同,均为"干"的后起字。

2.《康熙字典》引《白虎通》:"肝之为言扞也。"⑥而"扞"亦可与"干"通假。《说文解字注》引《周南》:"赳赳武夫,公侯干城。"《传》曰:"干,扞也。"⑦

(二)"肝人之肉"与"穴室……妇女"文意相当

《史记·伯夷列传》:"盗跖日杀不辜,肝人之肉,暴戾恣睢,聚党数千人,横行天下。"这段文字的大意又见于《庄子·杂篇·盗跖》:"盗跖从卒九千人,横行天下,侵暴诸侯,穴室枢户,驱人牛马,取人妇女。"⑧

---

① ② ③ 〔汉〕司马迁撰:《史记》,中华书局1959年版,第2125页。
④ 〔汉〕许慎撰,〔清〕段玉裁注:《说文解字注》,第168页。
⑤ ⑥ 〔清〕张玉书等编纂:《康熙字典》,第940页。
⑦ 〔汉〕许慎撰,〔清〕段玉裁注:《说文解字注》,第609页。
⑧ 〔清〕郭庆藩辑:《庄子集释》,《诸子集成》(第3册),第426页。

笔者按：《伯夷列传》之"肝人之肉"应与《盗跖》中"穴室枢户，驱人牛马，取人妇女"文意相当。"穴室枢户，驱人牛马"，成玄英《庄子疏》："穿穴屋室解脱门枢而取人牛马也。"①其说可从。"肝"应释作"干"。《说文解字》："干，犯也。"段注："犯，侵也。"②"干"在此表其本义"侵犯"。"肉"应是"内"的误字，"内"在此表"室、内室""妇女、妻妾"之义。"干人之内"义为"侵犯别人的居室和内眷"。

六、结　语

上文我们对前贤业已发现的《礼记》《管子》《尔雅》《太玄经》中的"肉""内"讹混现象进行了初步梳理，并对《左传》《列子》《孟子》《史记》中现作"肉"应为"内"的语句进行了辨析考证，疏通了相关文献的疑难字句。除此之外，以下文献的相关字句古今注家争议较多，可能同样涉及这一问题。由于文章篇幅的关系，没有展开论述。

1.《周礼·天官·内饔》之"辨体名肉物"③，此"肉"疑为"内"字之误。"内物"疑指动物的"内脏"，亦有可能包括"两肋处带皮之肉"。

2.《周礼·冬官·轮人》之"欲其肉称也"④，此"肉"疑为"内"字之误。"内"通"枘"。"枘称"可能表示木构件的"榫头与榫槽相适合"之义。

3.《管子·小匡》之"设问国家之患而不肉"⑤，此"肉"疑为"内"字之误。"内"通作"讷"，表"口齿木讷"之义。

4.《庄子·徐无鬼》之"适当渠公之街，然身食肉而终"⑥，孙诒让《札迻》指出"渠"当为"康"，"街"当为"闉"⑦，甚是。此"肉"疑为"内"字之

---

① 〔清〕郭庆藩辑：《庄子集释》，《诸子集成》（第3册），第427页。
② 〔汉〕许慎撰，〔清〕段玉裁注：《说文解字注》，第87页。
③ 〔清〕阮元审定：《十三经注疏》（第3册），第61页。
④ 〔清〕阮元审定：《十三经注疏》（第3册），第598页。
⑤ 〔清〕戴望撰：《管子校正》，《诸子集成》（第5册），第124页。
⑥ 〔清〕郭庆藩辑：《庄子集释》，《诸子集成》（第3册），第163页。
⑦ 〔清〕孙诒让撰，梁运华点校：《札迻》，中华书局1989年版，第162页。

误。"内"盖表"内宫"之义,与"闺"义近。此处文意盖为"梱担任康公守内宫宫门的'阍人',食于内宫以至终身"。

5.《新书·匈奴》之"美酨腏炙肉,具醯醢。"①此句应读作"美腏炙,肉具醯醢"。此"肉"疑为"内"字之误。"内"在此盖表"纳"之义。"具"者食具也。"纳具醯醢"文意盖为"在食具中纳入醋、肉酱等各种佐餐用料。"

6.《汉书·叙传》之东方朔"怀肉汙殿"②,此"肉"疑为"内"字之误。"内"通"汭""涒"。"怀涒"可能表"吐酒吐食物"之义。

导致古文献中"肉""内"讹混的原因大致有二:

其一是春秋战国齐、晋、楚文字的"入"字或加饰笔与"大"字、"火"字形近相混,从而扩展到"肉""内"讹混。秦印文字中的"内"或作"肉"形,可能是由"内"再加义符"入"而形成的增繁字。"肉""内"讹混既有共时讹混,又有历时讹混。汉以前的"肉""内"讹混,可能延续到汉以后的行书、草书中。反过来,这种后期书写讹混又影响人们对前期文献中"肉""内"的正确识读。

其二是先秦时期,"内"字的表意功能非常强大,做"动词"时常表"自外而入"(本义)、侵犯之义,又可表"纳入"之义;做"名词"时常表内脏、内室、内宫、内眷之义。另外,"内"常被借作"木讷"之"讷"、"河汭"之"汭"、"枘凿"之"枘"、"月肭"之"肭"等。随着时代的变迁和汉语的发展,古字"内"所表达的这些义项大多被遗忘。而"内"(与"肉"形近)如一旦受到"肉"的语言环境"类化"影响,被误识为"肉"字便不足为怪了。

需要说明以下几点:一是《周礼》《管子》《列子》《史记》《汉书》这些文献中还存在一些现作"内"应释为"肉"的字;二是上古汉语中还存在不少"月内讹混"的字;三是《太玄经》《黄帝内经》《礼记》等古代经典中存在的此类问题,因涉及古代哲学、中医学、天文学和古代礼仪,还有待进一步研究。另外,在秦汉印文(如"关内侯印")、秦汉砖铭(如"海内皆臣"砖)、

---

① 方向东译注:《新书》,中华书局2012年版,第120页。
② 〔汉〕班固撰,〔唐〕颜师古注:《汉书》,第4258页。

汉魏石刻文字（如《熹平残碑》）中，"肉""内"讹混现象也时有出现，收藏界有些人对古物上的字形象"肉"字的"内"字进行修饰，这是很不好的做法。晚近出现的汉简文字（如阜阳汉简），也可能涉及这一问题，但尚未引起学界的注意。对于以上问题笔者将另文论述。

（本文原载《安徽大学学报（哲学社会科学版）》2020年第5期）

安大简《仲尼曰》简背文字书写者考辨

陈世庆

《安徽大学藏战国竹简(二)》(以下简称《安大简二》),包括《仲尼曰》和《曹沫之陈》两篇重要文献。安大简《仲尼曰》共有整简13支,记载孔子言论25条。除此之外,简13还有对孔子言论的总体评价"仆快周恒"4字,意为孔子的言论"朴实智慧,无处不达到最高境界"。安大简《仲尼曰》可能是截至目前发现的最早《论语》文本,它的发现对于研究孔子思想和《论语》成书、流传、文本的发展变化都有着重要意义和价值。

安大简《仲尼曰》简12背面有"寡人……玉帛"18个字,简8、简7背面有"豫""人人人人人"6个字,安大简整理者认为这些字是"抄写者练习写的字,与正文内容无关"①。实际上这些字可能是战国早期某位熟稔使用楚文字的诸侯王批阅《仲尼曰》所写的文字。该诸侯王对孔子万分景仰,称赞孔子为"善豫之人",称赞孔子的"教令实在是太伟大了",要求下属将《仲尼曰》作为诸侯会盟、国使交往时的珍贵礼品,使之发扬光大。

一、《仲尼曰》简背的"界隔符""提示符"和核心功能区

根据安大简《仲尼曰》简背信息②,我们制作了《安大简〈仲尼曰〉简背主要字符信息分析图》。

在《仲尼曰》简6背面的正上方,有一个浓黑、粗壮、规范的"彡"形符号(笔者标注为JB6,表示简背6上的字符,其他标注类此)。整理小组认为

---

① 黄德宽、徐在国主编:《安徽大学藏战国竹简(二)》,中西书局2022年版,第43页。
② 黄德宽、徐在国主编:《安徽大学藏战国竹简(二)》,《仲尼曰》原大图(贰)。

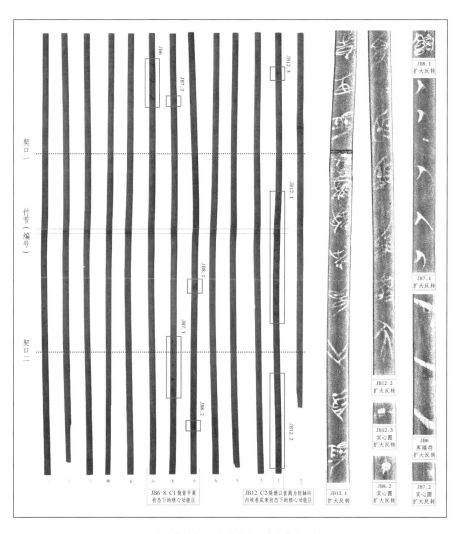

图1 安大简《仲尼曰》简背主要字符信息分析图

是"墨痕"①，笔者认为这应当是简牍文书中的一种"界隔符"。早期简牍中的"界隔符"多为横划"—"（见于包山楚简），或用斜线"/"来替代。"界隔符"的作用常常用来"界隔文书责任人与起草人"②。简牍文书一般由秘书人员起草（拟稿、抄写、审定、签发），有关主管官员为责任人，须对文书的内

① 黄德宽、徐在国主编：《安徽大学藏战国竹简（二）》，第213页。
② 李均明著：《古代简牍》，文物出版社2003年版，第150页。

文字研究　231

容负责。"起草"一词见于《后汉书·百官志三》"一曹有六人,主作文书起草"。为分清二者界限,常在正文与起草人之间以"/"号隔开,如《新简》EPT50·16A:"九月戊辰,居延都尉汤、丞谓甲渠,如律令。/掾弘、兼属骏、书佐晏。"① 类似的情况又见于上博简《命》、上博简《庄王既成》②。如上博简《命》的"界隔符"出现在简11(末简)背面,此"界隔符"下的《命》的"篇题"之"命"③字与《命》的正文中的"命"④字,绝非同一人所写(见图2)。前者应为文书责任人所书,后者应为文书起草人所写。

简11背面的"篇题"之"命"字　　　正文中的"命"字

图2　上博简《命》的"篇题"之"命"字与正文中的"命"字形态比较

《仲尼曰》简背的"界隔符"可能表示:"界隔符"以左的和《仲尼曰》正文文字是文书起草人(包括抄写人、审定人、签发人)所抄写。而"界隔符"以右的简12背面的"寡人……玉帛"18个字、简8背面的1个"豫"字、简7背面的5个"人"字,是一个职位很高的"文书责任人"——权威批阅人所写的批语。

《仲尼曰》简背有三个"提示符":其一,《仲尼曰》简12背面"寡人……玉帛"18个字的正上方,有一个实心圆"提示符"(JB12.3);其二,简8背面"豫"的正上方,有一个实心圆"提示符"(JB8.2);其三,简7背面的5个

---

① 李均明著:《古代简牍》,第150页。
② 马承源主编:《上海博物馆藏战国楚竹书(六)》,上海古籍出版社2007年版,第243页。
③ 马承源主编:《上海博物馆藏战国楚竹书(八)》,上海古籍出版社2011年版,第68页。
④ 马承源主编:《上海博物馆藏战国楚竹书(八)》,第58页。

"人"字正上方,有一个疑似实心圆"提示符"(JB7.2)。而在《仲尼曰》简背的其他地方恰恰没有发现这种实心圆"提示符"。可惜这些"提示符"没有引起整理小组的充分关注。简牍文献中这种"形态为实心圆"的"提示符",常常"用以提示标题及主题,亦提示章节段落、条款起首"①。这三个"提示符"大约表明:《仲尼曰》简12背面的"寡人……玉帛"18个字、简8背面的1个"豫"字、简7背面的5个"人"字,在整篇简文中的起到提示主题或段落的地位,非常重要。

战国竹书的收卷,有多种方式,"自首简卷起式"是基本方式之一,如清华简《系年》,对此肖芸晓、贾连翔先生多有论述。②《仲尼曰》大约就是采取这种收卷方式(末简第13简有残损大约是其证据)。当整篇简册以简1为转轴、以简13为卷尾向内收卷成束时,《仲尼曰》简12背面的"寡人……玉帛"18个字,就处于简束的最佳的封口位置(相当于现今的书脊),我们姑且称之为"简册以首简为转轴向内收卷成束状态下的核心功能区"(JB12.C2)。写在这个区域的字,具有明显的标识作用,或相当于文献的标题(简牍文献或设多层次标题)。安大简整理小组认为,这些字"当是抄写者练习写字而写的"③值得商榷。能支持笔者这一判断的材料来自秦简《封诊式》、上博简《命》。《封诊式》的"封诊式"三字为原简标题,恰恰"书于末简简背"④,而上博简《命》的"原篇题"之"命"字也恰恰写在简11(末简)的"背面中部"⑤。

《仲尼曰》的简背"简1——简13"在平展时,简6(写有"界隔符"——简7(写有5个"人")——简8(写有1个"豫")就处于中心位置,我们姑且称之为"简背平展状态下的核心功能区"(JB6-8.C1)。在这个区域写字,可能不仅仅出于练习写字的需要,而是大有深意。安大简整理小组认为,这

---

① 李均明著:《古代简牍》,第150页。
② 贾连翔著:《战国竹书形制及相关问题研究——以清华大学藏战国竹简为中心》,中西书局2015年版,第227页。
③ 黄德宽、徐在国主编:《安徽大学藏战国竹简(二)》,第52页。
④ 李均明著:《古代简牍》,第48页。
⑤ 马承源主编:《上海博物馆藏战国楚竹书(八)》,第202页。

些字"当是抄写者练习写字而写的"①同样值得商榷。能支持笔者这一判断的材料同样来自《安大简二》。《安大简二》之《曹沫之陈》"原有46支简，实存44支，缺2支……简22背有数十字，漫漶不清，从可辨识的字看应与正文内容有关"②。《曹沫之陈》简22的"数十字"正处于整个简册"最接近中心"的位置，黄锡全先生认为这可能是对"简文主旨的概括"③，这个判断确为卓识之见。

通过以上分析，可以初步得出结论：安大简《仲尼曰》简12背面"寡人……玉帛"18个字，简8、简7背面的"豫""人人人人人"6个字，应该不是"抄写者练习写的字"，而是一位熟稔使用楚文字书写的权威批阅人对《仲尼曰》简文主旨的概括，而且这些概括主旨的批语在版面上是经过精心设计的。

二、"寡人……玉帛"为诸侯王将《仲尼曰》作为国礼的批示

据安大简《仲尼曰》可知，简12背面有18个字（含合文1个字）："寡=耴聐聐命大"（顺写），"聐命大矣未敢陞之聐玉帛"（逆写）。④安大简整理小组"释文"为："寡=（寡人）耴〈聐（闻）〉聐（闻）聐（闻）命大。聐（闻）命大矣，未敢陞之，聐（闻）玉帛。"⑤安大简整理小组认为，简12背面简文为"寡人闻闻闻命大。闻命大矣，未敢陞之，闻玉帛"⑥，是"抄写者练习写的字，与正文内容无关"⑦。

笔者认为这18个字（见图3）不是"抄写者练习写的字"，它有完整清晰的语意，从书写内容和书写特征判断，它应是《仲尼曰》的权威批阅人——

---

① 黄德宽、徐在国主编：《安徽大学藏战国竹简（二）》，第52页。
② 黄德宽、徐在国主编：《安徽大学藏战国竹简（二）》，第53页。
③ 黄锡全：《在〈安徽大学藏战国竹简（二）〉新书发布会上的发言》，2022年9月19日。
④ 黄德宽、徐在国主编：《安徽大学藏战国竹简（二）》，第13页。
⑤ 黄德宽、徐在国主编：《安徽大学藏战国竹简（二）》，第44页。
⑥ 徐在国、顾王乐：《安徽大学藏战国竹简〈仲尼〉篇初探》，《文物》2022年第3期，第78页。
⑦ 黄德宽、徐在国主编：《安徽大学藏战国竹简（二）》，第43页。

某位诸侯王的批语,该诸侯王批示将《仲尼曰》的文本作为珍贵的国礼,使之发扬光大。这对于研究《论语》成书和流传有着重要意义和价值。

图3 《仲尼曰》简12背面"寡人……玉帛"共18个字

（一）从书写内容看,"寡人……玉帛"是诸侯王对《仲尼曰》的批示

"寡人……玉帛"可释为:"寡人昏昏。闻命大。(JB12.2,顺写)//闻命

大矣。未敢降之。闻玉帛。(JB12.1,逆写)"以下对关键字句作以诠释。

1."寡人昏昏"。"寡人"即为寡德之人,意为"在道德方面做得不足的人",春秋战国时期诸侯自谦为寡人。安大简整理小组认为,"寡人"之后的"闻"字,写作"聇",乃"聕(闻)"之讹。① 笔者认为"聇聇"二字可以释为"昏昏"。古文字中"闻""昏"或可通用。《说文》解释"闻"为"知闻也……聕,古文从昏"②。安大简《仲尼曰》"务行伐功虽劳不闻"之"闻"即写作"＄(昏)"③。"昏昏"可表糊涂、愚昧、神志不清之义。这方面的例句有:《老子》:"众人昭昭,我独昏昏。"《孟子·尽心下》:"贤者以其昭昭使人昭昭,今以其昏昏使人昭昭。"《仲尼曰》之"昏昏"正好与"寡人"表示"寡德之人"的意思相一致。

2."闻命大"。"闻命大"此句重复二次,显示重视和赞美。"闻":《说文》:"(闻),知闻也。"④ 闻可做形容词用,表"有名、著名"之意。《论语·颜渊》中孔子和子张专门讨论"在邦必闻,在家必闻"的"闻",朱熹《论语集注》释曰"言名誉著闻也"⑤。"闻"可组词"令闻",《诗·大雅》"令闻令望"朱熹《诗集传》释曰"令闻,善誉也"。"闻"可组词"闻人",《荀子·宥坐》:"夫少正卯,鲁之闻人也。"杨倞注:"闻人,谓有名为人所闻知者也。""命,教令也。"(《康熙字典》引《玉篇》⑥)。教令,是由宗教会议或有头衔的人制定的有关教义或教规的法令。《晏子春秋·内篇·问上》:"景公问晏子曰:'明王之教民何若?'晏子对曰:'明其教令。而先之以行义。'"是其证。"大"即"太",在此表示其本义"大而又大"。"闻命大"的意思应为:这样著名的美善的教令实在是太伟大了。

3."未敢"。"未敢"为古代习语,或作不敢、弗敢。"寡人……未敢(不

---

① 黄德宽、徐在国主编:《安徽大学藏战国竹简(二)》,第52页。
② 〔汉〕许慎撰:《说文解字》,中华书局1963年版,第250页。
③ 黄德宽、徐在国主编:《安徽大学藏战国竹简(二)》,第88页。
④ 〔汉〕许慎撰:《说文解字》,第250页。
⑤ 〔宋〕朱熹撰:《四书章句集注》,中华书局1983年版,第139页。
⑥ 〔清〕张玉书编纂:《康熙字典》,上海书店1985年版,第193页。

敢、弗敢）”常见于古代典籍。《左传》隐公三年：“先君舍与夷而立寡人，寡人弗敢忘。”《战国策·齐策四·冯谖客孟尝君》：“寡人不敢以先王之臣为臣。”是其证。

4.“降”。安大简整理小组释此字作“升”[①]，笔者疑为“降”字之误。此字由（“阝”的楚文字形态）、（“夅”的楚文字形态）、（“止”的楚文字形态）构成。它与中山王鼎“天降休命”之“降”[②]、“郭店简.五.12”的“心不能降”之“降”[③]构形相似。特别需要说明的是，楚文字中的“升”“降”时有讹混，如“上博简.容成”的“乃降文王”之“降”[④]即讹作“升”（以上三例见图4）。黄德宽先生亦认为楚文字中“降”或可释作“升”[⑤]。“降”，《正韵》释义为“贬也”，即表贬低、降低之义。《资治通鉴》“若有故为，当加降黜”是其证。“未敢降”，即言未敢贬低也。这是“寡人”对孔子怀着万分景仰的心情对《仲尼曰》作出的非常高的评价，显示出“寡人”的诚心、眼界和胸襟。

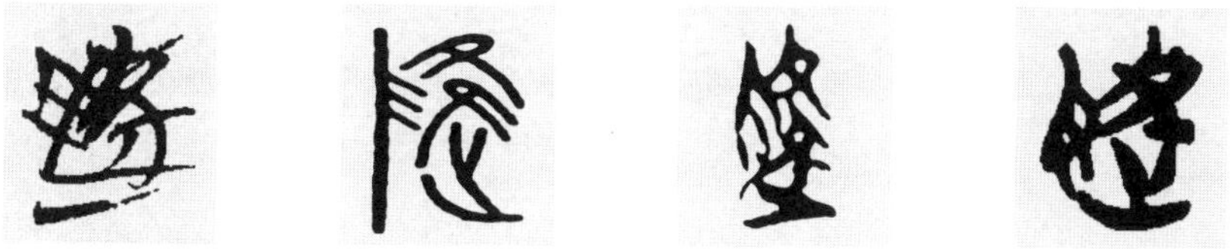

安大简二“降”（原释“升”）　　中山王鼎“降”　　郭店简“降”　　上博简.容成“升”读作“降”

图4　《仲尼曰》简12背面的“降”与相关字比较

5.“闻”。“闻”义为使之闻，传播。《汉书·卜式传》“使者以闻，上以语丞相弘”是其证。

6.“玉帛”。“玉帛”本意指古代祭祀、会盟、朝聘时使用的圭璋、束帛等

① 黄德宽、徐在国主编：《安徽大学藏战国竹简（二）》，第95页。
② 高明、涂白奎编著：《古文字类编》，上海古籍出版社2008年版，第1294页。
③ 高明、涂白奎编著：《古文字类编》，第1294页。
④ 滕壬生编著：《楚系简帛文字编》，湖北教育出版社2008年版，第1195页。
⑤ 黄德宽主编：《古文字谱系疏证》，商务印书馆2007年版，第1119页。

珍贵礼品。《论语·阳货》中孔子曰:"礼云礼云,玉帛云乎哉?"叩问的就是"礼"与"玉帛"的关系。古代诸侯朝见天子叫"朝",天子派使者聘问诸侯叫"聘"。春秋时期天子式微、诸侯争霸,"朝"少而"聘"多。"小国向大国朝聘实际上是纳贡,每朝一次纳币数量巨大。如晋楚争霸之时,中原小国要向晋或楚贡纳很多重要物品,每次贡献,要用近百辆货车运输,近千人护送,朝贡的东西有兽皮、马匹、丝织品以及各国的珍异物品。"[①] 由此推断,"寡人"是将下属抄写的《仲尼曰》文本作为诸侯会盟、国使交往时的珍贵礼品,归为"玉帛"之类。

(二)从书写特征看,"寡人……玉帛"当是权威批阅人对《仲尼曰》的批示

《仲尼曰》简12背面的"寡人……玉帛"18个字,与《仲尼曰》正文的书写特征明显有异,这在"未""昏₂闻₁(睧)闻₂(睧)闻₃(睧)"这5个字中体现得最为明显。

"未敢"之"未",写法与《仲尼曰》正文的两个"未"字写法有异。(见图5)

图5 《仲尼曰》简12背的"未"字与《仲尼曰》正文的2个"未"字形态比较

"昏₂闻₁(睧)闻₂(睧)闻₃(睧)"这4个字,"昏"所从之"日"的外轮

---

① 顾德融、朱顺龙著:《春秋史》,上海人民出版社2003年版,第459页。

廓皆为圆形,而《仲尼曰》正文的简9、10上的2个"闻(睧)"和简13的"昏"字,"昏"所从之"日"的左上端皆显锐角形(见图6)。这两者的区别不是个别性的而是系统性的,这说明《仲尼曰》简12背面5个"闻(昏)"字,与简9、10上的2个"闻(昏)"以及简13上的"昏"字,不是一个人写的。

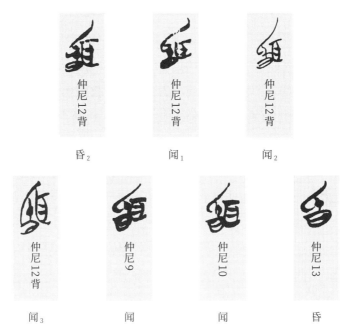

图6 《仲尼曰》简12背的4个"昏(闻)"字与《仲尼曰》正文的3个"昏(闻)"字形态比较

综上所述,《仲尼曰》简12背面的"寡人……玉帛"18个字,与《仲尼曰》正文不是一个人写的,应是一个自称"寡人"的人写的。如果此处的"寡人"不是抄写者冒充的,那他确实就是一位实实在在的战国早期某位熟稔使用楚文字书写的诸侯王。该批语文意当为:寡人愚钝。孔子这样著名的美善的教令实在是太伟大了。(顺写)//孔子这样著名的美善的教令实在是太伟大了。我不敢丝毫贬低它,请在诸侯会盟、国使交往时,将它作为珍贵礼品传播宣扬,使之发扬光大。(逆写)。这是该诸侯王对孔子怀着万分景仰的心情对《仲尼曰》作出的非常高的评价,显示出其诚心、眼界和胸襟。

该批语写在《仲尼曰》简束的封口位置，核心内容顺写、逆写各一次。无论简束正放或倒置，皆能对其"一目了然"。

三、"豫""人"显示诸侯王礼赞孔子为"善豫之人"

安大简《仲尼曰》简8背面有一个字：🀰。安大简整理小组注释：豫，古文"豫"①，但未作释义。安大简《仲尼曰》简7背面有5个"人"字，安大简整理小组认为是"抄写者练习写的字，与正文内容无关"②。

子居先生认为，安大简《仲尼曰》简8背面的"豫"、简7背面的5个"人"，原意应当为"豫卦"：简7背面的5个"人"形字符，实际上当是"人人—人人人"，在第二个"人"第三个"人"形字符之间有"一个短横"是"阳爻"，而5个"人"形字符是"抄录的人误将阴爻的'八'形讹为'人'形"③。笔者以为子居先生所说的5个"人"皆是"八"字的讹写、而将"八"解释为阴爻的可能性非常小。

笔者研究认为，"豫""人人人人人"（见图7），可以释义为"善豫之人"，它当是自称"寡人"的诸侯王对孔子的赞美之辞。

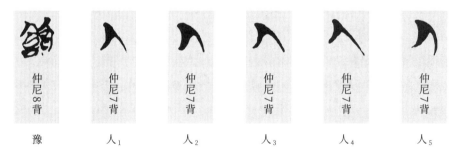

图7 《仲尼曰》简8背的"豫"字、简7背的5个"人"字

---

① 黄德宽、徐在国主编：《安徽大学藏战国竹简（二）》，第173页。
② 黄德宽、徐在国主编：《安徽大学藏战国竹简（二）》，第44页。
③ 子居：《安大简二〈仲尼曰〉解析（下）》，http://www.360doc.com/content/22/1001/14/34614342_1050117203.shtml，最后访问日期：2022-10-1。

（一）从书写内容看，"豫""人"可释义为"善豫之人"

"豫"为预备、事先准备。《康熙字典》引《中庸》："凡事豫则立。"引《易·既济》"君子思患而豫防之"①。《淮南子·说山训》："巧者善度，知者善豫。"另外，《玉篇》释"豫"或作"预"②。

"豫（预）人"，意思大约为"善豫之人"，即"豫事周全的人""预知未来的人"。孔子之"善豫"是多方面的，以下仅举四例：一是"凡事预备周全"，这在孔子事鲁从政的四年业绩中体现非常明显，特别是孔子在"夹谷之会"中表现出的政治智慧和出色才干令人钦佩。二是"辨物独具慧眼"，对于世之罕见之物，孔子往往能一口气报出物名并说出原因，如"肃慎箭""防风氏骨节"等，此所谓"博物君子"是也。三是"小线索破大案"，如孔子对千里之外"鲁庙失火具体区域"的准确判断。四是"预言未来灵验"，对于事物未来发展大势，孔子能作出神奇的判断，如孔子预言"子路不得善终""诸侯争霸晋先亡"。这些卓越的智慧、能力和洞察力，"并不是孔子有未卜先知之神通，而是孔子具有广阔而深微的目光，能够根据事物的各种细微因素推断其结局"③。正如孔子自己所言，他的秘诀在于"予一以贯之"，大意是"我用一个原则把多闻多见的内容贯通起来"。孔子42岁时吴地客人称颂他为"善哉圣人"，孟子称颂他为"圣之时者"，司马迁称赞他为"至圣"；孔子去世前自言"哲人其萎"，汉代祢衡称赞孔子为"睿哲"。应该说"豫（预）人"与上述所言的"圣人""哲人"意思相近。

首先，释"豫（预）人"为"善豫之人"，与《仲尼曰》的内容表现出的预见性和哲理性相一致。《仲尼曰》25条中24条是以"仲尼曰"形式表述的独语，如"君子溺于言，小人溺于水"、"君子所慎，必在人之所不闻与人之所不见"、"古之学者自为，今之学［者］为人"（以上诸条引用子居先生的"宽

---

① ② 〔清〕张玉书编纂：《康熙字典》，第1336页。
③ 刘方炜编著：《孔子纪》，广西师范大学出版社2009年版，第375页。

式释文"①),这些短小隽永的警句,生动形象而含义深刻,朴实智慧而醒目警人,其思想力量具有"超越历史时空的普适性"②。其次,释"豫(预)人"为"善豫之人",与《仲尼曰》简13中"文书起草人"(抄写人、审定人、签发人之一)赞美孔子的言论"仆快周恒"(李家浩先生认为这4个字疑读为"朴慧周极",释意为:"朴实智慧,无处不达到最高境界"③),语意高度相似。只不过前者赞美其人、后者赞美其言而已。

另外,"人人人人人",大约是对"豫(预)人"之"人"作重点强调,至于是否具有现代汉语"人!!!!"的意思,有待进一步研究。

(二)从书写特征看,"豫""人"与"寡人……玉帛"同为"寡人"所书

"寡人……玉帛"18个字是"寡人"用细毫毛笔写的,笔法刚劲有弹性,如"敢"字所从"支"的尾画(如图8的L_1所示)。这种笔画形态同样见于《仲尼曰》简7背面的5个"人"的尾画(如图8中的L_2所示)。

"寡人"用细毫毛笔书写"寡人……玉帛"18个字,每当对较粗的笔画(特别是"撇"画)开始发力时,常常出现"笔肚用力而笔尖上翘"的情况,如"敢""命"中的"撇"画(如图8的$M_1 M_2 M_3 M_4$所示),这种笔画形态同样见于《仲尼曰》简7背面的"豫""人"中的"撇"画(如图8的$M_4 M_5 M_6 M_7$所示)。另外,"命""豫""人"诸字中同样出现笔画转折不自然现象(如图8的$N_1 N_2 N_3 N_4$所示),这同样说明它们为一个自称"寡人"的诸侯王所写。

---

① 子居:《安大简二〈仲尼曰〉解析》(上),http://www.360doc.com/content/22/0907/23/34614342_1047054561.shtml,最后访问日期:2022-9-7。
② 于雪棠:《〈论语〉的话语建构》,《北京师范大学学报(社会科学版)》2022年第4期。
③ 黄德宽、徐在国主编:《安徽大学藏战国竹简(二)》,第52页。

图8 《仲尼曰》简背"敢""命""豫""人"4字笔画形态相似性分析图

四、结　语

《仲尼曰》简12背面的"寡人……玉帛"18个字,和简8、简7背面的"豫""人人人人人"6个字,是战国早期某位熟稔使用楚文字书写的诸侯王对《仲尼曰》所作的批语。子居先生推测,《仲尼曰》"书写者盖是供职于王侯之家或自己的身份就是王侯"[①]。尽管子居先生没有发现"书写者"可以分为起草人和批阅人,但他这一判断是很有价值的。

综合分析可知,批阅《仲尼曰》的"寡人"基本特征如下:第一,他是熟稔使用楚文字书写的诸侯国的国王,他写字下笔快,笔法刚劲有弹性。第二,他有非常规的渠道接触到孔子的言论集。第三,他对孔子及其言论集《仲尼曰》万分景仰。第四,他有批阅高级公文的权力和责任。第五,他有不平凡的眼界和胸怀。第六,他有代表他的国家进行"国际交流"的愿望。第七,他领导下的诸侯国有一定的实力。

因此我们谨慎地推测,批阅《仲尼曰》的"寡人"可能与楚国国王有关。安大简整理小组认为"安大简的年代为公元前400—前350年"。这一时期楚国国王有:简王(公元前431—前408年在位)、声王(公元前407—前402年在位)、悼王(公元前401—前381年在位)、肃王(公元前380—前

---

① 子居:《安大简二〈仲尼曰〉解析》(下),http://www.360doc.com/content/22/1001/14/34614342_1050117203.shtml,最后访问日期:2022-10-1。

370年在位)、宣王(公元前369—前340年在位)。目前安大简已整理出版《诗经》《仲尼曰》《曹沫之陈》,我们相信随着安大简"楚史类"文献的整理出版,将会获得更多的批阅《仲尼曰》的"寡人"的信息。如果这个推理能够成立,那么必将促进《论语》成书、命名、流传、文本发展变化的研究取得新的更大的进展。

(本文原载《安徽大学学报(哲学社会科学版)》2023年第5期,个别地方有改动)

《石仓契约》字词考校八则

储小昱

由曹树基、潘星辉、阙龙兴先生编的《石仓契约》[①]主要记录了清代雍正元年(1723)至新中国成立(1949)之间浙江松阳县石仓地区土地、山林等的各种交易,是了解当时当地社会政治、经济状况十分宝贵的第一手资料。因这批契约文书主要出于石仓本地农民之手,其中夹杂了不少民间俗体字、方言口语,给契约文书的释读带来了一定的困难。本文通过契约影印件与录文的比勘、石仓方言的实地调查,并参考其他地方契约文书,考释了《石仓契约》中的八则疑难字词,校订了契约文书整理过程中出现的语言文字讹误[②]。本文的研究说明,要提高契约文书的整理质量,一定的语言文字基础和方言知识是必不可少的。

一、崩 蓬

《同治三年(1864)六月二日阙翰窦立当田契》:"上至阙姓田,下至阙姓田,左至崩蓬,右至阙姓田为界。"(《石仓》1:3:35)《同治四年(1865)十一月十一日林茂和等立卖田契》:"上至林姓田,下至林姓田,左至大路,右至崩蓬为界。"(《石仓》1:3:49)《乾隆三十七年(1772)十一月五日邓宁贵立卖田契》:"上至雷、阙、李三姓田为界,下至林姓田为界,左至崩蓬为界,右至阙姓田边小路为界。"(《石仓》1:8:123)曹树基等先生将前两例中的

[①] 曹树基、潘星辉、阙龙兴编:《石仓契约》第1辑,浙江大学出版社2011年版。
[②] 为方便论述,文中《石仓契约》简称《石仓》,引文后用阿拉伯数字分别表示该契约所在的辑数、册数、页码。

"蓬"校作"降",并于前例下注云(以下简称曹注):"'蓬'为'降'之异体,'降'同'岗'"(《石仓》1:3:35)。

按:"蓬"与"降"形音皆有所不同,牵合为一无据。其实此处"蓬"乃石仓方言口语,为丛、堆义。《松阳县志》:"蓬,音beng,为丛义,如一蓬草。"① 石仓本地方言"蓬"音péng。笔者家乡安徽岳西方言也称丛、堆为"蓬",如"茅草蓬"、"刺蓬"、"石头蓬"。故"崩蓬"为崩塌的土石堆义。

有些契约将崩塌的土石堆作为地名。如《道光二十六年(1846)十二月三日徐石有立卖灰寮并松木契》:"又松木一块,计松木一十枝,坐落本都庄社处后安着,土名上崩蓬,上至、下至、左右俱系田为界。"(《石仓》1:5:32)《道光十二年(1832)九月十四日邱槐聪等立卖田契》:"坐落松邑廿一都夫人庙庄界(芥)菜源坑,小土名大崩蓬口,安着民田一处。"(《石仓》1:7:18)《道光二十五年(1845)十二月二十三日阙翰增立找断截契》:"坐落松邑念(廿)一都夫人庙庄界(芥)菜源坑大崩蓬口,安着水田一处。"(《石仓》1:7:30)上揭三契提及三处所卖土地界址中的"崩蓬",均由于土石崩塌的地貌特征,当地百姓将其作为土地分界的标志。今石仓仍有叫崩蓬的地名。又《道光十二年(1832)闰九月二十一日张辛才等立卖田契》:"上至张辛财田,下至自己屋,左至张辛发田,右至石膨为界。"(《石仓》1:6:58)按:"石膨"即"石蓬",为石头堆义,亦可证"崩蓬"为崩塌的土石堆义。

二、达　断

《乾隆四十四年(1779)六月五日叶玉秀立义(议)合同》:"立义(议)合同字人叶玉秀,今因廿一都民山一处,土名坐凹下二家……今日情(请)过众亲友前来说断,达断分界,叶边山上石载下为界,阙边山下石载为界。"(《石仓》1:1:100)曹注:"达断,指到达实地确定。"(《石仓》1:1:101)

---

① 松阳县志编辑委员会编:《松阳县志》,浙江人民出版社1996年版,第566页。

又曹树基等先生录《道光二十八年（1848）二月十六日阙翰书立卖田契》："托中出卖本家房兄翰斌承买为业，当日凭中□（断）明，计额二亩三分。"（《石仓》1：2：258）

按：上揭二契，前契对"达"的注释不确，此处"达"当同"踏"。后契录文中的"□"原契影印件正作"踏"，曹氏等录作"断"，非是。"达"，《广韵》为定母入声曷韵，"踏"为透母入声合韵，二字音近，故可通用。"踏"本为踩义，引申有实地勘察、察看义。如《乾隆五十六年（1791）八月二十三日二房阙叶氏等立合同》："立合同二房阙叶氏仝男德瑛，因祖遗坐南向北对合房屋一堂，土名坐落念（廿）一都洋庄庄，原与三房三有尚未分晰，今请齐族亲踏明屋宇，品搭均匀。"（《石仓》1：6：16）《咸丰元年（1851）一月潘昌南立合同议约》："今具（俱）四至订定，面踏分明。"（《石仓》1：2：278）"踏明"就是勘察清楚。《咸丰元年（1851）二月八日阙翰书立卖田契》："当日凭中踩踏清楚，面断时值田价铜钱一百拾千文正。"（《石仓》1：2：280）《嘉庆二十一年（1816）二月十九日张发宝立卖田契》："今有四至分明，踩踏清楚，自愿托中立契出卖与阙天贵、天培二位亲边入手承买为业。"（《石仓》1：8：18）"踩踏清楚"就是勘察清楚。《乾隆五十三年（1788）十月十九日何天奉立卖田契》："今托中人看踏明白，情愿亲立文契，送与二十一都茶排庄阙天有兄边入手承买为业。"（《石仓》1：8：130）"看踏"即察看。故前契中"达断"即"踏断"，就是实地勘察并作出判定的意思。

徽州契约文书中亦有这种用法的"踏"字。如《徽州千年契约文书》宋元明编卷一《成化十五年（1479）饶荣宗等立地界合同》："三家地土相连，未曾明界，今互告行拘，凭中人陈文胜等劝说，不愿索繁，同众到地眼同踏勘，将前项地土各照经理亩步多寡，新立四至，埋石定界明白，写立画图合同文书，一样三章（张），各收一纸，永远为照。"[①]又同上《成化二十年（1484）谢忠等分山立界合同》："今同汪曜等将在山立木砍斫，是谢忠等（后缺）

---

① 王钰欣、周绍泉编：《徽州千年契约文书》（宋元明编）卷一，花山文艺出版社1991年版，第207页。

县批，仰里老、中人方金安、吴斯胜、吴景盘等到山踏勘，缘系二家各买得实……自议合同之后，各照此文永远管业，二家毋许悔易。"①《明清徽州社会经济资料丛编》第一集《祁门县谢元坚断山文约》："今有彦良、彦成不行用心栽苗、阑残荒废等情，本家俱情告县蒙批：里老踏勘审实回报。"②《安徽师范大学馆藏徽州文书·清康熙五十年（1711）七月十一日汪鲁侯立出佃约》："五年之内请主到山踏看。"③ "踏勘"、"踏看"就是实地察看的意思，与"达（踏）断"含义略同，可以比勘。

三、的

《乾隆五十八年（1793）十二月十九日梁德春立借钱票》："立借钱票人梁德春……借出铜钱两千文正，当面断定，每千每年加二五起息，的至来年冬日并本利一足送还，不得欠少分文。"（《石仓》1∶1∶164）《嘉庆五年（1800）五月十一日黄接养立当田契》："当日面断，每两每年上纳谷利一担五桶　正，其谷的至秋收之日送至银主家下，风净租桶交量，不得欠少升合。"（《石仓》1∶1∶191）《乾隆五十七年（1792）十一月十五日邱荣全立当田契》："三面言断，每年充纳烺□谷租两担正，的至秋成送至钱主家下交量，不敢欠少升合。"（《石仓》1∶1∶154）曹注："的至，等到。"《道光十年（1830）十一月二十七日蔡长富立当田契》："每月每千加二起息，其钱的至来年本利一足送还，不敢欠少。"（《石仓》1∶2∶88）曹注："的至：石仓土语中'等到'之谐言。"（《石仓》1∶2∶89）

按：曹注于文义可通，但何以"的至"有"等到"义，则语焉不详。窃谓上揭"的"当读作"待"，"的至"是"待至"的方言口语记音字。《道光七年（1827）十二月二十七日张石琳等立杜找断田契》："的笔：弟石养。"（《石

---

① 王钰欣、周绍泉编：《徽州千年契约文书》（宋元明编）卷一，第224页。
② 安徽省博物馆编：《明清徽州社会经济资料丛编》第1集，中国社会科学出版社1988年版，第452页。
③ 周向华编：《安徽师范大学馆藏徽州文书》，安徽人民出版社2009年版，第159页。

仓》1∶2∶46)《嘉庆十四年(1809)十二月二十日张承牧、张乔牧立推过户票》之一中有"代笔：弟张乔牧(押)"。(《石仓》1∶1∶250)"的笔"即"代笔"，"的"通"代"。"待"与"代"音近通用，可证"的"、"待"当亦可通用。

"的笔"又通"嫡笔"。如《嘉庆十四年(1809)十二月二十日张承牧、张乔牧立推过户票》之二："立推过户票张乔牧，今有张茂堂户田推过二亩正，收(入)阙天贵户完纳，恐口无凭，立过户票是实。见票：兄发牧。嘉庆十四年十二月廿日，立户票：张乔牧。的笔(押)。"(《石仓》1∶1∶250)《道光十四年(1834)十二月二十日阙天锡立杜找田契》："见找：天耀(押)、德瑁(押)。的笔。"(《石仓》1∶8∶226)近代民间契约中，立契人一般与书契人不是同一个人，但也有立契人亲笔书契的情况。上揭两契中立契人与书契人正是同一个人，故其中的"的笔"又当读作"嫡笔"，"嫡笔"就是亲笔。《民国十四年(1925)十二月六日徐绍尧立讨田札》："民国拾肆年乙丑十二月初六日，立讨田札人：徐绍尧(押)。在见：徐忠发(押)。嫡笔(押)。"(《石仓》1∶7∶317)正作"嫡笔"。《光绪八年(1882)二月十日高坤玉立找割断田契》："的侄：高荣亮(押)。"(《石仓》1∶7∶248)"的侄"即嫡侄。契约中有称亲叔为"嫡叔"的语例，如《乾隆五十二年(1787)十二月九日阙门叶氏立卖田契》："嫡叔：三有(押)"(《石仓》1∶8∶128)，亦可证"的"通"嫡"。"的"又通"滴"。如《光绪二十五年(1899)十二月十六日阙起真立卖房屋字》："又大门外外厨房一间，上并瓦块，下并地基的水。"(《石仓》1∶8∶82)"的水"即滴水。

盖因石仓方言口语中"的"与"待"、"代"、"嫡"、"滴"音近，且"的"字笔画简单易写，故而通用。

四、二　比

《乾隆十二年(1747)四月二十六日黄巩中立卖草窖契书》："如有来历不明，皆系卖人一力之(支)当，不涉买主之事，二比[相]情愿，两无逼勒，

今后二家各无反悔。"(《石仓》1: 5: 3)

《石仓》"编辑凡例"云:"改正错字,以〔〕表示。"据此,原书"比"后方括号内注"相"乃校字之例。其实"比"字不误,"二比"为双方义。《乾隆十七年(1752)三月二十六日孙福兴立卖绝田契》:"其田日后永远不敢取赎,二比情愿,恪(各)无□(反)悔,愿情甘心甘肯,两无逼勒之理,情愿立卖,割藤断根绝骨,付与张边血耕管业。"(《石仓》1: 1: 22)"二比情愿"即双方愿意。其他契约中亦有"二比"的用法。如《徽州千年契约文书》(宋元明编)卷三《万历十年(1582)全椒县张本胜等卖草屋基地给徽州叶氏文书》:"所买所卖系是二比情愿,故无相逼。"①《明清福建经济契约文书选辑·乾隆二十七年(1762)龙溪县连次璘卖田契》:"此系二比甘愿,日后不得言洗言找不明等弊。"②《贵州苗族林业契约文书汇编(1736—1950年)》第二卷《嘉庆二十四年(1819)姜文韬等立山林佃契》:"兹木已成林,二比书立合同,作二股均分。"③《贵州苗族林业契约文书汇编(1736—1950年)》第三卷《嘉庆十二年(1807)姜佐周等立分山分林分银合同》:"至今二比自愿请凭中族,仍照分为二大股挖控(空)为界。"④《吉昌契约文书汇编·民国三十年(1941)胡银昌等立卖陆地文契》:"此系二比意愿,并非勒迫等情。"⑤《吉昌契约文书汇·民国三十三年(1944)郑奎先立卖水田文契》:"此是二比心甘意愿,并非逼迫等情。"⑥《贵州文斗寨苗族契约法律文书汇编·姜相周、老领父子卖木契》:"二比依中处定断价银口两二钱正,入手应用。"⑦皆为其证。

---

① 王钰欣、周绍泉编:《徽州千年契约文书》(宋元明编)卷三,第99页。
② 福建师范大学历史系编:《明清福建经济契约文书选辑》,人民出版社1997年版,第64页。
③ 唐立、杨有赓、武内房司主编:『貴州苗族林業契約文書匯編(1736—1950年)』,東京外國語大學アジア・アフリカ言語文化研究所2001年版,C-0029。
④ 唐立、杨有赓、武内房司主编:『貴州苗族林業契約文書匯編(1736—1950年)』,東京外國語大學アジア・アフリカ言語文化研究所2001年版,E-0016。
⑤ 孙兆霞等编:《吉昌契约文书汇编》,社会科学文献出版社2010年版,第186页。
⑥ 孙兆霞等编:《吉昌契约文书汇编》,第120页。
⑦ 陈金全、杜万华编:《贵州文斗寨苗族契约法律文书汇编》,人民出版社2008年版,第51页。

契约文书抑或用"两造"表双方义。如《民国十四年(1925)十二月九日楼石福立讨耕种山批字》:"其山限定四拾年满期,两造愿讨愿批,日后无得异言,此出两造,各无反悔。"(《石仓》1:3:321)又《嘉庆十年(1805)十月日阙发宗立卖田契》:"所卖所买,两造情愿,二比甘心,并无逼勒之理。"(《石仓》1:8:158)《嘉庆十年(1805)十月二十五日廖有周立卖田契》:"所卖所买,两造情愿,二此(比)甘心。"(《石仓》1:8:162)后两例"两造"、"二比"对文,"二比"犹"两造"也,皆为双方义。契约文书中有时用"两身"表双方义。如《中国徽州文书》(民国编)第一卷《民国十八年(1929)五月(歙县)凌成仕立卖大小买田契》:"其实两身情愿,并无威逼等情。"①同上《民国三十年(1941)元月(歙县)汪寿海立卖契并交业》:"此事两身情愿,亦无威逼等情。"②"两身情愿"就是双方情愿,可参。

五、芳坪(垹坪、㙍坪)

《嘉庆二十四年(1819)十一月十六日邓仁德立卖麻地契》:"其地上至芳坪为界,下至林姓田为界,左至阙、饶二姓田角路为界,右至山为界。"(《石仓》1:6:338)

何谓"芳坪"?颇费思量。考《光绪四年(1878)二月二十七日阙起光等立抵换田字》:"今俱四至分明,并及荒坪地角随田管业,自愿立字出换与叔边阙玉翠入手承换为业。"(《石仓》1:6:126)又《民国二十三年(1934)三月十九日阙璋雄等立调换房屋并基地字》:"以上房屋并基地荒坪各项概归与璋华、璋礼股下永远管业。"(《石仓》1:6:190)"芳坪"当即"荒坪"。松阳方言晓母字读如敷母,如"花麦"、"灰面"中的"花"、"灰"声母均为"f"③,故"芳坪"乃"荒坪"的方言音变的记音词。

---

① 黄山学院编:《中国徽州文书》(民国编)卷一,清华大学出版社2010年版,第210页。
② 黄山学院编:《中国徽州文书》(民国编)卷一,第326页。
③ 松阳县志编辑委员会编:《松阳县志》,第569页。

"荒坪"又写作"㤭坪"。如《光绪十九年(1893)十一月六日阙起鳌立卖田契》:"其田路上路下是实,计额一亩三分正,并及田头地埂、杂木、㤭坪等项一概在内,托中立契出卖与本家起福弟边入受承买为业。"(《石仓》1:5:78)《嘉庆二十二年(1817)二月十八日李元福立卖山契》:"坐落廿都横水口庄梁亭后,上至邹姓㤭坪为界,下至阙边田为界。"(《石仓》1:8:23)"㤭"当是"荒"的增旁俗字(受下字影响类化)。《贵州苗族林业契约文书汇编(1736—1950年)》第三卷《嘉庆十三年(1808)姜绍昌立荒坪卖契》:"同日与买荒平(坪)之木二契,俱卖与昌举。"① 亦用"荒平(坪)"一词。《汉语大字典》"㤭"字释作"刚采出来的矿石"②,而失载用同"荒"的"㤭"字。

"荒坪"谓荒地。《嘉庆十六年(1811)三月□五日王日福立卖田契》:"四址分明,计额六亩五分,并及㤭地树木,俱一在内。"(《石仓》1:6:24)《道光五年(1825)三月十四日邱槐聪等立卖田契》:"上至阙姓田为界,下至买主㤭地为界,左至阙姓山为界,右至阙姓山为界。"(《石仓》1:2:28)"㤭地"即"荒地",而"㤭(荒)坪"犹"㤭(荒)地"也。

《贵州苗族林业契约文书汇编(1736—1950年)》第三卷《光绪三十四年(1908)姜东山等立分山分林分银合同》:"界限:上登岭,下抵塝坪,左凭岭与姜登程、东山等分界。"③ 其中的"塝"疑为"芳"的增旁俗字(受下字影响类化),故"塝坪"似即"芳坪",亦即"荒坪"。

六、良 降

《嘉庆十五年(1810)五月二十日王光兴立杜找田字》:"立杜找字人王光兴,原与阙天有交易民田一契,坐落廿一都茶排庄,土名崀对面叶麻洋安

---

① 唐立、杨有赓、武内房司主编:『貴州苗族林業契約文書匯編(1736—1950年)』,東京外國語大學アジア·アフリカ言語文化研究所2001年版,F-0007。
② 汉语大字典编委会编:《汉语大字典》,四川辞书出版社、崇文书局2010年版,第494b页。
③ 唐立、杨有赓、武内房司主编:『貴州苗族林業契約文書匯編(1736—1950年)』,東京外國語大學アジア·アフリカ言語文化研究所2001年版,E-0051。

着。"(《石仓》1∶1∶143)曹注:"岿,音同'干',山冈之意。"

曹注对"岿"的解释不甚准确。"岿",石仓本地人读作gān,当为"岗"方言记音字,义为山脊。《同治九年(1870)十二月二十一日阙翰书立杜找断截田契》:"坐落松邑廿一都茶排庄,小土名冷水枫树岿安着。"(《石仓》1∶8∶33)其中的"冷水枫树岿"在《同治九年(1870)十一月十一日阙翰书立卖田契》中作"冷水枫树岗"(《石仓》1∶8∶32),可证"岿"就是"岗"。《玉篇·山部》:"岿,山名。"① 《汉语大字典》"岿"字音"ěn"②,则当为别一字。《光绪二十五年(1899)十月二十日林全茂立退杉木工本字》:"其杉木山场共三窝二岿二劈,上至山顶,下至坑,右至大岿分水,左至银管垄口大岿分水为界。"(《石仓》1∶3∶244)"大岿分水"即"大岗分水"。《民国十四年(1925)五月九日林裕斌立卖杉树苗字》:"左至与裕财开种合水,右至随岿分水为界。"(《石仓》1∶5∶106)"随岿分水"也就是"随岗分水"。《嘉庆八年(1803)十二月九日阙正学立卖田契》:"又对面土名石头岿,大小田十三坵正。"(《石仓》1∶1∶208)《嘉庆十五年(1810)十一月十五日王成茂等立卖田契》:"立卖田契人王成茂仝弟侄等,今因钱粮无办,自情愿将父手遗下民田一处,坐落廿一都茶排庄,土名天堂坑岿背凹门安着。"(《石仓》1∶1∶256)"石头岿"、"岿背"即"石头岗"、"岗背"。《石仓契约》中也有用正字"岗"的语例。如《道光元年(1821)十一月二十五日邱荣全立卖田契》:"今因钱粮无办,自情愿将祖父遗下阄内民田,坐落松邑廿一都夫人庙庄,小土名安岱岗,民田安着灰铺边田一横……"(《石仓》1∶2∶4)《乾隆二十七年(1762)九月十一日赵如玉立卖田契》:"又土名外岗过路田大小共五坵,共计额二亩五分正。"(《石仓》1∶8∶112)《乾隆三十年(1765)三月十三日谢亮辉立当田契》:"坐落土名廿一都大岭后庄,小土名松树岗下,田九坵,计额四亩正。"(《石仓》1∶8∶116)《乾隆十二年(1747)四月二十六日黄巩立卖草窖契书》:"一批:来龙岗上并无草窖,批照。"(《石仓》1∶5∶3)可参。

---

① 〔南朝梁〕顾野王著:《大广益会玉篇》,中华书局1987年版,第103a页。
② 汉语大字典编委会编:《汉语大字典》,第797b页。

文字研究 253

"岗"俗写又作"降"。如《道光十三年（1833）十二月十九日张正魁立当油茶木字》："上至荒山，下至田，左至陈养茶木，右至伯公降为界。"（《石仓》1: 2: 158）《嘉庆二年（1797）十一月章祖寿等立杜截卖山田契》："其山东至大硋，南至降尖横路，西至短降王家合水为界，北至石家地为界。"（《石仓》1: 1: 180）"降"即"岗"字，"降尖"即"岗尖"，义为山脊最高处。徽州契约文书中"岗"抑或写作"降"。如《徽州千年契约文书》宋元明编卷一《淳祐二年（1242）休宁李思聪卖田、山赤契》："又四号山一十四亩，其四至：东至大溪，西至大降，南至胡官人山，随垄分水直下至大溪，北至□□山，随垄分水直上至大降，直下至大溪。"①《徽州千年契约文书》宋元明编卷一《景泰七年（1456）祁门谢孟辉卖山白契》："其山东至大降，西至长岭，南至降，上至尖，北至岭，下至新开丘田厂。"②"山冈"一词，今徽州方言口语中仍用"降"表示，如安徽石台县有著名景点"牯牛降"，可资证明。

七、血 业

《乾隆四十六年（1781）十一月二十二日李富养等立断绝找契》："其田自找与后，永为王边血业……两家愿找愿受，以断割（葛）藤挖根断绝找契，付与买主永远血业为照。"（《石仓》1: 5: 4）《乾隆三十四年（1769）三月二十八日柳登元等立找田契》："其田自找之后，任凭吴边收粮过割，收租管业，柳边不得言称找赎，永断葛藤，以作吴边血业。"（《石仓》1: 1: 67）《嘉庆八年（1803）二月九日雷富生立找断截田契》："其田自找之后，永为阙边血业。"（《石仓》1: 1: 203）《嘉庆十八年（1813）十一月二十一日吴日升等立找断截田契》："日后吴边子侄不得言称找赎，永斩割（葛）藤，作为李姓血业，日后吴边易（亦）不得另生枝节等情。"（《石仓》1: 1: 279）

---

① 王钰欣、周绍泉编：《徽州千年契约文书》（宋元明编）卷一，第5页。
② 王钰欣、周绍泉编：《徽州千年契约文书》（宋元明编）卷一，第160页。

按:"血"当取嫡、亲义。"血业"即谓嫡子嫡孙相传的产业。《乾隆十七年(1752)三月二十六日孙福兴立卖绝田契》:"情愿立卖,割藤断根绝骨,付与张边血耕管业。"(《石仓》1:1:22)"血耕"义为嫡子嫡孙耕种。《咸丰五年(1855)十二月二十日阙翰淮立找断截田契》:"其田自找之后,契清价足,无找无赎,任凭业主推收割户,收租完粮,久远子孙血产管业。"(《石仓》1:7:48)"血产"为亲子孙的产业义。《嘉庆十五年(1810)八月二十一日李永发立断绝找田契》:"血叔:李俊贤(押)。"(《石仓》1:1:255)《嘉庆二十一年(1816)二月十九日张发宝等立卖田契》:"胞叔:光玉(押)。"(《石仓》1:1:286)"血叔"犹"胞叔"。《贵州苗族林业契约文书汇编(1736—1950年)》第二卷《同治五年(1866)黄均安等立含租佃之山林卖契》:"立断卖栽手杉木字人松黎黄均安、(黄)均华、(黄)同光、(黄)同春、(黄)同榜血侄弟兄,为因缺少银使用……"[①]《贵州苗族林业契约文书汇编(1736—1950年)》第二卷《同治五年(1866)黄均华、黄同光立含租佃之山林卖契》:"立断卖栽手杉木字人松黎黄均华、黄同光血侄二人,为因缺少粮使用,无从得出……"[②]"血侄"即亲侄。

八、粮 迫

《乾隆四十三年(1778)九月八日梅福兴等立卖田契》录文:"廿都梅村庄立卖田契人梅福兴仝弟,今因粮食粮[两]迫无措……自情愿立契出卖与黄南庄徐成科仝弟边为业。"(《石仓》1:1:97)《乾隆四十三年(1778)十一月十九日梅福兴立找田契》录文:"今有坵段亩分,愿(原)有前契载明,今因粮食粮[两]迫无办,自愿托中笔向前来到徐成科边,劝找过契外纹银

[①] 唐立、楊有賡、武內房司主編:『貴州苗族林業契約文書匯編(1736—1950年)』,東京外國語大學アジア・アフリカ言語文化研究所2001年版,B-0190。
[②] 唐立、楊有賡、武內房司主編:『貴州苗族林業契約文書匯編(1736—1950年)』,東京外國語大學アジア・アフリカ言語文化研究所2001年版,B-0191。

一十四两正。"(《石仓》1∶1∶98)

按:"粮食粮迫"不误。前"粮"字为粮食义,后"粮"为税粮义。"粮迫"即为税粮征收紧迫的意思,契约中经见。如《乾隆四十六年(1781)十二月十三日阙永发等立找田契》:"今因粮迫无办,向□原中劝伯找出契外银二十六两正。"(《石仓》1∶1∶106)"粮迫无办"即税粮逼迫无法交纳。又《乾隆四十二年(1777)二月二十日雷松寿立送户票》:"立送户票人雷松寿,今有雷宝寿户下民田二分正,送与本都茶排庄阙天有入户完粮,不得丢漏分厘。"(《石仓》1∶1∶87页)"完粮"即完纳税粮。《嘉庆八年(1803)十二月九日阙正学立送户票》:"立送户票阙正学,今将化瑶户下田粮八分正,推入与本都茶排庄阙天贵户下入册完粮,不得丢漏。"(《石仓》1∶1∶210)"田粮"即"田税",可资证明"粮"即税粮义。其他契约中"粮"亦有税粮义。如《贵州文斗寨苗族契约法律文书汇编·龙老富卖田契》:"外批:此良(粮)每年帮六分。"[①]"粮"亦即税粮义。《吉昌契约文书汇编·民国三十六年(1947)胡树德立卖水田文契》:"后批:其田随载田赋粮一亩一分,等则合一角八分,嬞(翻)成三角六分照纳。"[②]"田赋粮"即田的税粮。皆为其证。

[①] 陈金全、杜万华编:《贵州文斗寨苗族契约法律文书汇编》,第112页。
[②] 孙兆霞等编:《吉昌契约文书汇编》,第125页。

后　记

　　语言学是研究语言的科学,也是中国语言文学学科的重要分支。中国语言文学学科是安庆师范大学历史最悠久、基础最雄厚的传统优势学科之一,是学校第一批获得二级学科硕士学位授权点学科和首批获得一级学科硕士学位授权点学科,也是本校致力于建设特色鲜明的地方应用型高水平大学的核心支撑学科和重点建设学科。如今的语言学学科已经组建起老中青年龄结构合理的研究梯队,已经承担国家人文社会科学基金项目、教育部项目、国家语委项目、安徽省哲学社会科学项目、安徽省教育厅项目等各级各类项目,具有校级科研平台"大别山语言文化研究中心",为语言学团队提供了供展示自己和交流创新思想的平台,形成可持续发展的研究态势,成为中国语言文学博士点立项建设的有力支撑。

　　本论文集所收录的20篇论文皆发表于核心期刊,皆是能够体现教师自身学术水平的代表性成果。论文内容涉及古代汉语和现代汉语两大方面,包括本体语言学和应用语言学两大研究分支,涵盖词汇、语法、文字、语用、修辞等各研究领域,展现了语言学团队教师们的研究特色和风貌,展示了教师们教学相长的不懈追求和对学术的严谨态度。

　　在学校"举师范旗、走应用路、创特色牌"的精神指引下,语言学学科必将迎来更好的发展机遇。希望本书的出版,能够成为开启安庆师范大学语言学学科发展大门的一把钥匙,也借此恳请学界同仁一如既往地关注、支持我们的发展。

编　者
2023年8月

图书在版编目(CIP)数据

语路探幽:语言学卷/鲍红,张莹编. —上海:复旦大学出版社,2023.11
(敬敷求是集:安庆师范大学人文学院高峰培育学科建设丛书/汪孔丰,金松林主编;4)
ISBN 978-7-309-17064-1

Ⅰ.①语… Ⅱ.①鲍…②张… Ⅲ.①语言学-文集 Ⅳ.①H0-53

中国国家版本馆 CIP 数据核字(2023)第 215463 号